つながる
つなげる

日本政治

大川千寿 編

山田　陽

澁谷壮紀

孫　斉庸

玉置敦彦

弘文堂

『つながるつなげる日本政治』　目 次

第3章　選挙制度
──私たちの1票はどう政治に反映されるのか

第7章 国会
──多数決原理と少数派の権利の狭間で

第8章　首相と内閣
――強まるリーダーシップをどうチェックするか

第9章　国際関係
——戦後日本外交はつまらない？

第10章　マスメディア
——変わるメディアと人々に与える変化

第11章　市民と政治
──市民1人ひとりが民主政治を支える

終 章　政治とつながることの意義
　　　　──他者とともに誠実な市民として歩むために

序 章
私たちと政治とのつながり
── この教科書が目指すもの

1 　政治とつながっていますか？ ─────

　あなたは、今の日本の国の政治、あるいは地方の政治とつながっているか。つながっているとしたら、どの程度だろうか。

　政治は、私たちの自由や権利を保障し、自立的な個の生活環境を確保するために不可欠である一方、自らが属する共同体のあり方の決定にかかわる営みでもある。

　個人の尊厳を守りつつ、人間どうしが、どのようにともに過ごしつながっていくかをめぐって、古くから様々な考え方が提示され、実践され、改善が重ねられてきた。こうした中で、人々の政治的平等を促進し、政治に参画することを重視した民主政治のしくみが見出された。

　日本においても、1890 年に近代的な議会制度が始まって以来、戦争を経て、代表制（代議制）によって民意を反映していくあり方は徐々に社会に浸透し、発展してきた。今日の日本の民主的な政治体制はこうした長いプロセスを経て、先人たちの努力の結果として確立されたものである。

　私たちは、たしかに 1 人ひとりが 1 票を平等に行使でき、国や地域の行く末を最終的に決めるシステムの中で生きている。ところが、代表制のもと、民主政治が健全に機能し正統性をもつうえで最も重要な選挙における投票率は、日本では長期的に下落を続けている。2019 年の参院選では 5 割を割ったし、地方の選挙ではさらに低い投票率となることも、もはや珍しくない。経済停滞・財政赤字、高齢化と人口減少、格差の拡

大をはじめ、人生や生活にかかわる国や地方の政治をめぐる重大な課題が次から次へと私たちの前に顔を出しているにもかかわらず、である。

　社会が大規模で複雑なものとなり、経済的にも成熟する一方、今日、私たちの家族とのつながり、隣人とのつながりといった社会における人と人とのつながりが希薄化していると指摘されることもある。同じように、私たちと政治とのつながりも、残念ながら弱くもろいものになってしまっているのではないか。

　そうではない、という人もいるだろう。だが、民主的な政治のしくみや価値観そのものは定着していても、それが当たり前のものとなってしまい、かえって人々の政治への熱意や関心が低下している面がたしかにある。政治とは、私たち1人ひとりが主体的にかかわるものではなくなり、私たちは政治家や官僚といった政治的なエリートたちが立案・実行する政策を単なるサービスとして受け取ることに満足する、受け身の存在になり下がってしまっているのではないだろうか。そうこうしているうちに、民主政治がいつの間にか芯のない空っぽなものになっているとしたら、それは悲劇以外の何物でもない。

2　若者と政治とのつながり

　もちろん、元来他者との交わりの中で生きてきた人間にとって、これからもつながることとは無縁ではあり得ない。21世紀に生きる私たち、とりわけこの本の主要な読者として想定している若者にとって、特にSNS（ソーシャル・ネットワーキング・サービス）やネットメディアによってもたらされた新しいつながりは、かなり身近で親しみのあるものとして、とらえられていることだろう。

　技術革新の結果、情報のやりとりは格段にスムーズで便利なものとなった。しかし、それが人格同士の交わりを伴った深いつながりをもたらしているかといえば、必ずしもそうとはいえない。また、表面的なつながりに複合的に、あるいは長時間拘束されることでかえってつながる

ことに疲れを感じ、孤独すら覚えることもある。さらに、自分自身が何となく賛成している意見ばかりにふれ、反対の意見を心理的に敬遠してしまうことによって、社会の現状認識を誤ってしまうこともある。こうして、情報通信技術の発達によって他者との有機的なつながりが促進されるどころか、人間が自らの狭い世界に閉じこもり、社会の分断が深いものとなってしまう危険性も指摘される。

　情報環境の進化を政治の世界でも活かそうと、日本では2013年にインターネット選挙運動が解禁されたが、実際には試行錯誤が続いている。私たちの代表である政治家と有権者との双方向的なつながりを強化することが期待され、若者たちを含め様々な取り組みがなされているが、今のところ、目覚ましい成果が出ているとは言い難い。

　一方、2016年には選挙権年齢が18歳にまで引き下げられ、若者の政治参加がこれまでにも増して期待されるようになったが、改善の兆しがはっきりと見えているかといえば、そうではない。だが、若者が現実政治にかかわる絶好の機会がやってきていることは間違いない。

　若者たちが政治にかかわるうえで問題なのは、学業やアルバイトなどで日々忙しく、政治について考える暇がないことである。そして、政治について考えようと思っても、何が行われており、何が争点であり、私たちが政治に何ができるのか、具体的なことがよくわからないということもあるだろう。編者は、これまで若者たちとかかわる中で、政治学者の1人としてこうした現状を何とかできないかと常に考えてきた。

3　本書の目的と内容

　本書は、以上のような状況認識のもとに生み出された現代日本政治の教科書である。もちろん多くの方に読んでいただければうれしいが、主として大学生、特に政治学系の入門科目をすでに履修し、これから基礎・発展科目を受講していこうとしている学生に読んでいただくことを想定している。

幸い、編者は学生と年代が比較的近い４名の気鋭の政治学者の協力を得ることができた。それぞれの研究や日ごろの教育での学生との議論・対話の実践をふまえて、読む皆さんにとってのわかりやすさをなるべく追求し、かつ丁寧に政治学的なものの見方を提示していく。それを通して、読者が現実の日本政治を読み解く力をつけ、根拠のある意見をもち、具体的に政治につながっていくきっかけをもたらすことを目指している。

　編者は、政治学の分野のうち政治過程論を専門としていることもあり、本書では議会や選挙、政党、マスメディア、そして私たち有権者の投票行動といった、政治をめぐるアクターやアリーナにかかわる問題を中心的に取り上げていく。だが、今日の日本の民主政治に対する私たちのかかわりのあり方やその課題をふまえれば、現実の政治過程での諸課題について考える前提として、民主政治の原理や思想のエッセンスをまずはきちんと理解することは欠かせないはずだ。また、戦後の日本政治がどのような歴史を歩んできたかについても基礎的な部分を把握する必要があろう。

　さらに、グローバル化が進み国境を越えてのつながりが進んでいる一方、中国の台頭、北朝鮮の動向等、日本政治の文脈でも近隣諸国との関係に、より注目が集まるようになっている。これを考慮して、日本の外交・国際関係の展開についても扱うなど、より多面的に日本政治を理解できるように配慮している。

　以下、各章の内容の概要である。

　第１章では、**民主政治**とは何か、今の日本の政治は本当に「民主的」といえるのかという根本的な問題を、理論や思想の面から考えてみたい。実は、民主政治は古くからの歴史をもつが、今日に至るまで多様な意味を包含してきた。その歴史的展開に留意しながら、日本国憲法の民主政治に関する規定を確認し、現代の民主政治を活性化させていくための諸課題について検討する。

　第２章では、戦後の占領期から第２次安倍政権に至る**現代日本政治史**

について概観する。1955年の保守合同によって結成された自民党は、今日に至るまでほとんどの期間で優位を保ち、政権を担ってきた。多様な人材を擁して党内の派閥対立や支持基盤の動揺を乗り越えながら、質的な変化を遂げて生き残ってきたのである。その一方で、社会経済状況の変化の中で制度改革に伴う政党再編や政権交代もあった。ダイナミックに展開されてきた現代日本政治の歩みを体感してほしい。

第3章では、私たちにとって最も重要な政治参加の機会の1つである**選挙**をめぐる制度について論じる。選挙制度がいかなるものかによって、私たちの1票の政治への反映のされ方は異なり、政治家の戦略や政治のあり方全般にも大きな影響を及ぼすことになる。特に、日本の国政選挙（衆院選・参院選）に着目しながら、現状の制度の基本を学ぶとともに、どのような背景から変更・改革が行われてきたのか、実際の選挙での数値等も紹介しながら考えてみたい。

第4章では、**投票行動**について取り扱う。まず投票するか棄権するかが問題となるが、日本を含む先進国の多くで投票率が低下してきていることを確認する。だが、政治への関心が薄れる中でも、投票率はゼロにはならない。それは、有権者がたとえ不十分ではあったとしても、投票参加による利益やコストを天秤にかけて評価しているからだ。そして、個人のおかれた環境や意識、得られる情報に基づいて、投票先を決定している。こうした一連の過程について、最近の日本の選挙の例を参照しながら学んでいく。

第5章では、**政治家**とはいかなる存在かを議論する。有権者の代理人として政治家は、再選を最優先にしながら、昇進・政策という目標を追求し、一定の行動原理のもとに活動する。有権者は政治家に期待しつつ、選挙を通じて政治家の行動を適切にコントロールする必要があるが、現実にはうまくいかず、政治家の数が多いとか、腐敗や劣化が指摘されるなど有権者の政治家に対する評価は厳しいものになりがちである。しかし、それは妥当なのか、両者のよりよい関係をどう築けばよいのか検討したい。

第6章では、**政党**について考える。政党の分類や関係性など、政党に関する諸理論にまず言及したうえで、現代日本の政党や政党制のあり方について考察したい。日本では1990年代の選挙制度改革の結果、衆議院選挙に小選挙区制が導入されて二大政党制への動きをいったん強めたが、現在では自民党を中心とした一党優位体制に回帰しつつあるようにみえる。一方で、政党は選挙至上主義的性格を強め、政策を軸にした有権者との有機的なつながりが失われつつあり、政党制をどう有効に機能させていくかが問われていることを指摘する。

　第7章では、選挙を通して選ばれた国民の代表が集い政策を議論する場である、**国会**について学ぶ。日本の国会では、少数派（野党）の権利を尊重する制度や慣行が実施されてきた一方で、多数決の原理により与党側が効率的に意見集約を行うしくみも、たしかに構築されてきた。ただ、法案がスムーズに成立することをあまりに重視すると審議が形骸化することになるし、そもそも、国会内外で展開される議員らによる専門的な議論のプロセスが、私たち有権者にはなかなか見えづらいという問題に言及する。

　第8章では、**首相と内閣**について検討する。民主政治のしくみとして、立法と行政とが融合し、首相や内閣のリーダーシップが発揮されやすいとされる議院内閣制を採用している日本であるが、現実にはその融合が進まず、長く与党議員や官僚が力を発揮してきた。その背景には何があるのか。また、政治・官邸主導を実現するためになされた一連の改革とその結果生じた問題に言及するほか、行政をより私たち本位のものとするために、望ましい政官関係や市民参加のあり方についても考えたい。

　第9章では、現代日本の**国際関係・外交**を取り扱う。戦後、経済大国となった日本は、アメリカの影響を大いに受けアメリカ主導の秩序に順応し、自発的に支えたが、決して受動的な立場にばかり置かれたのではなく、実は独自の利益と理念を追求する動的なプレーヤーであったことを指摘する。そして最近は、日本を取り巻く国際関係の地殻変動をふまえて対米軍事協力を強めるなど、安全保障政策に動きが生じている。国

を超えた様々なやり取りが深まる現代において、外交が国内社会や1人ひとりのあり方を左右しかねないことに思いを致したい。

第10章では、今日、私たちが政治について知り、理解するうえで重要な役割を果たしている**マスメディア**について取り扱う。メディアの現状や日本のメディアの特徴にふれたうえで、メディアへの信頼感やメディアの世論への影響力のあり方などに関する議論を紹介する。メディアをめぐる環境の変化のスピードは速く、新聞やテレビの利用者数が伸び悩む一方で、インターネットやソーシャルメディアが急速に普及しており、それは社会を変え、私たちのマスメディアへの認識や政治的な行動にも変化をもたらしていることを指摘する。

以上の議論をふまえて、**第11章**では、自らが自らを治めるという民主政治の理想を実現するために不可欠な私たち**市民の政治参加**について、理論や思想の面から探っていく。今日までの戦後日本の市民の政治参加や社会運動のありようを検討しつつ、参加民主主義論や熟議民主主義論など、市民の政治参加をめぐる有力な議論を紹介する。現状の日本政治の制度やしくみをふまえて、自ら政治を主体的に担う「市民」として、政治によりよくつながっていくために何ができるか、考えるきっかけとしたい。

以上の各章の末尾には、その章の内容に関連した学生の皆さんにとって読みやすい、あるいはアクセスしやすいと思われる「**おすすめの本・ウェブサイト**」を紹介しているほか、時事的な話題を政治学的な観点から解説する「**コラム**」を設けている。

また、本書は附録として現代日本政治に関する「**基本用語集**」のほか、最近、政治学の世界で計量分析が存在感を増していることをふまえて「**計量分析の基礎知識**」を解説し、さらに、政治学を学ぶ学生や学んだ先輩方が現実の政治にどのようにかかわっているか、具体的なエピソードを紹介する「**学生がつながる　現実政治とのかかわり方**」「**将来につなげる　現実政治とかかわる職業ガイド**」を収録している。

本書が他の日本政治の教科書と異なる点は、政治に関する客観的な記述・分析に努めながら、読者の皆さんがより主体的に政治へとつながってほしい、そして、皆さんも他者を政治へとつなげる人であってほしいという思いを前面に押し出し、明確に訴えていることである。『つながるつなげる日本政治』というタイトルに込められた思いが、本書を読んでくださった人のつながりの中で伝わり、さらに広がっていくことを切に願っている。

第1章
民主政治
——日本の政治は民主的だろうか

　日本は民主主義国家と考えられている。実際、戦後日本は憲法で国民主権を規定し、自由と民主主義を基本的価値として掲げている。議会制民主政治の国として、経験を積み重ねてきた。しかし、私たち有権者が議会議員を数年に一度選ぶだけで民主的といえるのだろうか。国会や政府は民主的に運営されているだろうか。

　本章ではこうした問題意識の下、最初に、私たちが政治につながるしくみである民主政治に関する日本国憲法の規定を確認する。そして日本が近代国家を建設する中で、民主政治を追求する人物が存在し、明治憲法体制下でも議会政治が実践されていた歴史的事実に目を向ける。

　次に、民主政治における国会（議会）と代表の意義を説明する。代表制をとる場合、選挙が民意を伝達する回路として中心になること、それが現実の民主政治を支えることを確認する。そして二大政党制を目指す政治改革がはらむ問題性にふれる。

　最後に、直接民主制と間接民主制の概念的区別を視点にして、民主政治とは何か常に問われていること、それは実践の中でかたちづくっていくしかないことを論じる。こうして日本政治が民主的なのか理論的に考える材料を提供することを目指す。

1 民主政治と国民主権

（1）日本の民主政治を規定する日本国憲法

　日本国憲法は国民主権・平和主義・基本的人権の保障を三大原理とし、自由と民主主義を基本的価値としている。この日本国憲法が定める規範と制度が、日本の民主政治を動かす基礎的条件となっている。いま私たちが経験している民主政治は、その評価は論争的とはいえ、日本国憲法に依拠して実践されている。

　民主政治にとって根底的な日本国憲法の規定は国民主権（主権在民）である（前文、1条）。政治のあり方を決め、法律を制定する権力・権威は、究極的には国民にあるとされる。もちろん実際には国会と内閣が政治決定を担う代表制をとるから、国民各人が立法や行政の職責を負っているわけではない。しかしそれでも国家統治にかかわる決定が国民の同意や支持を得ていなければ、それだけその決定に正統性はない、と考えるのが国民主権原理である。たとえば憲法改正手続きは、国民主権を具体化する制度の1つと解せる。憲法改正の是非を決めるのは最終的に国民であるからだ。国会で憲法改正の発議が行われたあと、国民自身が国民投票によって改正するか否かを決定する（承認には過半数の賛成が必要。96条1項）。それゆえ、国民は憲法制定権者であるという理解も成立する。

　しかし国民主権は基本的には代表制の形をとっている。日本国憲法は民主政治の制度と権利を次のように規定している。まず、国会を「国権の最高機関であつて、国の唯一の立法機関」と規定し（41条）、立法権を行使する主体を国民の代表者（43条1項）に与えている。そして、「成年者による普通選挙」「投票の秘密」を保障し（15条3項・4項）、国民（成人）全員に国政に参加する権利（参政権）を認めている。それゆえ国民は、国会議員を選出して、法律の制定や予算の決定に影響を与えることができる。

　また、行政権の主体を内閣とし（65条）、内閣は「国会に対し連帯して

責任を負ふ」（66条3項）と規定することで、行政権を担う内閣が国会の信任のうえに成立する議院内閣制を明文化している。そして「両議院は、各々国政に関する調査を行ひ、これに関して、証人の出頭及び証言並びに記録の提出を要求することができる」と規定し（62条）、国会に行政を監視する権限を与えている。それゆえ国民は、国会を媒介して行政府を監視できる。

　さらに、日本国憲法は民主政治の前提条件である自由権も規定している。基本的人権を不可侵の権利と認め（11条、97条）、いかなる人権侵害も禁止している。そして、言論・出版・表現の自由、集会・結社の自由を保障し（21条）、政治的活動を自由に行う権利を認めている。それゆえ国民は自由に政治的発言を行い、あるいは新たな政党や団体を立ち上げることで、政治に参加し影響を与えることができる。

（2）民主政治を制約した明治憲法体制

　このように日本国憲法は、国民主権と民主政治の制度と権利を規定する、戦後日本の民主政治の基礎である。戦前日本の政治体制と比較して、戦後民主主義の象徴と理解されている。

　ポツダム宣言を受諾し第2次世界大戦に敗れた日本は、GHQ（連合国軍最高司令官総司令部）の占領下に置かれた。GHQは軍国主義の否定を最重要課題として、天皇の神格否定、治安立法の廃止、華族の廃止、農地改革、財閥解体、女性参政権の付与、教育改革など民主化政策を推進した。日本国憲法もGHQの指導下で制定・施行された。その決定的変化は、天皇主権から国民主権へ転換されたことである。天皇は「日本国民統合の象徴」（1条）と位置づけられ、「国政に関する権能を有しない」（4条1項）存在とされたのである（象徴天皇制）。

　こうした意味で、日本の政治・社会の民主化は戦後に進展した部分が大きい。戦後民主主義といわれるゆえんである。ただし、日本政治の民主的側面は明治憲法（大日本帝国憲法）体制下にも存在していた。戦後日本の民主政治は、戦前に存在した議会制民主政治を受け継ぐものでもあ

る。たとえばそれは、ポツダム宣言にある「民主主義的傾向の復活強化」という文言からもわかる。戦後日本の民主政治は、日本国憲法の規定に基づきながら、同時に明治国家建設以来積み重ねられてきた立憲主義・議会政治の成果のうえに実践されているのである。

　日本政治の民主化は、西欧発の近代的な政治制度・統治機構を導入することで開始された。明治政府が成立してから、その専制的な藩閥体制を批判し国会開設・憲法制定を要求する自由民権運動が起きた。民主的な立憲国家を構想する憲法草案（私擬憲法）が複数起草され、西欧の民主主義思想が紹介された。

　しかし、制定された大日本帝国憲法（1889年発布）は、民主政治の可能性を限定するものだった。天皇を「神聖ニシテ侵スヘカラス」絶対的存在と神格化し（3条）、統治権を総攬する国家元首と位置づけた（天皇主権）。そして、帝国議会は、法律案を審議し同意を与えることで天皇の立法権に協賛する機関と位置づけられた。それゆえ、明治憲法体制は議会が存在しても国民主権ではなく、民主政治を実現するしくみとして不完全であった。

　また、内閣は天皇の行政権の輔弼機関とされ、閣僚（国務大臣）がそれぞれ天皇に責任を負う単独輔弼責任制をとった。つまり、議会の信任に依拠した責任内閣制ではなかった。同様に、裁判は「天皇ノ名ニ於テ」行うと規定して（57条1項）、司法の独立を限定し、国民の自由と権利を守る機能は制約された。さらに、天皇大権には実力組織である軍部の統帥権が属し、国務権限から切り離された（統帥権の独立）。それゆえ、**シビリアンコントロール**が不完全で、軍部独走の一原因になったと考えられる。

　こうして国民は、天皇の権威に従い命令に服従する臣民と位置づけられ、政治的主体性は制限された。たとえば、学校教育に組み込まれた教育勅語は、天皇の精神的権威を前提にした「忠君愛国ノ志気ヲ涵養」する国家主義的な国民道徳を表現していた。また、政府は各種の治安立法によって「言論出版の自由」「集会結社の自由」に制約を課し、民主政治

の生命線である市民的自由を制限した。

（3）明治憲法体制下で追求された民主政治

　とはいえ、明治憲法体制下でも民主政治の側面は存在した。国家君主が制定する欽定憲法であったとはいえ、立憲主義体制の形をとっていた。その側面を象徴する代表的な動きは、**大正デモクラシー**の時期にあった。1918年に、日本で初めて本格的な政党内閣である原敬内閣が成立した。そして、藩閥・官僚政府を打倒して**政党内閣**を作ろうとした護憲運動を契機に、憲政会・民政党と政友会の二大政党による政党政治が成立した。憲政会総裁・加藤高明を首相とする護憲三派内閣が成立した1924年から、立憲政友会・犬養毅内閣が崩壊する1932年まで、衆議院で優勢を占める政党の党首が組閣する政党政治が成立した。

　たしかに、元老・枢密顧問官や軍部の権限が強く、帝国議会でも貴族院が衆議院を抑制する働きをした、という意味で民主政治は制度的に制約された。しかし、天皇大権といっても実際には立法権は議会の協賛（同意）によって、そして行政権は内閣の輔弼（助言）によって行使される慣行だった。国民の代表の同意に基づいて法律を制定する制度は存在していた。たとえば、政府が提出した予算案を承認するか否かなど政府を監視する一定の力を衆議院はもっていた（大山、2011、25頁）。また、選挙権資格の制限も漸次緩和された。加藤内閣のとき納税額による制限が撤廃され、25歳以上の男子に選挙権を付与する（被選挙権は30歳以上の男子）普通選挙法が成立した（1925年）。有権者は全人口の約5％から約20％へ拡大し、広範な国民の支持を基盤として政治を行う議会制民主政治の可能性が開かれた。

　思想的格闘も多数存在した。たとえば、憲法学者・美濃部達吉の「天皇機関説」は、明治憲法を立憲主義的に解釈した。すなわち、天皇主権の原則を認める一方、その統治権は法人である国家に帰属し、天皇は法人である国家の最高機関であると論じた。また、政治学者・吉野作造は国民が主権をもつ民主主義と区別して「民本主義」を主張した。すなわ

ち、天皇主権といえども、主権を運用する際には人民の利益・幸福を目指さねばならない、それゆえ政治の目的は民衆の福利であって、民衆の意向に基づき政治はなされるべきだと説いた。この考えから、普通選挙と政党政治を擁護し、貴族院・枢密院の権限縮小を主張した。

しかし他方で、議会政治の民主化は金権政治による腐敗やポピュリズム的傾向をもたらしもした（筒井、2018）。そして、5・15事件を転機に政党内閣は終焉し、代わって軍国主義が台頭した。国民に滅私奉公を求める皇国史観が強調され、個人の自由を抑圧する超国家主義が支配的となった。こうして、民主政治の推進は頓挫した。とはいえ、戦前昭和の一時期に、国民に政治参加の機会を開いた衆議院を舞台に政党内閣が興隆した歴史的事実は、戦後日本の議会制民主政治に、その基盤の一部を遺したのである。

2　日本は議会制民主政治の国 ───────

（1）議会制民主政治を支える「国民の代表」

現代日本は政治的意思決定のしくみとして、議会制民主政治を採用している。普通選挙によって国民を代表する議員を選出し、当選した国会議員で構成する国会において、法案を審議し法律を制定する。

このとき国民は、投票行動を通じて自分の政治的意思を表明し統治に間接的に参加する。この意味で、国会は国民主権を具体化する制度として理解される（→第7章）。国民主権原理では、国民は国政における最終的・最高の意思決定権者であるとされるが、実際には法律を決める権限を、選挙を通じて国会議員に委任し（信任）、間接的に立法権を行使していることになる。

国会が国民代表機関として機能するには、国会議員が国民を十全に「代表」でき、審議を通じて合意や妥協を形成できなければならない。国会は社会全体を拘束する法を制定する立法機関であるから、審議を通じて国民全体が納得・同意できる結論を出す役割を担うべきである。つま

り、国民を政治的に統合する役割を果たすことが国会には期待される。

このとき国会議員が「国民を代表する」とは、どういう意味だろうか。大別して、2つの考え方がある。第1は、国会議員を国民すべての代表と位置づける国民代表の考え方である。この考え方によれば、国会議員は自身の選挙区の有権者や所属政党・団体の代理人ではない。国会議員は選挙区民や支援団体などが求める個別要求に従い拘束されるのではなく、自らの良心・識見に従って自由に意見表明し判断する権利を有するべきと考えられる。この国民代表の理念を論じるうえで、イギリスの政治家エドマンド・バークのブリストル演説が有名である。代議士は自身の選挙区民の具体的利益に注意を払うべきであるが、いったん選出されれば任期中は選挙区民の意思から独立して自由に判断・決定できる全権をもつべきだと論じた。

国会が人々を政治的に統合する機能を担うしくみだとすれば、この国民代表の観念は基礎的条件の1つである。日本国憲法43条1項でも「両議院は、全国民を代表する選挙された議員でこれを構成する」と定めている。たんに選挙を通じて国民（有権者）の支持を得るという条件だけでなく、「国民全体の利益」を代表するべきだと考えられる。それが広範な国民の納得・同意を得ることにつながる。

それゆえ、国会は採決する前に十分審議し合意形成を図る必要がある。審議とは、たんなる利害の主張ではない。正確な情報に基づき理に適う根拠を論究する討論こそ、国会審議の重要な意義であるはず（高畠、2012、332～334頁）。そして同時に、理性と知恵を凝らして交渉・調整し妥協を得る過程こそ、議会政治を担う国会議員の職責でもあるだろう。法案修正等を通じて、少数派も議決を受容する姿勢をつくりだす必要がある。つまり、合意形成を追求する職責が国会議員にはあるといえる。

しかし他方で、現実には国会議員は所属政党執行部の指示や支援団体の個別利害に従う部分が多いのも事実である。それゆえ第2に、国会議員は有権者の利害や意見を代弁・弁護するべきだという委任代表の考え方が意味をもつ。国会議員の最大の関心事が次の選挙で再選されること

であれば、選挙区の有権者に訴える地域代表、利益集団の支持を得られる利益代表の立場で行動する誘因は強い。また、有権者も、選挙の際に候補者を選択する基準として、自身の立場や利害を代表しているかを重視するだろう。たとえば、私生活と職場の経験を基に、社会福祉の充実や経済的安定など生活保障を公約に掲げる候補者や政党を選ぶ有権者は多い。また、自身の地域の利益や信条を政策に反映する役割を国会議員に求める期待も強いだろう（→第5章）。

　だからこそ、国会審議を通じて政治的合意を形成するには、両者のバランスをいかにとるか、国会議員の資質や政党の役割が問われることになる（→第6章）。たとえば、自己主張に固執し党利党略で他党と協議することを拒む、あるいは国家や国民のためといって批判や異論の存在を無視する、といった姿勢で審議に臨むなら、それは議会制民主政治の責任を果たせていないというべきだろう。

（2）代表制民主政治を支える選挙

　「国民の代表」が国民の意思に基づき政治を行う代表制が、民主政治として健全に機能するには、国民が政治参加する選挙は根幹的である。選挙は国民から見て、立法権を行使する国会議員を選出し説明責任を課す手段である。そして特に、衆議院議員総選挙は行政権の長である内閣総理大臣を選任する国会を構成する機会である。一般的に議会議員選挙・首長選挙は、政治指導者の選択を通じて民意を政治に反映させる民主政治のしくみである。この意味で、選挙は民主的正統性を基礎づける制度の1つとして機能する。それゆえ、選挙が有権者の意思を汲み取るしくみとして実質的に機能することが、議会制民主政治が民主的であることの必要条件となる（→第3章）。

　しかし、選挙は政治家から見れば、国民の政治的意思を確かめて統治に対する支持を調達する手段である。たとえば、総理大臣が国民の審判を仰ぐといって衆議院を解散することがある。そして、その解散・総選挙で優勢を得れば「信任を得た」として、掲げた政策を実行に移せると

判断する。それゆえ、政治家にとって国民一般の支持を獲得することが、政治家であるための1つの重要な資質ということになる。

　こうした有権者の支持を得る得票獲得競争は、民主政治の現実である。実際の民主政治は、他者と議論し合意形成を図ることよりも、自分の意見に基づき政治家を選択する選挙が中心になっている。

　こうした現代民主政治理解の基本構図を典型的に示したのが、オーストリアの経済学者シュンペーターの民主政治論である。シュンペーターは、民主政治を「人民による統治」とする古典的な理解を退ける。その背景には、大衆民主主義を現実的に分析する冷めた目がある。大衆社会の個人は、必ずしも社会全体を見通し公共の利益を求め合理的に判断している訳ではない。複雑な公共政策に関与する能力もないし動機も薄い。一般大衆が明確な政治的意思をもっていると考えることはできない。それゆえシュンペーターは、「人民の意思」「公共の利益」という抽象的理念を捨て、民主政治を意思決定の制度的しくみとして理解するべきだと論じた。つまり、有権者の支持を求め得票最大化を目指す政治集団間の競争と、それを可能にする制度装置に民主政治の現実を求めたのである（シュンペーター、2016）。

　この理解によると、政党や政治指導者の役割は大きくなり、一般市民の役割は小さくなる。政党や政治指導者は、無数の社会問題の中から議題を設定し政策を形成するイニシアティブを握る。たんなる代理人・弁護人ではなく、代表者として国民を統率する政治指導を担う。これに対して一般市民は、どの政党や政治家が指導者にふさわしいかを選択するだけである。政策論議する政治主体ではない。つまり、「どういう決定をすべきか」ではなく、「誰が決定すべきか」を選択する主体にすぎない。それゆえ、シュンペーターの民主政治論は、その特徴からエリート主義的といわれる。

　しかし他方で、政治指導者が「人民のために」政治を行う可能性はある。なぜなら、たとえば選挙は政治家に「人民のために」政治を行う誘因を与えるからだ。有権者の支持を広く集められなければ政治家の地位

を得られない。この意味で、たしかに自由な選挙による政治指導者の選出は、民主政治の方法として重要な意義がある。そして、有権者が投票に行くべき理由でもある（→第4章3）。

（3）政権選択選挙と民主政治

選挙に基づく議会政治は、日本の民主政治の制度であり現実である。しかし、それが本当に民主的に機能しているかを批判的に問う政治改革論議は今でも続いている（→第2章4・5）。その中でも特に、いかに政権交代可能な議会制民主政治を確立するかが、議論の焦点となってきた。自民党一党優位の下では政権交代が現実的でないため、国民が政権選択するという民主主義の契機が十分に実現できていないと考えられた。それゆえ、民主政治の改善に必要なのは、誰に政権を任せるか有権者が直接選択できる二大政党制の実現であるとされてきた。これは、政権交代可能な政党政治を、民主的統制の重要な手段と位置づける考え方である。

そして実際、政権交代可能な二大政党制を目指す政治改革が、細川護熙政権以来進められてきた。強い指導力を発揮できる二大政党制の英国型議院内閣制を目標として小選挙区制を導入し（1994年）、政治指導を支える内閣機能の強化が図られてきた（官邸主導）。小泉政権時の2001年には「首相公選制を考える懇談会」が設置され、有権者が首相を選挙で直接選出する制度の導入が検討されたこともあった。そして、現実に政権交代が起きた。2009年に民主党政権が誕生し、2012年に自民党が政権復帰した。

こうした政治改革を求める根拠として、政治に民意を直接反映する機会をつくれば、国民の政治的主体性を高められるという考えがあった。そして同時に、官僚制支配から脱却する行政改革を行って政治主導を実現すれば、政策判断に民意を反映する度合いを高められるという考えもあった。つまり、民主政治を推進するためには国民にみずから政権を選択する機会を与えると同時に、政治責任の所在を明確にし、政権による迅速な政策判断と決断を可能にして、改革を断行できる政治的指導力を

高める必要があると論じられた（清水、2018、87〜92頁）（→**第8章**）。

　しかし、こうした改革が民主政治の改善につながるのか異論もある。たしかに、政権交代可能な政党政治と政治主導の確立は、55年体制下に形成された旧弊を打破するため必要な政治改革であるという側面もある。政権選択選挙や、政権の強い指導力は、有権者の意向を政策決定に反映する回路として機能し得るかもしれない。たとえば、政策判断は専門的知見に依拠して合理的に行うべきだと考えるなら、国会審議や党内審査によって妥協を強いられたり廃案になったりするよりも、首相が専門家である官僚や補佐官を直接指揮して政策形成・決定する方が、有権者の期待に沿えるかもしれない（待鳥、2015、209頁）。

　しかし他方で、本当に民意を反映した国民主体の政治が可能になるのか、問題点も指摘されている。誰が政治指導者（首相）にふさわしいかを有権者が投票によって直接選択することだけが、議会制民主政治の改善方法であるわけではない。たとえば、選挙結果をもって、政権に全面的に信任を与えたと考えてよいのか。強い権限集中は権威主義的支配を招かないのか。また、二大政党制は国会審議を政府・与党対野党の対決型にして、国会審議本来の機能を形骸化する可能性があるのではないか（大山、2011、19頁）、といった問題点である。

　日本において政権交代可能な政党政治が確立したとはいえないが、どのような制度やその運用が民主政治の促進につながるか今後も議論を深めなければならないだろう。

3　問われ続ける民主政治

（1）古典古代の民主政治の意味

　これまで確認してきたように、現代日本の民主政治を支えるしくみの中心に、普通選挙に基づく議会政治がある。そして、それが民主的に機能しているか議論され、実際に制度改革も行われてきた。議会制民主政治は、その確立を目指す闘争を経て現在に至るまで、不断の改善途上に

あるといってよいだろう。

　ただし、ここで確認しておくべきなのは、議会制・代表制が民主政治のしくみであると自明視されてきたわけではないということである。西欧政治思想の歴史において、民主政治は、民衆が政治権力を握り自ら統治する政治体制を指す言葉であった。古代アテネの統治機構には、政治的意思決定機関として一般市民が平等に参加資格を有する民会が設置され、国家（ポリス）の重要事項を討議し決定したとされる。こうした古代アテネで実践された政治の形態を指す用語として、民主政治があった。

　しかも、民主政体は否定的評価の対象であった。たとえば、古代ギリシアの哲学者プラトンは、無知で貧しい民衆を扇動する政治家が支配権力を握る僭主独裁制を招くとして否定的に評価した。プラトンは、事物の真の本性に関する哲学的知識を備えた人々だけが支配する資格をもつと考え、民主政を自由と平等が無原則的に許容され、無知、傲慢、浪費がまかりとおる政体として危険視した。また、アリストテレスはその政体論で、民主政を堕落形態に位置づけた。民主政は現実には多数の貧者による支配を意味し、共通の利益よりも財産をもたない貧民の利益が優先されること、また市民の平等が強調され能力の差まで無視されることに問題があるとした。実際に、アテネ民主政は堕落し崩壊した。そしてそれ以後長い間、民主政治は政治的統治のあり方として肯定的に評価されることはなかったと考えられている。

（2）近代民主政治の形成

　民主政治を否定的に認識する傾向に決定的変化が生じたのは、英米仏の市民革命（17～18世紀）の時期だった。その代表的思想が、市民革命を正当化する理論的根拠を提供した社会契約説である。ジョン・ロックやジャン＝ジャック・ルソーの社会契約説は、国民主権原理を基礎づける理論となった。それは政府が存在しない自然状態を仮定し、この自然状態にある人民が契約を交わし共同して政府を設立する、という推論を展開する。つまり、政府が存在する根拠を人民の自発的合意に求める。現

実には政府が人民を統治するにしても、その目的は本来人間が個人として有する自由と平等の権利（自然権）を保全するためだと主張する。つまり、国家権力は人民が契約を交わし創設するもので、契約当事者である人民の同意に由来すると説くのである。

この社会契約説の前提にある自然権思想は、基本的人権の保障を規定する近代立憲主義の基礎を提供した。人間は生まれながらに自由と平等の権利を有するから、国家権力といえども、人類の普遍的権利である基本的人権を侵害してはならない、という論理につながった。つまり社会契約説は近代民主政治の原理を構成する思想的源流の１つとなった。

実際フランス革命では、人民主権思想を背景に「王政を排した国民代表による統治」という意味で、「共和制」が確立された（第１共和制）。また名誉革命を経たイギリスでは、議会の機能が拡大され、実質的に国権の最高機関としての地位を確立した。

ただし、市民革命で掲げられた政治的平等は限定的にしか実現しなかった。革命後の体制では英米仏いずれも選挙資格は制限され、実際に議会政治で力を握ったのは、貴族や新興ブルジョワジーなど地位や財産をもった富裕な社会的上層の人々であった。つまり、市民革命を経て成立した議会制は、依然として名望家が政治権力を握る寡頭政であったといえる。政治的権利は普遍的に保障されなかった。フランス革命以後も、地位と財産を有する人々は「民衆による支配」を意味する民主政治を危険視する傾向にあった。たとえば、ロベスピエールらのジャコバン独裁と結び付けられ、暴徒化しやすい民衆が既存秩序を破壊する危険な急進主義的イデオロギーだとみなされる傾向にあった（福田、2009、47～48頁）。

しかしそれでも、国民の代表者が議論し法律を制定する議会制が民主政治を実現する基盤になった。産業革命を経て形成展開する産業資本主義社会で、大量の都市労働者や農民たちは、経済的に貧しく社会的に弱い立場にあった。人民主権の理念とは裏腹に、納税額による制限選挙制の下、庶民の大半は政治的劣位に置かれたままだった。それゆえ、労働者や農民には、「人民を代表する」議会が経済社会の既得権・特権的地位

を保護する機関に見えた。こうした政治状況を背景に、19世紀には、無産階級（労働者・農民など）が政治権力を握る政治体制の構築を主張する社会主義思想が勢力を強めた。民主主義は下層労働者の合言葉となって、民衆が統治権力を奪取する運動の原理として機能した。たとえば、労働者や中小ブルジョワらが蜂起した1848年フランス2月革命やベルリン3月革命が勃発した。

　こうした動きもあって、政府は選挙制度改革など議会政治を民主化する施策を講じていく。政治参加資格を緩和し無産階級の政治参加を可能にすることで、議会制の枠内で社会問題に対処し庶民の要求を緩和しようとした。この主な政治勢力は、社会民主主義政党だった。

　20世紀前半には多数の国が普通選挙制を取り入れ、一般庶民も選挙を通じて政治参加する大衆民主政治の時代に突入した。一般民衆に政治参加の機会が開かれたことで、政治権力の支持基盤が広く社会に張りめぐらされることになった（近代組織政党、大衆政党の登場）。その結果、議会制と国民主権が結合することになった。民主政治は危険思想ではなく、統治機構や政権の正統性を根拠づける理念・原理となった。**権威主義体制**を敷く指導者までもが、自身が行使する政治権力を正統化する大義名分に民主政治を持ち出すのである。

（3）直接民主制と間接民主制

　こうして現代では、基本的に代表制・議会制が民主政治のしくみであると考えられている。しかし代表制である以上、たんなる政治的支配の道具に変質する可能性はある。極端な場合、政治指導者が「真の民意」や「人民の意思」を僭称して独裁政治を行う可能性さえある。

　このとき直接民主制と間接民主制の概念的区別が、民主政治を考察する重要な視点になる。誰が実際に政治決定権を握るかを基準に区別した場合、政体構成員（国民・住民）の代表者が政治決定を担う代表制は間接民主制である。つまり、正当な手続きで選出された議員が議会で法を制定する議会制民主政治は、間接民主制である。これに対して、政体構成

員みずから政治決定を担うのが、直接民主制である。国民投票や地方自治における住民投票などは、意思決定に直接参加する方法であるから、直接民主制である。

こうした直接民主制と間接民主制の違いは、政体構成員が意思決定に関与する方法の違いとして理解できる。民主政治を自己統治のしくみとして理解するなら、政体構成員全員に平等に発言権が付与された、公正な政治的意思決定の方法が求められる。もし意見や利害が異なれば、それぞれが同意できる結論を得る方法がとられなければならない。たとえば、多数決をとる、議論して合意形成する、調整・取引きを通じて妥協するなどである。そして、こうした仕事を国民・住民が担わずに、代表者に任せるなら、自己統治は間接化されることになる。

この区別を、国民主権を具体化する方法の違いとしてみた場合、直接民主制の方が民主的かもしれない。民主政治を自己統治の原理として考えるなら、国民が直接意思を表明できて、決定に関与できる直接民主制の方が国民主権原理に適っている。しかし、国民すべてが直接自ら統治を担うのは非現実的である。たとえ法案の採決に限っても、全法案を国民投票にかけるのは現実的ではない。

他方で、間接民主制は現代国家のような大規模社会でも可能な方法である。利害関係が複雑で多様な意見が存在する社会では、意思決定する方法として効率的で現実的だろう。しかし、代表制は議会と国民の意思が一致しない可能性を常に内包している。現実に政治決定を担う議員は少数で、その他多数の人々が決定に従うという構図が存在する以上、構造的に民主政治の不全が起きる可能性が常にある。

この意味で直接民主制と間接民主制の違いは、民主政治にとって重大であると考えられる。直接民主制は本来「民衆の直接参加と自治を中心にした民衆の自己統治の政治形態を意味する」のに対して、間接民主制は「厳密にいえば、代表者による委任統治的な寡頭政の一形態」とも考えられるからである（千葉、2000、ⅴ頁）。それゆえ、少なくとも住民生活に重大な影響を及ぼす政策課題については、政治家の判断に任せず国

民・住民の意思を問うべきだと主張されたりする。

とはいえ、代表制が常に寡頭制的なわけでもない。なぜなら、選挙は「優れた者を選出するという貴族政的な機能を、有権者の判断によって民主的にコントロールすることができる」しくみともいえるからだ（早川、2014、185頁）。つまり国民は、選挙や世論などによって政治指導者の行動や判断に影響力を行使して、自己統治を実現できるとも考えられる。それゆえ、選挙と政治的リーダーシップの制度改革が、重要な政治課題として議論されてきた。

このように、民主政治の方法・しくみとして直接制と間接制のいずれが望ましいのか、様々な考え方がある。しかしもちろん、どちらかが正しいという二項対立的な問題ではない。それは法案や政策の内容によって、また時々の政治・社会情勢や人々の心理状態などによっても、判断が変わる性質の問題である。原理的にも多くの問題が横たわっている。議会制民主政治のしくみは公正な意思決定過程といえるのか。代表制をとる場合、政治的平等とは具体的にどのような状態のことなのか。また、一般市民が意思決定する方法は、専門的知見や社会的慣習を無視しないのか。住民投票は多数決主義を招来し少数派を排除しないのか（→コラム1）。こうした原理的問題が、民主政治の実践では常に問われているのである。

したがって、私たちが民主政治を実践するには、現実の状況を適切に見極め、不断の工夫と改革を重ねていくしかないのだろう。

column 1
民主政治と多数決

　2019 年、アメリカ軍普天間飛行場移設計画をめぐって、名護市辺野古の基地建設予定地の埋め立て工事の是非を問う沖縄県民投票が実施された。また 2015 年、当時の橋本徹大阪市長が大阪都構想を掲げて、その是非をめぐる住民投票が実施された。この 2 つの住民投票はどちらも直接民主制の手続きである点で同じである。しかし両者には重要な違いがある。前者は住民の直接請求をきっかけに住民が自らの意思を政治に届ける目的で実施されたのに対して、後者は首長が政策の実現を目的に民意を確認するため実施された。こうした手法は、首相が衆議院を解散し総選挙に打って出る政局にも見出せる。

　もちろん、政策内容や、その政治状況が異なるため一概にはいえないが、住民の側が自らの意思を表明する機会を求めて実施されるのか、それとも権力の側が同意を調達する目的で実施するかでは、民主政治にとってその意味が異なるはずである。

　ただし、どちらも住民の意思に基づく決定を求める点で同じである。しかもそれは民意を得票数の多少で決める多数決主義である。政策内容を討議して合意形成を図る審議とは異なる。むしろ議会審議が本来の機能を果たせていないため、有権者に直接問う手段が意味をもつことになる。住民投票条例の制定を求める住民運動は、代表制の機能不全を主張しているといえる。また、大胆な改革を断行するには、多数派を形成し少数派を退けるしかないのかもしれない。しかし、議会が多様な意見や立場を十分に代表し、議決に説得的な根拠があるなら、民意を直接問う必要性は低下するはずである。もし合意形成の努力を放棄して形勢を逆転する目的で行われるなら、恣意的な制度運用に映る。指導者側が「信を問う」といって住民投票や選挙を仕掛けるのは、直接有権者に働きかける側面があることなどから、ポピュリズムと批判的に評価されることが多い。直接民主制と間接民主制の間には、民主政治の根本問題が存在する。

おすすめの本・ウェブサイト

 森政稔（2016）『迷走する民主主義』ちくま新書

　戦後日本の民主政治について、政治思想・政治理論の視点から考察した好著。思想的考察を基底にして、日本政治の特質や民主党政権の問題点を浮かび上がらせている。文脈づけて理解する手法が印象深い。

 早川誠（2014）『代表制という思想（選書＜風のビブリオ＞１）』風行社

　代表制は直接民主制の次善策ではないとして、代表制独自の意義を論じている。代表制民主政治をめぐる重要な政治思想・政治理論の知見が明瞭に整理され勉強になる。議会制民主政治の問題として、首相公選制の考察も重要。

 文部省著作教科書（2018）『民主主義』角川ソフィア文庫

　中学生・高校生の社会科教科書として使用された著作を復刊した本。日本国憲法の原理や意義に加えて、民主主義とは何かという根本問題をわかりやすく解説している。含意が深く論点が広範囲に及んでいて、今でも古くない。

参考文献

飯尾潤（2007）『日本の統治構造——官僚内閣制から議院内閣制へ』中公新書。

大山礼子（2011）『日本の国会——審議する立法府へ』岩波新書。

クリック、バーナード（2004）『デモクラシー（1冊でわかるシリーズ）』岩波書店。

佐々木毅（2012）『政治学講義〔第2版〕』東京大学出版会。

清水真人（2018）『平成デモクラシー史』ちくま新書。

シュンペーター、ヨーゼフ（大野一訳）（2016）『資本主義、社会主義、民主主義Ⅱ』日経BPクラシックス。

高畠通敏（2012）『政治学への道案内』講談社学術文庫。

千葉眞（2000）『デモクラシー（思考のフロンティア）』岩波書店。

筒井清忠（2012）『昭和戦前期の政党政治——二大政党制はなぜ挫折したのか』ちくま新書。

筒井清忠（2018）『戦前日本のポピュリズム——日米戦争への道』中公新書。

福田歓一（1977）『近代民主主義とその展望』岩波新書。

福田歓一（加藤節編）（2009）『デモクラシーと国民国家』岩波現代文庫。

待鳥聡史（2015）『代議制民主主義——「民意」と「政治家」を問い直す』中公新書。

第2章
現代日本政治史
——政党・政治家のダイナミックな動き
を中心に

　本章では、第2次世界大戦後の占領期から、現在の第2次安倍晋三政権に至るまで、ダイナミックに動いてきた戦後日本政治史について述べる。

　1955年に保守合同によって結党された自民党は、1993年まで長期政権を維持し、その後もほとんどの期間で政権を保ってきた。革新陣営との激しい対立の中でアメリカとの協調を基本としつつ、高度経済成長の追い風に乗って政権基盤を固めていった。だが、党内派閥の対立を抱え、支持基盤の動揺も経験するなど、常に順風というわけでもなかった。

　一方、社会党は自民党政権が途切れる1993年まで野党第一党であり続けたものの、現実的な対抗政党となりきれなかったのに対し、小選挙区制導入後は一気に野党再編が進み、民主党の発展、さらには政権交代にまでつながった。この間、社会経済環境の変化もあり、自民党も質的な変化を経て今日に至る。

　民主党の失敗が第2次安倍政権の成功を生んだが、安倍首相も一度失敗した経験をもつ。そして、彼の最大の政治目標である憲法改正に向け、正念場を迎えている。

1 自民党結党に至る流れ

　本章では、現代日本政治を理解し、よりよく政治につながっていくために必要な戦後政治史の基本について学んでみよう。

（1）日本の民主化から自立へ

　1945 年夏、第 2 次世界大戦に敗れた日本は、アメリカを中心とした GHQ（連合国軍最高司令官総司令部）による間接統治を受け、政府の機構を存続させる形で民主化を進めていった。戦時下で活動の制約を受けていた政党も復活への動きをみせ、政党制の再編成の時代を迎える。

　1946 年には戦後初の衆議院議員総選挙が行われたが、先の戦争に加担した有力者が GHQ により次々と公職追放の処分を受けた。自由党の総裁であった鳩山一郎も追放処分を受け、当時外相の吉田茂に総裁の座を委ねることとなった。この選挙の結果、吉田が首相に就任するも、大選挙区制のもとで行われたこともあり政党の議席が分立し、1947 年に再度衆院選が行われた。その結果、社会党を中心とした中道連立政権が誕生する。しかし、わずか 1 年ほどでこの中道政権が行き詰まると、吉田が再度首相に就き、1954 年まで内閣を組織して保守政権が戦後復興を担うこととなった。

　こうした中で、アメリカとソ連との間で東西冷戦が激化し、日本の周辺環境にもこれに関連する動きが相次いだ。1949 年に中華人民共和国が建国され中国に共産党政権が誕生した。さらに、1950 年には北朝鮮が韓国に侵攻して朝鮮戦争が勃発する。アメリカは、日本をソ連など東側諸国に対する極東地域での防波堤とすべく、占領政策において民主化よりも経済復興を重視して、日本の自立を急ぐようになった。1951 年にはサンフランシスコ講和条約を結んで日本の主権を回復すると同時に、日米安保条約によって、西側陣営の一員として日本が明確に位置づけられることとなった。

吉田は、対米協調を機軸として軍備をアメリカに依存しつつ（軽武装）、経済成長を最優先して、日本の国際的地位を回復させる方針をとった。こうした方向性は、後に自民党が結党されてからも歴代の政権に長く受け継がれ、「保守本流」と呼ばれることになる。

　さて、占領政策が見直される中で公職追放は徐々に解除され、1950年には鳩山一郎も政界復帰を遂げた。鳩山とすれば、吉田に一時的に保守陣営の代表の座を譲ったつもりであったが、吉田は鳩山が復帰した後も自由党総裁の座にとどまり続けた。これを不満とする鳩山は自由党内で反吉田グループを形成し対抗した。そして、1954年には岸信介らと日本民主党を結成して憲法改正や再軍備を高く掲げていく。鳩山・岸らの方向性は「保守傍流」とも呼ばれるようになり、保守陣営内部での確執が深まっていった。

（2）自民党の結党

　1955年になると、サンフランシスコ講和条約への賛否をめぐって左右両派に分裂していた日本社会党が再統一を果たす。これにアメリカや資本主義経済の安定を図る**財界**は危機感を抱き、分裂していた保守陣営に対応を促した。そして苦難の末、同年11月に自由党と日本民主党が合併して、自由民主党（自民党）が結成された。保守政党の合同であることから、保守合同とも呼ばれる。自民党を政権党とし社会党を野党第一党とする1955年体制（55年体制）が、ここに成立したのである。

　自民党は結党当初、総裁人事が決まらず総裁代行委員制をとり、翌年になってようやく初代総裁として鳩山一郎が選出された。妥協による結党であったため、自民党が政党として存続できるのか疑問視する向きも強かった。しかし、結果として、民主主義体制のもとで自由な選挙を繰り返しても、ほぼ一貫して自民党が一党優位である「1と2分の1政党制」（スカラピノ・升味、1962）という、世界でも稀有な政党政治が展開されていくことになる。

　1954年末から吉田茂に代わって政権を担った鳩山は、首相として独自

の外交を模索し、ソ連との国交正常化交渉を進め、1956 年に日ソ共同宣言に署名し、国交を回復した。これを受け、日本は同年 12 月に国際連合への加盟を果たしたが、北方領土の返還やソ連との平和条約の締結は課題として残され、今日もロシアとの間で交渉が続けられている。

2　高度成長と自民党政権の経済中心路線 ──

（1）政治から経済へ

　1957 年に首相に就任した岸信介は、戦前は革新官僚としてならし、戦後は先の戦争に加担した A 級戦犯容疑者として公職追放の処分も受けていた。岸は、自らの政権でとりわけアメリカに対する日本の自立を志向し、まず日米安保条約をより対等なものとしたうえで、占領下でつくられた日本国憲法を改正すること（自主憲法の制定）を目指した。

　だが、安保条約改定をめぐっては、岸のもつ旧体制的な性格に反発する革新勢力による安保闘争を引き起こし、国会内外に混乱をもたらすこととなった。新安保条約は 1960 年に自然承認され成立したが、結局、改憲を果たせないまま岸は首相を辞任することとなった。

　岸のあとを受けて首相となったのは、吉田茂の門下生であった池田勇人であった。大蔵官僚出身の池田は、すでに 1950 年代から始まっていた経済成長の流れを活かして「**所得倍増計画**」を掲げ、経済中心路線へと政治の局面の転換を図り、高い支持率を維持した。こうした中で、憲法改正は徐々に自民党政治の後景へと退いていくことになる。

　池田は、1964 年の東海道新幹線の開通、東京五輪の開催を見届けて、自らと同じく吉田茂の薫陶を受けた佐藤栄作に政権を引き継ぐ。佐藤は、経済成長が続く中で政権基盤を着実に固め、当時戦後最長となる長期政権を築いた。

　佐藤にとって、最大の課題は沖縄返還であった。とりわけ沖縄にある核兵器の取扱いが問題となったが、アメリカとの交渉を重ねて、1972 年に返還を実現する。ただ、沖縄に集中する米軍基地の問題は今日も日本

政治の大きな課題として残り続けている。

（2）自民党派閥と利益分配システムの発展

　さて、もともと異なる政党が合同してできた自民党には8つの派閥が存在したが、1970年代にかけて5つに収斂していった。総理・総裁を目指すリーダーである領袖が組織拡大を図り、総裁選では派閥を単位として多数派形成が争われることになった。そして、派閥は政府や党などの役職や政治資金を分配する単位として機能していくこととなる。

　自民党は、近代的政党組織の整備のため、派閥解消を目指したが、同党の政治家同士の戦いが促進される衆議院の中選挙区制のもとで、個々の政治家が個人後援会を組織するのに精を出し、派閥の支援を求めることとなり、派閥の重要性がますます増していった。

　一方で、保守の自民党の政権が長期化し、経済中心路線が推進される中で、主として都市部で生まれた高度成長の果実を補助金や公共事業などの形で、自民党の主たる支持基盤である農村部へと政策的に再分配していく社会民主主義的な「自民党システム」が形成されていった（蒲島、2014）。有権者は利益を得た見返りとして自民党への投票に傾き、まさに利益誘導型の政治が展開された。こうした政治のあり方を身をもって体現したのが、1972年に首相となった田中角栄である（→コラム2）。

（3）社会党の伸び悩みと野党の多党化

　この間、社会党は「非武装中立」を党是として、護憲や日米安保条約の廃棄、自衛隊の解消などを訴え、自民党に対峙した。だが、1958年衆院選での166議席を頂点として、その後は伸び悩んだ。野党第一党として、労働者のための階級政党という位置づけを脱し、より広い層の支持を得られる現実的な政党への変化の試みもなされたが、左右両派の対立を抱えてうまくいかなかった（新川、1999）。しかも、社会主義が目指す社会の平等な発展は、保守の自民党政権のもとでもある程度実現することとなったため、支持拡大に苦慮することとなったのである。

こうした中で、1960年には民主社会党（のちの民社党）が社会党から分裂し、社会党は支持基盤の一部を失うこととなった。また、1964年には仏教系宗教団体の創価学会を母体とする公明党が誕生し、さらに社会党と同じ革新陣営に属した共産党も1970年代にかけて勢力を拡大した。高度成長に伴って、人口が都市部に集中し、議員定数も大都市により配分されるようになり、野党の多党化が進んだ。社会党は、1993年の政権交代に至るまで一貫して野党第一党であり続けたが、多党化によってその地位は相対的に低下していくことになる。

3 派閥対立と保革伯仲の時代

（1）成長の負の側面の顕在化

野党が伸び悩む中で、自民党の基盤は盤石だったかというと必ずしもそうではない。やがて高度経済成長の負の側面が顕在化しはじめる。

具体的には、公害などの環境問題や高齢化に伴う福祉の充実といった課題であり、自民党政権は当初、開発や経済成長を優先してこれらの問題への対応が遅れた。有権者の不満は主に地方選挙レベルで顕在化し、特に東京都の美濃部亮吉知事や大阪府の黒田了一知事など大都市部を中心として、社会党や共産党などの支援を受けた政治家が首長となる「**革新自治体**」が次々に誕生していった。一方、都市部への人口集中も農村部を主たる支持基盤としてきた自民党を脅かし、得票率や議席率を減少させ、1970年代半ばには与党と野党の議席数が接近する保革伯仲の状態となる。こうした中、1970年代には自民党内の派閥の対立が深まり、比較的短い周期での首相の交代が続いていく。

（2）角福戦争から田中支配へ

1970年代から80年代前半にかけて、自民党内の対立の軸となったのが田中角栄と福田赳夫である。佐藤栄作の後継者争い（角福戦争）に勝利して、当時最年少の54歳で首相となったのが田中であった。田中は、た

たき上げの政治家であったが、官僚と良好な関係を築いて政策に精通していた。首相として佐藤派の大部分を引き継いで田中派としたうえで、1972年に中華人民共和国を訪問して日中共同声明を行い、国交を正常化させた（中華民国（台湾）とは断交）。その一方で、自著『日本列島改造論』に基づいて、成長と福祉を循環させようという列島改造計画を内政の課題と位置づけた。だが、積極的な経済政策は狂乱物価を招き、また第4次中東戦争に端を発した石油ショックも相まって経済は混乱することとなり、国民の期待は一気にしぼんだ。最終的に田中は、自らの金脈問題によって辞任を余儀なくされた。

その田中は、次の三木武夫政権時に発覚した**ロッキード事件**で1976年に逮捕され、自民党を離党したが、田中派の実質的なオーナーとして引き続き君臨し、派閥を膨張させていった。

三木が党内の支持を失って首相を退任すると、大蔵省出身の福田赳夫が満を持して政権についた。岸信介の後継者であった福田は、「経済の福田」として経済の安定を図った。また、自民党の改革を進め、総裁選挙に予備選挙を導入した。福田は、総裁再選を目指し自信をもって1978年の総裁予備選挙に臨んだが、将来的に首相への返り咲きを狙う田中は派を挙げて自らの盟友の大平正芳を支援した。結果は大平が勝利し、福田は本選出馬を辞退し、大平政権が誕生した。

大平は、池田勇人の秘書官を経て政界に進んだ。首相となってからは深刻な党内対立に苦しんだ。主流派（田中・大平派）と反主流派（福田・三木派）の対立が激化し、1979年衆院選の後には40日抗争と呼ばれる党内紛争が生じて、事実上の分裂状態に陥った。最終的には、1980年に社会党が提出した内閣不信任案の採決を自民党反主流派が欠席したことにより不信任案は可決され、同年に史上初の**衆参ダブル選挙**が行われることとなった。ところが、選挙期間中に大平首相が急逝し、自民党には同情票も集まって大勝した。

大平政権後に政権についた鈴木善幸・中曽根康弘も、いずれも田中派のバックアップを受けた。田中角栄は、刑事被告人として傷を負ってい

たが、首相としての再登板をいまだ諦めていなかった。しかし、無所属議員としての田中が膨大な派閥メンバーを抱えながら、事実上自民党や日本の政治を動かすといういびつな構造が存在した（田中支配）。田中派は、田中の豊富な資金力を背景に選挙でも強く、多彩な人材を擁して「鉄の結束」といわれた一方で、自派から新たに総理・総裁候補を出せないことへの不満が派内に蓄積していくこととなった。

4 行政・政治改革への流れ

（1）中曽根政権と行財政改革

　1970年代後半以降低成長の時代に入り、少子高齢化が進展する中で、財政難が問題となってくる。1982年に政権についた中曽根康弘は、前任者の鈴木善幸が設置した第2臨時行政調査会（第2臨調）による歳出削減や行政改革を目指す路線を引き継ぎながら、自らの独自性のアピールに努めた。また、保守傍流出身の政治家として、保守本流政治のもとで築き上げられてきた諸制度の見直しを目指したほか、外部の有識者を登用して懇談会や審議会といった新たな諮問機関を設置し（審議会政治）、首相のリーダーシップのもとに政策実現を図る姿勢を鮮明にした。その一方で、田中派の強力なバックアップのもとで政権運営を行ったが、1985年、その田中派内で次のリーダーとされていた竹下登らが創政会を結成し、派閥の独立に向けた動きが顕在化した直後に田中が病に倒れ、田中支配はついに終焉を迎えることになる。

　こうした中で、自民党は1986年の衆参ダブル選挙で大勝し、中曽根は最終的に国鉄、電電公社、専売公社という3公社の民営化を実現することとなった。この民営化は、民間活力の活用による行財政改革の象徴として掲げられ、社会党の支持基盤で官公労（官公庁系の労働組合）を主たる加盟団体としていた総評（日本労働組合総評議会）に大きな打撃を与えた。社会党は、1980年代にかけて中道の公明党や民社党との協調を掲げ、1986年には西欧型社会民主主義を志向する新宣言を打ち出してようや

く現実路線に踏み出したが、自民党が支持を回復する中で、政権奪取に近づくことはできなかった。

（2）リクルート事件と政治改革に向けての動き

　竹下登は、1987年には田中派の大部分のメンバーと竹下派を結成する一方、中曽根の後を受けて首相に就任する。竹下は、田中派時代以来、国会対策などを通して築き上げた野党とのパイプを活かし、また世論の説得にも努めて、1989年に大型間接税である消費税（税率3％）を導入することに成功した。最大派閥のリーダーとして長期政権が期待されたが、**リクルート事件**が発覚し、退陣に追い込まれた。

　1970年代の激しい派閥対立を経て、この頃になると自民党の派閥の制度化が進んだ。当選回数による年功序列人事に加え、いわゆる「総主流派体制」が確立し、基本的に全派閥が総裁を支持する見返りに、派閥の議員比率に応じて大臣などのポストを獲得するようになった（派閥均衡人事）。そして、長期政権のもとで特定の政策分野に精通した**族議員**たちが自民党内で台頭し、自民党政務調査会での議論をリードすることを通して、政策形成過程において官僚より優位に立って政策調整を行うようになっていった（佐藤・松崎、1986）。一方で、最大派閥となった竹下派が日本政治の行方を支配していく。

　1989年12月、米ソ首脳によるマルタ会談が行われ、冷戦の終結が確認された。この年の参院選でリクルート事件の傷を負った自民党は大敗し、結党後初めて選挙における第一党を社会党に譲り渡すこととなった。この時社会党は土井たか子委員長を先頭に、女性候補を多く擁立したことからマドンナ旋風とも呼ばれた。

　社会党のブームは一時的なものにとどまったが、自民党長期政権の腐敗を前にして、政治改革に向けた議論が徐々に深まっていった。四半世紀に及ぶ「改革運動」の始まりである（薬師寺、2014）。特に、衆議院の選挙制度改革にスポットが当たっていく。竹下派の支援を受けて1989年に発足した海部俊樹政権のもとで、政権交代がより容易な体制を築きな

がら、中小政党の存在にも配慮するという観点から、大政党に有利な小選挙区制と、中小政党に有利な比例代表制という異なる制度を組み合わせた小選挙区比例代表並立制が有力な案として浮上する。だが、従来の中選挙区制から大きな変化となるだけに、野党だけでなく、自民党内からも反対意見が噴出し、海部は退陣を余儀なくされた。

（3）自民党の下野と非自民連立政権

　海部に続いて政権の座についた宮沢喜一も、竹下派の支持を受けていた。ただ、その竹下派は、派閥会長の金丸信が東京佐川急便事件をめぐり議員辞職と会長辞任に追い込まれたことをきっかけに、後継者争いから羽田孜派と小渕恵三派とに分裂した。

　そして、小沢一郎らが参加した羽田派は、宮沢が政治改革を実現できなかったことを理由に1993年の宮沢内閣不信任案に賛成し、可決された。これを受けて宮沢首相は衆議院を解散したが、羽田派は新生党を結党して、さらに武村正義らは新党さきがけをつくるなど、自民党からの離党の動きが相次いだ。

　1993年衆院選の結果、自民党は第一党の座を維持したが、過半数には達せず、新生党の小沢一郎を中心に、日本新党（1992年結党）代表の細川護熙を首相に推挙して、非自民8党・会派による連立政権が誕生した。ここに、自民党は結党後初めて野党に転落したのである。

　細川政権は、1994年に衆議院の選挙制度改革（小選挙区比例代表並立制の導入）を柱とした政治改革関連法を、自民党との妥協で成立させた。一方、自民党出身者から社会党まで幅広い政治家を含む連立政権内の政策調整は難航し、結局社会党と新党さきがけは、小沢一郎らとの対立もあって、連立を離脱した。

　野党となっていた自民党は、社会党とは55年体制のもとで鋭く対立してきたが、彼らの非自民連立政権からの離脱を好機として、社会党と組んででも一刻も早く政権に復帰する道を選んだ。こうして、自民党は社会党委員長だった村山富市を首相に推挙して、自民党・社会党・新党さ

きがけによる連立政権が誕生する。

5 小選挙区制導入と政党制の変化 ──────

（1）選挙制度改革と野党再編

　その後、小選挙区制の導入を控えて、政党の離合集散が進んだ。1994年12月、新生党、日本新党、公明党、民社党などが新進党を結成し、自民党との対決に備えた。しかし、1995年参院選、1996年衆院選といずれも自民党を議席で上回ることができず、新進党の党首となっていた小沢一郎への批判が顕在化して、1997年末には解党した。

　一方、1996年、当時自民党と連立を組んでいた社民党（社会党から党名変更）・さきがけの議員を中心に結党されたのが、民主党であった。民主党は、直後の衆院選では52議席を獲得し第三党となる。その後、新進党の解党を受けて結成された党・会派と合流する形で、1998年には新たに民主党が結成され、さらに2003年には小沢一郎率いる自由党と合併することで、自民党に対する対抗政党としての地位を確立していった。社民党は少数政党へと転落していく。

　これに対し自民党は、社会党などとの協力で政権に復帰した後、衆院選では堅調な戦いを展開したが、参議院では1989年に大敗した影響が尾を引き、過半数をなかなか回復できなかった。政府が提出する法案を国会で確実に成立させるためにも、かつてのような単独政権でなく連立政権が常態化することとなる。

（2）自民党の変化と小泉政権

　自社さ政権のもとで、1996年に橋本龍太郎が首相に就任し、自民党首班が復活した。橋本は、中央省庁再編や内閣機能強化を柱とした行政改革、財政構造改革など6大改革を掲げたが、1996年衆院選の結果議席を減らした社民党とさきがけは閣外協力に転じた。自民党は、その後連立相手を自由党に変え、1999年には公明党が連立に加わる。旧新進党時代

以来、創価学会を支持母体とする公明党に対しては自民党内の批判も根強かったが、公明党・創価学会の組織力は、小選挙区制時代の選挙を自民党が勝ち抜くために今や不可欠なものとなっており、自公協力は今日まで続いている。

　経済成長が止まり、1990年代にはバブル景気がはじけて長期の不況に入ると、自民党が長期政権下で築き上げた、再分配型の自民党システムは限界を迎えた。もともとの支持基盤である農村部は人口流出もあって疲弊が進む一方、選挙での重みを増す都市部の無党派層は利益誘導を主体とした旧来型の自民党のあり方に不満をもち、勢力を拡大しつつあった民主党に流れていた。こうした状況に危機感を抱いた自民党が選んだのが、2001年に首相に就任した小泉純一郎であった。

　小泉は、聖域なき構造改革を掲げ、自民党一筋の政治家でありながら従来の自民党的な政治のあり方を否定した。「民間にできることは民間に」と郵政民営化に象徴される新自由主義的な政策を推進した。また、テレビをはじめとするメディアも活用しながら、党内の抵抗勢力との対決姿勢を演出し、自らの主張を直接有権者に届けて、そっぽを向いていた都市部の無党派層を自民党へと振り向かせた。

　こうした小泉の成功の背景には、1990年代以来の行政改革の成果を活用しながら、首相の方針をトップダウンで浸透させる政策スタイルをとることができたことがある。また、選挙制度改革による衆議院への小選挙区制の導入の影響も大きい。選挙では政党や党首によりスポットライトが当たるようになり、首相・党首評価の重要性が高まったが、小泉は改革イメージを維持しながら、比較的良好な評価を有権者から得ることに成功した。それが極まったのが郵政選挙ともいわれた2005年衆院選で、小選挙区制のもとで強まった党執行部の公認候補者の選定権限を有効に活用して、郵政民営化に反対する候補者を公認せず、しかも彼らに対する刺客を選挙区に送りこんで、改革への強い意思を有権者に示すことができた。

（3）民主党への期待の高まり

　その小泉の後継者となったのが安倍晋三であった。自民党が政権を維持するためには、都市部の有権者に訴えかける小泉的なスタイルを引き継がざるを得なかったが、実は安倍は、多くの自民党議員と同様に、筋金入りの改革路線支持者というわけではなかった。

　安倍がこの矛盾に苦しむ中、小沢一郎が代表に就任し、「国民の生活が第一。」をスローガンとして掲げた民主党は、小泉政権以来の新自由主義路線による格差拡大を批判し、従来の地盤の都市部だけでなく、農村部にも勢力の拡大を図った（蒲島・大川、2006・2007）。その結果、2007年参院選では自民党が大敗し、安倍はわずか1年で首相を辞任することとなった。

　衆参両院で多数派が異なるねじれ国会の状況が到来し、安倍に続いて首相となった福田康夫は、事態打開のため民主党との大連立を模索したが、政権交代を目指す民主党が拒否し頓挫した。続く麻生太郎政権も短命となる中で、民主党への有権者の期待が自民党への失望の裏返しとして高まりをみせていた。

6　民主党政権の挫折と第2次安倍政権 ─────

（1）民主党政権の混乱

　こうして迎えた2009年衆院選で、鳩山由紀夫代表の民主党は「政権交代。」をスローガンにマニフェスト（政権公約）を発表した。官僚主導を排し、政府と与党を一元化し、地域主権を実現するといった政治・行政の改革を掲げつつ、予算の組み替えや税金の無駄遣い排除によって財源を捻出し、子ども手当や農業戸別所得補償、高速道路無料化などを行うとうたい、自民党との違いを強調して、圧勝した。

　ところが、政府・与党一元化の方針は、政府や党に役職をもたない民主党議員らの不満をためさせることとなった。また、国民の生活を支える諸施策のための財源の確保は簡単ではなく、鳩山政権はマニフェスト

の実行に苦慮し、また「最低でも県外」としていた米軍普天間基地移設問題で迷走してアメリカとの関係が悪化し、連立を組んでいた社民党は政権を離脱した。続く菅直人政権は2010年参院選にあたって、政権交代時のマニフェストでは言及していなかった消費増税を突如として打ち出して敗北し、ねじれ国会を招いたほか、2011年に起こった東日本大震災の対応に追われた。

　消費増税問題は、その後、党の対立の火種となった。民主党は、野田佳彦政権下で当時野党だった自民党・公明党との間で、2012年に社会保障と税の一体改革（消費増税による社会保障の財源確保と財政健全化の同時達成を目指す）で合意し、関連法案を成立させた。しかし、小沢一郎らのグループは強硬に反対し、小沢ら衆参の49名の議員は民主党を離党して、政権党でありながら民主党は大きな分裂を体験した。

（2）第3極政党の登場と自民党の政権復帰

　この間、自民党が小泉改革路線から後退し、民主党も農村部に支持拡大を試みて改革色を薄めていく中で、外交・防衛面では自民党に近いタカ派的な立場をとりつつ、旧来の政治・行政のあり方の改革を掲げる、みんなの党や日本維新の会（地域政党である大阪維新の会を母体とする）といった第3極政党が登場してきた。

　また、いったん政権を失ったとはいえ、自民党は政治家の強固な個人後援会や地方議員、業界団体、支持者とのネットワークを全国にもっていたが、民主党は政権奪取後も十分に支持基盤を組織することができなかった。さらに、自民・公明両党以外の政党が乱立して票が分散したことも影響し、2012年衆院選で民主党は大敗し、安倍晋三総裁の自民党が政権に復帰した。

（3）第2次安倍政権の特質

　安倍は、第1次政権の反省をふまえて、第2次政権では民主党政権の失政への批判をしばしば行いながら政権担当能力をアピールし、安定的

に政権を運営することに腐心した。具体的には、経済最優先を掲げて、経済政策のパッケージとしてのアベノミクスを自ら提示し、政権のシンボルとしたのである。景気対策、成長戦略、生涯現役社会の実現や子育て支援といった社会保障政策など幅広い施策とアベノミクスとを関連づけて細かい政策変更を加えながら、多様な政策志向をもつ与党の政治家を包含してきた。そして、消費増税の延期を挟みながら、有権者の期待を長期にわたり持続させることに成功してきた。

　ただ、経済最優先とはいえ、かつての経済重視、軽軍備の保守本流の路線とは質的に異なっている。祖父の岸信介の影響も受けて本来保守的な信条をもっている安倍にとって、最大の政治目標は憲法改正の実現なのである。自民党は徐々に右傾化してきたが（中北、2014；谷口、2015）、党内手続きを進めつつ、2014年には憲法改正のための改正国民投票法を成立させ、集団的自衛権行使を憲法解釈の変更によって容認した。そして、2015年には安全保障関連法（平和安全法制）を成立させるなどし、改憲に向けた環境整備を図ってきた。だが、改憲実現のためには、選挙で連勝しなければならない。そこで、アベノミクスを、政治目標の実現のための支持調達の手段として用いてきたのである。

　改憲をめぐっては、それに前向きとされる連立パートナーの公明党とはそもそも温度差があり、改憲に関する世論も不安定である。また、経済政策が政権の正統性の源泉として定着したことにより、2012年衆院選から2019年参院選まで6度の国政選挙で連勝しながらも、改憲に関する民意を問いづらいというジレンマを抱えることとなった（大川、2019）。

　安倍は、2019年11月、桂太郎を超えて首相として憲政史上最長の在任期間となった。自民党総裁としての任期満了を見据えながら、いよいよ憲法改正を問うプロセスに本格的に踏み出すのだろうか。また、「安倍一強」ともいわれる中で、その後継者を自民党がどのように見い出していくのかも注目される。

　一方、安倍政権が長期化する中で、2017年には民主党の後身の民進党が分裂して消滅した。かつて民主党・民進党に属した政治家は、今日で

は立憲民主党や国民民主党などに分かれ、自民党に接近・入党した者もいる。立憲民主・国民民主両党は、2019年に国会での統一会派結成でようやく合意し、同年末には党の合流への動きもみせた。また、イデオロギー面で安倍と対極にある共産党も野党共闘に踏み出し、連合政権を目指す意向を示すなどの動きはみられるが、再度の政権交代に向けての展望はいまだはっきりしない。

　高齢化が進展し、経済成長や拡大が困難となり政治課題が山積する中で、どのような政権や政党政治のあり方を選択していくのか。それは、私たち有権者の政治へのつながり方にかかっている。

column 2
田中角栄

　田中角栄は、1918年に現在の新潟県柏崎市に生まれた。高等教育を受けずに上京し、田中土建工業を設立後、1947年衆院選で初当選し、その後自民党に参加する。田中は官僚などを経験したエリートではない典型的な党人派の政治家であったが、官僚と良好な関係を築き政策能力を高め、数多くの議員立法を立案し成立させた。

　1957年には郵政大臣として初入閣、その後、大蔵大臣や自民党幹事長などの要職を歴任した。そして1972年の自民党総裁選で勝利し、当時最年少の54歳で首相に就任して日中国交正常化を実現した。

　一方、自著『日本列島改造論』に基づき、自民党の基盤である地方の発展を進めようと企図した開発路線は、後の国土開発や公共事業の基礎となったが、土地への投機を招き、積極財政路線もあって物価の急上昇を招いた。首相就任当初「今太閤」などと呼ばれた田中だったが、国民生活の悪化もあり内閣支持率は急速に下落した。

　金脈問題が発覚し首相辞任に追い込まれた田中は、1976年にはロッキード事件で逮捕され、自民党を離党する。しかし再度の首相登板、復権を目指して自民党田中派の事実上のオーナーとして君臨し、大平・鈴木・中曽根各政権に多大な影響力を及ぼした。ロッキード1審で実刑判決を受けた後の1983年総選挙では、新潟3区で22万票（全体の47%）の得票で圧勝し、その力を見せつけた。

　しかし、1984年には田中腹心の二階堂進を総裁候補として擁立しようという動きがみられ、さらに1985年、竹下登が田中派内の勉強会として創政会を結成するなど、盤石とされた「田中支配」はほころびを見せ始める。そして同年、田中は病に倒れ、政治的影響力を失っていった。

　たたき上げの政治家である田中の政策構想力や人心掌握術、人間的魅力を再評価する声が最近高まる一方で、その背後に常にカネの問題がつきまとったことへの批判も根強い。

おすすめの本・ウェブサイト

 石川真澄・山口二郎（2010）『戦後政治史〔第3版〕』岩波新書

　敗戦後から2009年の民主党への政権交代までカバーしているジャーナリストと政治学者による戦後政治の通史である。巻末には毎回の国政選挙の結果のまとめもあり、政権や政党の流れを手軽に振り返ることができる。

 蒲島郁夫（2014）『戦後政治の軌跡 —— 自民党システムの形成と変容』岩波人文書セレクション

　熊本県知事を務め政治学者でもある著者が、1980年代から小泉政権期まで積み重ねてきた研究成果の集大成である。主に有権者や政治家に対する調査データを計量分析することを通して、日本政治の変容を明らかにしている。

 北岡伸一（2008）『自民党 —— 政権党の38年』中公文庫

　自民党をめぐる政治史について、戦前の歴史的背景から1993年の宮沢政権までを対象に分析している。選挙結果、個々の総裁の政策課題、派閥やリーダーたちの対立構造などを通して、長期政権の特徴を描きだしている。

参考文献

大川千寿（2019）「第2次安倍政権とその政策」『選挙研究』35巻1号、5〜18頁。

蒲島郁夫・大川千寿（2006）「安倍晋三の研究」『世界』2006年11月号、70〜79頁。

蒲島郁夫・大川千寿（2007）「福田康夫の研究」『世界』2007年12月号、56〜65頁。

佐藤誠三郎・松崎哲久（1986）『自民党政権』中央公論社。

新川敏光（1999）『戦後日本政治と社会民主主義——社会党・総評ブロックの興亡』法律文化社。

スカラピノ、ロバート・A.・升味準之輔（1962）『現代日本の政党と政治』岩波新書。

谷口将紀（2015）「日本における左右対立（2003〜2014年）——政治家・有権者調査を基に」『レヴァイアサン』57号、9〜24頁。

中北浩爾（2014）『自民党政治の変容』NHKブックス。

薬師寺克行（2014）『現代日本政治史——政治改革と政権交代』有斐閣。

自由民主党「党のあゆみ」https://www.jimin.jp/aboutus/history/（2019年8月30日）。

第3章
選挙制度
——私たちの1票はどう政治に反映されるのか

　2019年は12年に1度の、統一地方選と参院選が重なる亥年の選挙イヤーであった。一時期は、衆院選と参院選のダブル選挙もささやかれた。実は日本では選挙がかなり頻繁に行われるのだが、衆議院・参議院それぞれの選挙の制度の違いや特徴について、皆さんはどれほど理解しているだろうか。

　もちろん選挙制度だけがすべてではないが、制度がどのようなものかによって、私たちの1票の政治への反映のされ方は変わるものであり、政治のあり方そのものを大きく左右する力をもっている。日本でも、今日に至るまで様々な制度の変更・改革が重ねられ、政党も、政治家も、そして私たち有権者も大なり小なり影響を受けてきた。

　本章では、現代日本の選挙制度の特質について、とりわけ国政選挙に着目しながら、それが現実政治や政治に携わるアクターに及ぼす効果の面も含めて検討する。直近の選挙での具体的な事例や数値も取り上げながら、理論的な考察を進めていきたい。

1 選挙と選挙制度

（1）選挙のもつ意味

　今日の民主政治において、選挙は不可欠である。選挙では、代表としてふさわしい誰かを選んでおり、選ぶ権利をもつ私たちは有権者と呼ばれる。もちろん、各々の選挙にはそれぞれ独自の性質があるが、究極的には、選挙を通じて政権を担当する者を選んでいることになる。選び選ばれるプロセスにおいて、政府や権力を批判することができる言論の自由があり、しかも、有権者の参加がしっかりとなされていることは極めて重要なことである。

　ところが今日の日本では、政治につながるための最も身近な機会であるはずの選挙への有権者の参加が弱まっていることが大きな課題となっている。2019年参院選では投票率が5割を割り込んだほか、選挙権年齢が18歳にまで引き下げられた（→コラム3）にもかかわらず、若者の投票率の低迷も問題としてしばしば指摘される。だが興味深いことに、その若者たちに聞いてみると、政党や国会、マスメディアなどと比べると、選挙制度に対する信頼は決して低くない（大川、2017）。

　選挙制度は、有権者の貴重な1票をどう議席に変換するかを定める重要なものである。制度は複雑で、把握するのは容易ではないが、少しでも理解が深まるならば、自らの1票をどううまく用いればよいか考えることができるだろう。本章がその助けとなり、私たちが政治により意義深くつながっていくための1つのよいきっかけとなれば幸いである。

（2）日本の選挙

　日本の選挙は、大きく国政選挙と地方選挙の2つに分けられる。国の政治のしくみとしては議院内閣制をとっており、国政選挙において有権者は国会議員を選ぶ。衆議院と参議院でそれぞれ別々に議員選挙が行われる。一方、地方の民主主義は**二元代表制**をとっており、地方選挙は各

自治体の議会議員選挙と首長選挙から成る。

　日本では公平かつ公正な選挙を実現するために、以下の４つの原則が特に重視されている。

　１つは、普通選挙の原則である。一定年齢以上の国民であれば選挙に参加できることを指し、これと反対なのは制限選挙である。2016年からは選挙権年齢がそれまでの20歳以上から18歳以上に引き下げられた（18歳選挙権）。

　次に、平等選挙の原則である。すなわち、地位や資格によって票や代表の数に差を設けてはならず、投票価値の平等を求めるものである。

　さらに、直接選挙の原則がある。有権者が直接に代表を選出するもので、アメリカ大統領選のような間接選挙（代表を選出するための選挙人を選挙する）の形はとらない。

　そして、もう１つは秘密選挙の原則で、誰に投票したかが公開されず、投票の秘密が守られることである。

　選挙制度は、選挙の方法や選挙運動、それらの手続きなどについて定めたもので、国によっても、時代によっても、その内容は大きく異なっている。選挙制度がどのようなものであるかによって、政党・政治家の戦略だけでなく、私たち有権者の選挙における選択のあり方に、大きな影響を与えることになる。

（３）公職選挙法

　現在の日本の選挙について定めた基本的な法律が、1950年に制定された公職選挙法である。2013年から解禁された**インターネット選挙運動**も、この法律の改正によって実現した。一方で、公職選挙法は「べからず集」とも呼ばれ、選挙運動に対してその方法や内容に関してまでかなり厳しい規制がなされている。

　たとえば、選挙運動のできる期間であるが、衆院選の場合は選挙期日の少なくとも12日前から、参院選の場合は少なくとも17日前からとなっている。選挙の１年以上前から集会や討論会を通して候補者が活発

に選挙運動を行うアメリカ大統領選のしくみとは対照的である。

　選挙運動の期間についてもう少し詳しくみると、公示・告示日から投票日前日の午後12時までで、街頭演説や車上での連呼ができるのは午前8時から午後8時までと制限されている。しかも演説は停止した車でのみ行え、走行中の車からは名前の連呼しかできないとされている。

　この選挙カーからの名前の連呼にどんな意味があるのか、と疑問に思う向きもあるだろうが、理由の１つとして、選挙運動で戸別訪問ができないことが挙げられる。その代わりとして手っ取り早く候補者名や政党名を有権者に浸透させるのに有効だとされているのである。ちなみに、選挙カーについては、台数や車種、同乗できる人数まで細かく定められている。

　このほか、選挙権をもたない未成年者の選挙運動や飲食物の提供、買収・供応など禁止されている事項や、頒布できるはがきやビラ、マニフェストに関する制限などが存在する。

　なぜ日本の選挙運動にはこれほど細かく厳しい規制がかけられているのか。それは、候補者や政党の資金の多寡によって選挙運動の内容に差が生じることを防止し、公平な選挙を実現するためとされている。たしかに選挙の公平を確保することは極めて重要であるが、有権者と政治との距離の広がりが指摘される今日、政治家や政党のより活発な選挙運動を促して、有機的なつながりを再生していく方策が検討されてもよいかもしれない。

2　選挙制度の分類と効果

（1）議席決定方式の違いによる分類

　それでは、選挙制度はどのように分類することができるだろうか。まずは、議席決定方式の違いから分類してみよう。①各選挙区（議員を選ぶ基礎的な単位となる区域）で集計した得票の多い順に当選者を決定する多数代表制、②政党が提示した候補者名簿の得票に比例して議席を配分す

る比例代表制、③２つの制度を合わせた混合制の３つに分けられる。

　①多数代表制について、１つひとつの選挙区での当選者数（定数）がいくつかによる分類をすると、定数が１の場合を小選挙区制といい、２以上の場合を大選挙区制という。

　このうち小選挙区制については、さらに、当選に必要な得票数について、有効投票の過半数を求める絶対多数か、他の候補者よりも１票でも上回ればよいとする相対多数（単純多数）のどちらを求めるかで違いが出てくる。ただし、相対多数をとる場合でも、当選にあたって最低限必要な票数である法定得票数が定められる場合がある。

　いずれにせよ、小選挙区制のもとでは、得票１位の政党にはその得票と比べ大きな議席が与えられ、過大代表となる。制度の恩恵によって多数派を得た政党が、強力な政府を形成し安定的に政権を運営することが可能となる。また、有権者の立場からすれば、選挙での投票を通じて次の政権を選択しやすく、政権に対する統制を及ぼしやすいという面もある。

　一方、②比例代表制では、全国を１ブロックとして得票率に応じて政党に議席を配分する場合と、国を地域ごとにブロックに分け、人口に応じて定数配分し、ブロックごとに議席を決定する場合に分けることができる。

　また、政党が提出する名簿であらかじめ候補者の当選順位が決められている場合を拘束名簿式といい、順位が決められていない場合を非拘束名簿式という。比例代表制では、名簿を提出した政党に対して投票するのが原則であるが、非拘束名簿式をとる場合には、政党の名簿に掲載されている個別の候補者に対して投票することもできる（候補者に対する票も政党への票と数えられる）。各政党の議席は、それぞれの得票割合に応じて割り振られる。なお、議席配分の方式として、日本ではドント式が採用されている。

　②比例代表制のもとでは、得票となるべく比例する形で議席配分がなされるため、議会が社会の縮図となりやすいとされる。一方、政権の形

は選挙結果を受けた政党間の交渉によって定まることから、有権者にとっては選挙での投票が直接的な政権選択の場とはなりづらいという面もある。

（2）投票方式の違いによる分類

選挙制度については、投票方式による分類もある。有権者が候補者のうち1名のみに投票できる単記式と、複数の候補者に票を投じることのできる連記式とに分けることができる。また、有権者が投票する先が候補者であるのか、政党であるのかということでも区別がなされる。

日本の選挙では、単記式を基本とし、たとえば衆議院選挙では、小選挙区では候補者、比例代表では政党に対して投票することになっている。なお、日本では識字率の高さもあり、投票の際に意中の候補者・政党名を有権者自らが記す自書式がとられているが、疑問とされた票が按分される際の基準がまちまちであったり、集計の際のミスがしばしば報告されたりするなど、必ずしも効率的な方式とはいえないのではないかとの指摘もある。多くの国が採用するマーク式の投票であれば、こうした問題を回避しやすいかもしれない。

（3）選挙制度がもつ効果

選挙制度は、政党や政党制（政党システム）に大きな効果を与える。このことを取り扱ったものとして政治学において最も有名なのは、デュベルジェの法則である（デュベルジェ、1970）。この法則は、「小選挙区制は二大政党制をもたらし、比例代表制は多党制をもたらす」というものである。では、なぜこのようになるのか。

小選挙区制においては、1議席をめぐって候補者が争い、最も多い得票を得た候補者のみが当選するしくみのため、二大政党以外の第三党の候補者が議席を獲得することが困難となってしまう。また、第二党となる政党も第一党と比べると議席はかなり少なくなり、第一党の議席割合が得票率に比べてかなり大きくなり、過大代表される。これを機械的要

因と呼ぶ。

　さらに、こうした機械的要因が働くことを知った有権者は、自らが投じる票が議席に結びつくことなく死票となることを避けるようになり、第三党の候補者へは投票せずに、事実上の一騎打ちを展開する第一党か第二党のいずれかの候補者に投票するようになる。小選挙区制のもとでは、より当選する見込みの高い二大政党の候補者のうち、好ましい候補者に投票する**戦略投票**が促進されるという。これを心理的要因と呼ぶ。

　一方、比例代表制ではこうした機械的要因や心理的要因はあまり働かず、中小政党に投じられた票も議席として反映されやすい。名簿を提出した各党はおおむね得票率に沿った形で議席を獲得することとなり、多党制になりやすい。

　では、デュベルジェの法則がどのように働いているのか、日本における実際の選挙結果をもとに見てみよう。2017年の衆院選の小選挙区では、議席数1位となった自民党の得票率は48％だったのに対し、議席率は73％でかなりのボーナスを与えられているのがわかる。これに対して、議席数2位だった希望の党は、得票率21％に対して議席率は6％、共産党に至っては得票率9％に対し議席率は0.3％にとどまり、第二党以下の政党は過小代表となる傾向が強いことがはっきりと見てとれる。小選挙区制が、有権者の意見集約を重視した制度であることがわかるだろう。

　では、2017年の比例代表ではどうか。第一党である自民党の得票率は33％であるのに対し議席率は38％で、若干のボーナスはあるものの、小選挙区に比べると少ない。また、第二党の立憲民主党は、得票率20％に対し議席率は21％、また共産党も得票率8％に対し議席率も6％となっており、得票率に完全に比例しているわけではないが、第二党やそれ以下の中小政党もある程度得票率に沿う形で議席を獲得できている。比例代表制が多様な意見の反映を重視していることがわかる。

　ただし、比例代表制を含むすべての選挙制度は大政党を過大代表し、有利な傾向にある（Rae, 1967）。しかし、その程度は、比例代表制に比べて小選挙区制の方が圧倒的に大きいということである。

また、日本では、国政レベルでも地方レベルでもそれぞれ選挙制度が不均一であり、国全体として統合的な政党制を発展させることがなかなか難しくなっている（上神、2013）。

3　日本の国政選挙

（1）衆議院選挙の基本と中選挙区制時代のあり方

　日本では、国政選挙（衆議院選挙と参議院選挙）が頻繁に行われる。衆議院は議員の任期が4年となっているが、その中途で解散されることがあるためである。2010年から2019年にかけて、衆議院3回（2012・2014・2017年）、参議院4回（2010・2013・2016・2019年）と、あわせて7回もの選挙が行われた。両院の選挙について、以下で詳しく見ていこう。

　衆議院選挙は、総選挙と呼ばれる。これは、衆議院議員のすべての議席がこの選挙の対象となるからである。現在の選挙制度は小選挙区比例代表並立制と呼ばれ、多数代表制と比例代表制の混合制をとっている。1980年代末以降の政治改革の流れを受けて1996年の選挙からこの制度のもとで行われており、有権者は小選挙区で1票、比例代表で1票をそれぞれ投じる。

　日本の衆議院の定数は、2019年現在、小選挙区が289、比例代表（全国を11ブロックに分割）が176と配分されており、小選挙区主体の制度となっていることがわかる。なお、衆議院選挙の比例代表では、拘束名簿式がとられている。政党が名簿に掲載する候補者の順位をあらかじめ決めているため、有権者は政党に対してのみ投票できる。無所属候補も小選挙区で立候補することができるが、政党（より正確には公職選挙法上の「政党」）公認候補は政見放送を行うことができ、個人のビラに加え政党のビラも配布できるし、選挙カーの台数も多いなどのメリットがある。

　日本の衆議院の選挙区は、前述の通り、現在は小選挙区制が採用されているが、1928年から1993年まで（1946年を除く）24回の総選挙で、選挙区の定数が原則として3〜5（最終的には2〜6）の中選挙区制（大選挙

区制の一種。比較的定数が少ないのでこう呼ばれる）であった。この中選挙区制のもとでは、ある政党が議会の過半数をとるなど、より多くの議席獲得を狙うためには、同じ選挙区内で複数の候補者を擁立する必要があった。そこで、有権者からすれば、候補者の所属政党だけでなく候補者個人への評価の観点も重視して選ぶことが可能となった。

　同一選挙区で同じ政党の候補者が複数立候補するということは、場合によって同士討ちや共倒れの可能性が出てくるということになる。このリスクを避けるために、中選挙区制のもとでは、各候補者は政党に頼らずに個人の実績や魅力をアピールしがちとなり、個人主体の選挙となる。そうすると政党の組織は弱いものとなり、政治家は同じ党のライバルに対して選挙での勝利を確実にするために、それぞれ異なる派閥に属するから、政党の分権的な構造が促進され、近代的な政党組織の整備が遅れてしまうこととなったのである。

　集権的な政党組織の代わりに、候補者は選挙区内に**個人後援会**を組織し、地方議員や地元の業界団体、支援者と結びつきながらネットワークを形成して、国による公共事業や補助金といった利益を選挙区内に分配することを競っていった。まさに利益誘導型の政治が、中選挙区制のもとで促進されることとなった。

　こうして、政策をめぐる論争は十分に深まらず、一方で同士討ちを回避するため、あるいは候補者を確実に当選させるために社会党などの野党は候補者の数を絞ったため、中選挙区では、全体の過半数を確保するのに十分な候補者を立てた自民党の政治家が複数競い合って当選する構造が固定化し、自民党政権が長期化することとなったのである。

（2）小選挙区比例代表並立制のもとでの衆議院選挙

　こうした状況を打破すべく、衆議院の新しい選挙制度が検討され、小選挙区主体の制度が導入された。その理由としては、1つには政党・政策本位の選挙の実現、2つには国民の投票による直接的な政権選択を促進し、政権交代の可能性をうみ出すことなどが挙げられた。

ただ、小選挙区制は、上位1名の候補者のみを当選させる制度であり、2位以下の候補者に投じられた有権者の票（死票）の割合が大きくなる弊害がある。そこで日本の衆院選では、1人の候補者が小選挙区と比例代表の両方に立候補できる重複立候補の制度が設けられている。

　比例代表の名簿を届け出た政党は、小選挙区との重複立候補者を名簿上で同一の順位に位置づけることができる。そして、仮に候補者が小選挙区で敗退したとしても、各小選挙区で得票1位の候補にどれだけ迫ったかを惜敗率という形で表し、その数値が高い順に比例代表で救われる可能性があるのである。これを**復活当選**と呼ぶ。

　この復活当選をめぐっては、死票が大きくなりやすい小選挙区制の弊害を緩和し、なるべく多くの民意を反映しやすくするものだと評価する声がある一方で、一度小選挙区で敗退した候補が同じ選挙で救われるのはいかがなものかという否定的な声もあるほか、社会の多様な価値観を反映しようとする比例代表制の趣旨からいっても、小選挙区の候補者が比例代表で安易に復活することは問題だとの考えもある。

　小選挙区制と比例代表制の並立制ということで、別々の制度のもとで同時に選挙が行われ、有権者はそれぞれ別々の政党に投票することが可能である（分割投票）。そして、この2つの制度に配分された議席数自体は、お互いに影響しない。ところが、2つの制度そのものは互いに影響し合っている。たとえば、小選挙区で候補者を擁立した政党は、候補者を立てていない選挙区と比べて、その選挙区内で多くの比例票を獲得する傾向がある。これを連動効果と呼ぶ（水崎・森、1998）。

　小選挙区では、候補者個人が自らの個人後援会を組織する一方、各候補者は得票1位になるために、あるいは少しでも惜敗率を上げようと、当該選挙区での政党の代表として政党ラベルを背負って積極的に選挙運動を展開する。その結果として、小選挙区での比例票が掘り起こされるのである。小選挙区を主体とする制度であるにもかかわらず、多党化、自民党の一党優位政党制化が進んできた背景には、比例代表との関係で、中小政党が小選挙区での候補擁立を進んで行って、お互いに票を奪い

合っていることが影響している（砂原、2015）。

　ただし、デュベルジェの法則からもわかるように、そもそも中小政党は、大政党と協力をしない限り、小選挙区において自らの候補者を単独で当選させることは極めて難しい。また、日本の選挙制度では泡沫候補の乱立を防止するために、**供託金**の額が高く設定されている。衆議院選挙の小選挙区の場合、候補者1人あたり300万円がかかり（比例代表に重複立候補する場合、さらに300万円が必要）、有効投票総数の10分の1以上を得票できなければ、その全額が没収されてしまう。

　政党はたんに名前を売るだけでなく、議席を得るために候補者を擁立しているのだとすれば、小選挙区での勝ち目がないと判断した場合、初めから候補者を立てずに他党に協力するといった戦略的な行動をとる可能性もある。

　実際、共産党は2003年・2005年の衆院選で300小選挙区（当時）のすべてで候補者を立てていた。ところが、2009年は152小選挙区に絞り、この時政権交代を果たした民主党を側面から支援する形となった。また、2012年には300小選挙区のうち299小選挙区で候補者を立てたが、野党共闘を進めた2017年には206小選挙区での立候補にとどめたのである。

　衆議院選挙は、有権者にとって直接的な政権選択の場となる。小選挙区制に重きを置いた比例代表制との並立制という衆議院選挙の制度環境を、各政党、とりわけ野党がどのように生かし対応するのかが、今後の日本の政党政治の行方を左右していくことになるだろう。

（3）参議院選挙

　参議院選挙は、任期6年の議員の半分を3年に1度選ぶので、通常選挙と呼ばれる。衆議院と同様に多数代表制と比例代表制の混合制をとり、有権者は選挙区と比例代表でそれぞれ1票ずつを投じる。参議院の定数は、選挙区が148（1度の選挙で選ばれるのは74）、比例代表（全国1ブロック）が100（1度の選挙で選ばれるのは50）となっている。

　選挙区は都道府県ごとが基本となっているが、2016年からは**合区**に

よって、鳥取と島根、徳島と高知がそれぞれ1つの選挙区となったため、全国で45個ある。2019年現在、3年に1度行われる選挙で1人だけ当選する選挙区（1人区＝小選挙区）が32であるのに対し、東京は6人区、大阪や神奈川、埼玉は4人区で中選挙区であるなど、有権者規模に応じて選挙区から選出される議員の数が異なっているのが特徴的である。なお、選挙区では無所属候補の立候補も可能である。

　一方、比例代表は非拘束名簿式を基本とし、政党名か名簿に掲載された候補者名のいずれかで投票することができる。2019年の参院選からは、一部の候補者の順位を指定することができる特定枠が導入された（2019年に実際に特定枠を活用したのは、自民党とれいわ新選組の2党のみであった）。なお、参議院選挙では、選挙区と比例代表との間で重複立候補をすることはできない。また、比例代表では無所属候補は立候補できない。

　参議院選挙の混合制について、衆議院の制度との類似性を指摘する声も強い。2019年参院選の結果を見ると、選挙区で議席を獲得した政党は6だったのに対し、比例代表で議席を獲得した政党は9にのぼった。選挙区は、たしかに衆院選の小選挙区と比べても地理的範囲が広いという点で違いはあるが、1度の選挙で改選数1の1人区（小選挙区）がかなりの割合を占めており、選挙のたびに注目を集める。

　2007年の参院選では、当時29あった1人区のうち自民党がわずか6しか取れずに、選挙全体の大敗、またねじれ国会へとつながった。一方、第2次安倍政権のもとで行われた2016年・2019年の参院選では、1人区で主要な野党が候補者調整により統一候補を立てて自民党に対抗したが、それぞれ11名、10名が当選するにとどまった。

　仮に野党が協力して1人区（小選挙区）で勝利したとしても、各党に配慮して無所属で立つ野党系候補者も多い。また、中選挙区の選挙区では、多くの場合、野党がそれぞれ独自の候補者を立てて競合することとなるため、共闘の深度は中途半端なものとならざるを得ない状況が続いてきた。

　立法府としての参議院の独自性を強化するために、衆議院とはっきり

と異なる選挙制度に改めるべきだとの意見もある。だが、そのためには、制度変更によって大きな影響を受ける議員たち自身の審議を経なければならない。1990年代の選挙制度改革が難航したように、制度を大きく変えることはそれほど容易なことではない。

　衆議院との選挙制度の類似性をどう捉えるか。議会運営や政党政治のあり方など日本の民主政治の性質を変えうるほどの大きく難しい問題であるが、それぞれの選挙の意義を考え、1票を有効に用いていくうえで、有権者にとっても決して無視できない課題である。

（4）M＋1ルール

　政治学者のリードは、日本の中選挙区制における選挙競争が、選挙区定数をMとするとそれに1人を加えたM＋1人の競争に徐々に収斂していくというM＋1ルールを掲げた。小選挙区制の戦略投票と同じような合理的な選択を有権者が行うことを考えれば、論理的にこの法則が導かれていくという（Reed, 1991；Cox, 1994）。仮にM＝1とすると、M＋1＝2となり、このM＋1ルールは、デュベルジェの法則の小選挙区部分にも拡張できることになる。

　たとえば、小選挙区制が導入されて初めての選挙となった1996年衆院選での小選挙区の立候補者総数は1261名だったが、自民・民主の二大政党を中心に争われた2005年には989名となった。議席獲得につながりづらい諸派が多数の立候補者を出す場合があり、また、民主党が分裂した2012年には1294名と候補者数が増えたが、2017年には過去最少の936名となった。単調に収斂していっているわけではないが、政党・政治家も有権者も、選挙制度について一定期間学習することを通して、適応していく様子が現れている。

　一方、参議院選挙の選挙区には、引き続き中選挙区も含まれる。日本の選挙は、M＋1ルールの働きを検証するのにふさわしい環境を提供しているともいえる。

4 都市への人口集中と1票の格差 ――――――

（1）1票の格差とは

　日本の選挙でよく取り上げられる問題の1つに、「1票の格差」をめぐる問題がある。これは、有権者の1票の価値に不平等（格差）があることを指している。本章の締めくくりにこの問題を取り上げて、私たちが選挙で投じる1票の重みについて考えてみたい。

　衆院選・参院選、また都道府県や政令指定都市の議会議員選挙では、地域ごとに選挙区が設けられ、その選挙区ごとに議員を選出することになっている。そこで、議員1人あたりの有権者数をなるべく同じにして、有権者が平等な重みの1票を投じることができ、投票価値の平等が図られることが望ましいという考え方が当然ある。

　しかし、高度経済成長の過程で都市部の人口が急増し、さらに今日では、農村部の過疎化が進行して都市部への人口移動がさらに加速しており、将来的に消滅する可能性がある自治体が挙げられるまでに至っている（増田、2014）。こうした中で、選挙区の定数を単純に人口に比例する形で配分したとすると、都市部選出の議員がますます増え、農村部の有権者の意向が十分に反映されない可能性が出てくる。そうすると、人口が少ない農村部の選挙区定数をある程度厚くして、有権者の1票の価値に一定の差が生じることはやむを得ないという考え方も出てくることになる。

（2）格差をただすための方策

　1票の格差が生じたときに、それを是正するとしてどのような対応が考えられるだろうか。

　1つには選挙区ごとの議員定数の配分を変更すること（定数是正）、2つには選挙区の区割りを変更すること、3つには議員の総定数を見直すことが挙げられる。

日本でも、１票の格差の是正を目指して、定数是正や区割りの変更がたびたび行われてきた。１票の格差は、当該選挙における議員１人あたりの有権者数が最小である選挙区を基準として、最大の選挙区の有権者数が何倍かでもって表現する。たとえば、2014 年の衆院選では小選挙区での１票の格差は最大 2.13 倍だった。しかし、その後の定数是正や区割り改定の結果、2017 年衆院選では最大 1.98 倍となった。小選挙区制導入後、１票の格差が２倍を下回ったのは初めてである。

　また、2010 年参院選の選挙区での１票の格差は、最大 5.00 倍だったが、2016 年参院選では最大 3.08 倍となった。これまで参議院の選挙区では都道府県ごとに議員が選出されることが基本となってきたが、2016 年参院選にあたって、鳥取・島根と徳島・高知が**合区**によって１つの選挙区とされ定数が半減する一方、東京・愛知など大都市を抱える選挙区の定数を増やして調整を図ったのである。

　さらに、2019 年参院選にあたっては、埼玉選挙区の定数を増やしたほか、比例の定数増と合わせて、参議院の総定数を 242 から 2022 年にかけて 248 まで増やす制度変更がなされた。

　このように、１票の格差は衆議院・参議院いずれの選挙でも改善の方向に向かっている。2016 年参院選と 2017 年衆院選での１票の格差について、最高裁はいずれも合憲であるとの判断を下した。定数是正などの国会の取組みを評価したのである。

　しかし、それでもなお格差が存在し続けていることも事実である。特に参院選の選挙区の格差の大きさは、合区などの取組みを経ても引き続き農村部に重く議席が配分されていることを示している。１つひとつの選挙区の１票の重みについて、より意識していく必要があろう。

　１票の価値の平等に目を配りつつ、日本全国どこに住んでいても有権者の声が的確に反映され、政治とのよりよいつながりが確保されるために、どのような制度をとるのがよいのだろうか。私たちも地道に考え続けなければならない。

column 3
18歳選挙権

　2016 年にいわゆる 18 歳選挙権が導入されてから、私たちは 3 度の国政選挙を経験した。すでに世界の 9 割を超える国で18歳までの若者に選挙権が与えられていたが、日本の選挙制度上では、敗戦後の 1945 年に選挙権年齢が 20 歳とされて以来の大きな改革であった。

　高齢化が急速に進行する中で、より多くの若者に投票の機会を与えることで、公的な責任感を育み、政治的影響力を高め、政治離れを改善することなどが期待された。さらに、政治への関心や政治参加の意識を高めることをも目指していた。

　では、新制度の実施に若者はどう反応しただろうか。たしかに、有権者としての意識をもつうえでは意味があっただろう。ただ、彼らの投票率が高まったかというと、残念ながら低下する傾向にある。

　筆者が 2016 年・2019 年に神奈川新聞社と合同で実施した高校生調査データから政治意識を分析すると、18 歳選挙権導入後も高校生たちの政治関心は必ずしも高くなく、有権者としての資質や能力への自信も十分ではない。また、一般論として選挙で投票すべきという声は強いが、実際に投票に行くという声は力強さを欠いている。

　制度の変化をまだ生かしきれていないというのが現状であろう。若者の実感としては、18 歳選挙権は与えられたものであり、成熟した社会で政治を通して何かを成し遂げようという意欲がわきづらいということもあるかもしれない。

　一方、上記の調査によれば、普段まわりの家族や友人と政治に関する会話をする人ほど政治意識や投票への意欲が高いことがうかがわれた。どれだけ大人が若者の思いをくみ取り、声を聴き、効果的に政治の場へと導いていけるか。そして、若者が共同体の中の自立した個人として自らを積極的に位置づけられるか。そのためにも基本的な知識を蓄えることはとても大切であり、本書がその一助となれるよう願っている。

おすすめの本・ウェブサイト

📖 川人貞史・吉野孝・平野浩・加藤淳子（2011）『現代の政党と選挙〔新版〕』有斐閣アルマ

選挙制度が政党政治に及ぼす影響について日本の 1990 年代の選挙制度改革や、2000 年代の政党政治の変化もふまえながら、多角的に論じた良書である。ややハイレベルだが、この分野の研究・理論動向が豊富に反映されている。

📖 佐々木毅編（1999）『政治改革 1800 日の真実』講談社

本章で紹介した 1990 年代の小選挙区制導入を柱とする選挙制度改革は、1980 年代末から始まった日本の政治改革の中心的論点となった。改革の展開や、関係した政党・各種団体をめぐる政治過程が詳細に記録されている。

🖥 総務省「選挙・政治資金」
http://www.soumu.go.jp/senkyo/index.html（2019 年 8 月 30 日）

日本の選挙を統括する総務省が、選挙制度や政治資金について概要をわかりやすくまとめたウェブサイトである。有権者として最低限知っておくべき選挙のルールを知ることができ、選挙結果データなどへのリンクもある。

参考文献

上神貴佳（2013）『政党政治と不均一な選挙制度——国政・地方政治・党首選出過程』東京大学出版会。

大川千寿（2017）「18 歳選挙権導入と若者の政治意識——2016 年神奈川大学・神奈川新聞共同調査分析」『神奈川法学』50 巻 1 号、86〜114 頁。

砂原庸介（2015）『民主主義の条件』東洋経済新報社。

デュベルジェ、モーリス（岡野加穂留訳）（1970）『政党社会学——現代政党の組織と活動』潮出版社。

増田寛也（2014）『地方消滅——東京一極集中が招く人口急減』中公新書。

水崎節文・森裕城（1998）「得票データからみた並立制のメカニズム」『選挙研究』13 号、50〜59 頁。

Cox, G. W. (1994) Strategic Voting Equilibria under the Single Nontransferable Vote, *American Political Science Review*, 88(3), pp. 608-621.

Rae, D. W. (1967) *The Political Consequences of Electoral Laws*, Yale University Press.

Reed, S. R. (1991) Structure and Behaviour : Extending Duverger's Law to the Japanese Case, *British Journal of Political Science*, 20, pp. 335-356.

総務省（2013）「インターネット選挙運動の解禁に関する情報」http://www.soumu.go.jp/senkyo/senkyo_s/naruhodo/naruhodo10.html（2019 年 8 月 30 日）。

第4章
投票行動
——なぜ投票に行くのか、どうやって投票先を決めるのか

　民主政治を採用する国にとって、選挙は政治とかかわり、自分たちの望みを伝えることができる重要な機会である。しかし、日本をはじめ、多くの先進国で、投票率が低下しつつある。特に日本の国政選挙では約半数の有権者しか投票に行っておらず、さらに地方議会選挙では投票率が50％を切っている状況である。

　このように日本などの先進国で、政治への関心が薄れる中で、むしろ有権者は、なぜ選挙に行くのであろうか。政治学では、この疑問に対して、個人的な要因や選挙の際の有権者の利益とコストの視点などで説明をしてきた。また、選挙で得られる心理的な要因が大きな影響を与えることを明らかにしてきた。

　しかし、選挙に参加することに利益があるとしても、誰に投票すればいいのかという別の疑問も存在する。この疑問に対しても、政治学では投票先を決める要因を様々な視点から考えてきた。本章では、個人の環境や意識、そして情報への評価という3つの立場から投票に関する人々の行動を考え、選挙をめぐる有権者の行動を見ていく。

1　選挙と民主政治

（1）政治と「つながる」機会としての選挙

　政治と自分の生活とのつながりを感じることは、非常に難しい。政治に関するニュースは興味を惹くものではなく、難しく、知識が必要だと感じてしまう。また、政治に関して話すことは、ハードルが高く、自分の意見を表明するにも引け目を感じてしまうことが多い。政治とのつながりが薄い日常で、政治とつながる1つの機会として「選挙」がある。しかし、普段から政治を意識していないのに、急に選挙で投票しろといわれても、ほとんどの人が難しさを感じるはずである。では、なぜ選挙に行く必要があるのだろうか。

　日本などの民主政治を採用している国では、国民主権に基づいて政治が行われているため、政治と市民のかかわりが重要な意味をもっている。しかし、全国民が政治的な意思決定に参加するには様々な困難があるため、多くの国では選挙を使った間接民主制が用いられている。間接民主制は、私たちの代わりに代表者を選び政治的な意思決定を行ってもらうものである。その中で、市民は選挙において、ただ代表者を選ぶのでなく、自らの意思や利益を代弁し、政治に反映してくれる政治家を選出することが必要である。そして、もし選出した政治家が、私たちの意思や利益を反映しなかったら、次の選挙で落選させ、別の政治家を選出することで、常に国民にとって、より良い社会や国を実現できるのである。

　では、ただ選挙が行われていればいいのだろうか。たとえば、現代民主主義の理論家であるロバート・ダールは、高度な民主主義が成り立つには、政治的な意思決定プロセスの中で市民の政治参加や関与が重要であると論じた。そして、その要素として、誰もが自由で平等に選挙に参加でき、実質的に選挙ですべての人が平等に扱われる「包括性」を提示している。

　つまり、民主政治において、自らの利益や、望ましい国・社会がどの

ようなものかを表明する機会として選挙があり、かつ、多くの市民が実質的にも政治参加するという重要な役割をもっているのである。

（2）日本をはじめとした先進国の投票状況

　民主政治で重要な役割をもつ選挙だが、現在の日本では各選挙が行われる度に、投票率の低下が問題視されている。投票率は、選挙で実際に投票に行った有権者の割合であり、どの程度の有権者が政治参加しているかを示す指標となっている。

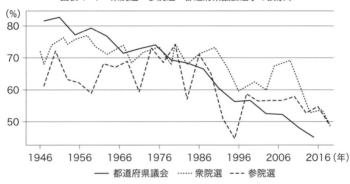

図表4-1　衆院選・参院選・都道府県議会選挙の投票率

出典：総務省「目で見る投票率」

　図表4-1は日本の各種選挙の投票率の推移である。国政選挙では、それぞれ直近の2017年の衆議院総選挙が53.68％で、2019年の参議院議員通常選挙が48.80％であり、有権者の半分程度しか投票していない。特に30代以下の若い世代には、関心を喚起するような広報を行うなどの対策が講じられているにもかかわらず、投票率は約30～40％程度である。しかし、**図表4-1**を見ると、戦後から1990年代初頭までは投票率が高く、近年でも2005年と2009年の選挙では高い投票率となっており、常に投票率が低いというわけではないことがわかる。ではなぜ、投票率が高いのかについては、後の2（3）（4）で説明したい。

国政選挙における投票率は、1990年以降に低下の一途をたどることになったが、さらに深刻なのは、地方自治体の議会選挙である。2015年統一地方選挙での平均投票率は45.05％で、戦後間もなくの1947年の選挙（81.65％）から、35％も投票率が減少しており、選挙への関心の低下が見てとれる。さらに地方選挙では、立候補者が当選することのできる定数と同数、もしくは首長選挙では1名しか立候補せず、選挙を行わずに当選が決まる「無投票当選」も多くなっている。つまり地方政治では、有権者が投票に行かないだけでなく、政治家になろうとする人すらいないという問題がある。

図表4-2　G7サミット参加国の2000年以降の国政議会選挙の投票率

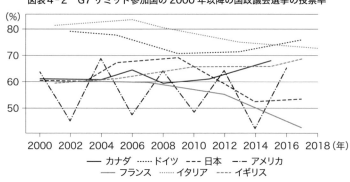

出典：International IDEA,"voter turnout database"

　投票率が低下しているのは、日本だけだろうか。**図表4-2**は、G7サミット参加国の2000年以降の国政議会選挙の投票率を示したものであるが、多くの先進国で投票率が低下している。特にフランスでは、徐々に投票率が低下し、50％を大きく下回っている。またニュースで熱狂的な大統領選挙が報じられるアメリカであっても、大統領選挙が行われていない年の選挙では、有権者の半数以上は投票していない。さらにアメリカでは、事前に投票するための申請を行わなければ、そもそも有権者としてカウントされない有権者登録制度を採用しているため、投票率は

より低い可能性がある。その他の国でも、投票率は60〜70%近くを維持しているが低下傾向にあるため、投票率の低下は日本特有の現象ではなく、先進国において共通に生じている現象なのかもしれない。

　どうして、民主政治で重要な役割をもつ選挙での投票を、有権者は行わないようになったのか。言い換えれば、なぜ人々は投票しないのか、むしろ、なぜ人々は投票に行くのか。この疑問を解くことで、近年の日本の低い投票率が続く中で、なぜ高い投票率を示す選挙が生じたのかを考える。

2　投票参加

（1）個人の能力・属性に基づく投票参加

　「人々がなぜ投票を行うのか」については、政治学で「投票参加」の研究として議論されてきた。投票参加の研究では、選挙で投票する人・しない人の違いは、どのような要因で生じるのかを明らかにしてきた。

　まず、投票参加だけでなく、政治へ参加するには、ある程度の能力や環境、属性が重要な要因である。一般的に投票を行うには、それ相応のコストがかかるため、投票のコストを支払うことができる資源（能力や環境、属性）をもっていることが必要となる。たとえば、若い人よりも年齢が高い人の方が、生活を送る中で政治を身近に感じる機会や政治の情報を得る機会が多く、政治の知識が蓄積されている。就職・結婚・子育てなどのライフサイクルの中で、各種税金を支払い、公共サービスを享受することで政治にふれ、テレビや新聞のニュースを視聴して政治の情報に接する機会も多い。そのため、若い人よりも政治への関心が高く、投票に行くことが考えられる。

　実際の選挙を確認してみると、2017年の衆議院議員総選挙の年齢別投票率は、18・19歳が40.49%、20歳代が33.85%と若年層は投票率が低く、50歳代が63.32%、60歳代が72.04%と中高年層は投票率が高くなっている。このように60歳代の投票率は、20歳代の投票率の約2倍になって

おり、年齢の違いが投票率の高低の要因として考えられる。

　また、政治の情報を得たとしても、それに基づいた判断と行動を行うかどうかはわからないため、教育程度が高い人ほど、数ある政治情報を素早く処理して、自らの判断と行動を行うことができる。そのため教育程度（学歴）も要因として挙げられる。

　先に挙げた年齢と教育程度の2つの要因から考えてみても、最も投票に行かないのが、若者である。若者は、生活の中で政治にふれる機会が少なく、政治の情報や知識が蓄積されていない。そのため投票を行うコストが、他の年齢層よりも高いと考えられる。

（2）合理的選択モデル：利益とコストの比較による投票参加

　別の投票参加の研究として、有権者が合理的な考えに基づいて、投票に行くかどうかを決めるというものがある。個人は、より多くの利益を得る行動を選択すると考える立場であり、このような合理的に利益を最大化する行動を選択することから、合理的選択モデルと呼ばれる。選挙を合理的選択モデルで考えると、有権者は自分たちの意見を政治に反映する政治家を選ぶことで、より多くの利益が得られると期待して投票する。逆に、投票したとしても、損しかしないのであれば、投票に行かないと考える。このような考え方を合理的選択モデルの中で、**期待効用モデル**と呼び、以下の式を用いて説明されている（Riker and Ordeshook, 1968）。

$$R = P \times B + D - C$$

　上記の期待効用モデルの数式のアルファベットは、それぞれの意味するものの頭文字である。

　R＝報酬（Reward）。投票に行くことで、得られると期待する利益のこと。

　P＝確率（Possibility）。自分が投票した1票が、候補者の当選に、どれくらい影響があるのかを示す確率のこと。自分の1票で選挙結果が決

まってしまうような候補者同士が拮抗している選挙では、自分の投票は大きな影響力をもっているため、選挙結果を変える確率が高くなる。また、選挙結果に影響を与える確率は、個々人が主観的に判断するものとされている。

B＝便益（Benefit）。自分が投票する候補者が当選した場合に得られる便益のこと。たとえば、選挙での選択肢である「A政党の議員」が当選した場合と「別のB政党の議員」が当選した場合に生じる自分の利益が、どれほどの差があるのかを考えるものである。

D＝意識・義務感（Duty）。投票に関係する心理的な要因のこと。投票しなければならないという義務感や、投票することの満足感、選挙を通して政治に反映したいことの思いの強さ、投票することで民主政治を支えていると感じる意識などがある。

C＝投票コスト（Cost）。投票に行く際のコストのこと。移動の手間や移動のための物理的なコスト（お金や時間など）、投票先を決めるために必要な情報を収集するための時間や労力。また、選挙に行かないことで得られたはずの別の利益もコストと考えられている。

つまり、合理的選択モデルは、P×B＋Dによって算出される投票の利益とCの投票のコストを比較した時に、Rがプラス（利益＞コスト）であれば、選挙に行き投票する。一方で、Rがマイナス（利益＜コスト）であれば、選挙に行かない（投票棄権する）と想定している。では有権者は、選挙での利益とコストの損得計算によって投票するかしないかを決めているのであろうか。

何十〜百万人もいる有権者の中では、自分の1票が選挙結果に与える影響や、どの候補者が当選しようとも自分が得られる利益は微々たるものであるため、「P×B（確率×便益）」で計算される利益は、実際には非常に小さいと考えられる。むしろ「C（投票コスト）」の方が、非常に大きくなるだろう。たとえば、選挙当日に、アルバイトやデートの予定があった場合、選挙に行かずにアルバイト代を稼ぐことやデートすることの満足感の方が得られるものは大きいと感じるだろう。実際に、投票に

行かなかった人に理由を尋ねると、「選挙に関心がなかったから」という理由に次いで、「仕事があったから」という理由が多い調査もある（明るい選挙推進協会、2015）。

　ここで重要になるのが、「D（意識・義務感）」である。たとえば、心理的な要因として挙げられる政治的有効性感覚は、確率ではなく、自分の投票や行動が政治に影響を与えているという有権者個人のポジティブな感覚を指すが、投票することに対してある程度の充足感を得られるのであれば、コストが大きくとも投票に行くだろうし、得られないのであれば棄権するだろう。また、投票することを義務だと考えている人にとっては、選挙に行かないことが自分の心理的な満足感を減らしてしまうだろう。このように投票参加に関する利益とコストの比較では、有権者個人が有している心理的な要因が重要な役割をはたしており、投票に行くか行かないかを左右しているのである。

（3）期待効用モデルを用いて日本の選挙・投票率を考える

　では、期待効用モデルを用いて、実際の日本の選挙の投票率の高低の要因を考えてみよう。まず取り上げるのは、1990年代初頭までの日本の選挙では、高い投票率を保っていたことである。

　1993年の選挙制度改革まで、日本では中選挙区制と呼ばれる1つの選挙区で複数名が当選する選挙制度を採用していた。そのため、選挙区内に同一政党から2名以上が立候補することで、一方の候補者に票が偏ってしまい、もう一方が落選することや、どちらも落選してしまう（同士討ち）といった激しい選挙戦が繰り広げられていた。中選挙区制では、政党間の争いだけでなく、政党内でも争うことで、票を奪い合う接戦状態が多く生じ、自分の1票が結果に影響を与える確率（P）が、非常に高いと認識されていた。

　また、同一政党で2人の候補者がいることで、有権者にとっては政策内容で違いを見出せないため、有権者に対する明確な利益提供をするような政策を主張することが常態化していた。そのため、有権者は、候補

者ごとに当選した場合の便益（B）を明確に、かつ高く感じることができ、投票の利益を高く感じていた可能性がある。

　しかし、選挙制度改革で小選挙区比例代表並立制に変わり、さらに現在では、長く政権を務めている自民党が強いため、選挙の勝敗が事前に予想できる選挙区が多くなっている。このような状況では有権者は、自分の1票が選挙結果に影響に与える確率（P）を非常に低く感じるであろう。また、選挙で政党や候補者が提示する政策も似通っていることが多いため、当選した場合の利益を予測することが難しく、便益（B）も低く感じるだろう。確率（P）と便益（B）の両方が低い状態では、多くの有権者は投票の利益を感じることができないだろう。しかし、このような近年の状況の中でも、半数以上の有権者が投票するということは、投票することで得られる満足感や投票することの義務感（D）を大きく感じている有権者が一定数いると推測できる。

（4）2000年以降の高い投票率はなぜか

　また、先に述べた2005年と2009年の衆院選で投票率が高かった理由を考えてみよう。2005年の衆院選は、当時の小泉純一郎首相が、参議院での郵政民営化法案の否決をきっかけに、衆議院を解散して「郵政選挙」と呼ばれた選挙である。この選挙では、郵政民営化法案に反対した現職の自民党議員の選挙区に「刺客」候補として別の自民党公認候補を擁立し、法案に賛成か、反対かを問う激しい選挙が繰り広げられた。つまり、激しい選挙戦で各選挙区ともに接戦が報じられ、有権者は、自分の1票が選挙結果に影響を与える確率（P）を高く見積もったであろう。さらに、郵政民営化法案に賛成・反対というシンプルな二項対立は、有権者にとって、各候補者が当選した時の便益（B）を測ることが他の選挙よりも容易だったと思われる。

　2009年の衆院選は、民主党が自民党・公明党連立政権からの本格的な政権交代を目指す選挙であった。そこで有権者は、従来の自民党・公明党連立政権を望むのか、それとも民主党を中心とした連立政権を望むの

かの二者択一を求められた。つまり投票次第で、政権交代という大きな変化を生じさせることができるため、有権者の1票の価値（P）を大きく感じただろう。また従来通りの政権から民主党政権にかわった場合の便益（B）も予測しやすかったと考えられる。さらに、心理的な要因（D）についても、政権交代によって政治を変えることは、政権交代が見込めない選挙よりも投票することで高い満足感が得られると考えることができるため、高い投票率だったと推測できる。

このように、期待効用モデルを用いて2000年以降の高い投票率だった選挙を考えると、他の選挙よりも「確率×便益（P×B）」が高く感じられたことが要因だったと推測できる。有権者個人の心理的な要因（D）は、なかなか短期間で変化するようなものではないが、このように時々の政治や選挙の状況によって「確率×便益（P×B）」が変化し、有権者の投票参加に「つながって」いるということが理解できる。

（5）合理的選択モデルの別側面

加えて、合理的選択モデルには、期待効用モデルと別の考え方もある。ミニマックスリグレットモデルは、選挙のように自分だけではなく、様々な考え方の有権者がいる状況では、最終的な選挙結果が不透明であり、自分が得られる利益を測ることが難しいため、損失や後悔を最小化する行動を選択するはずだと想定している（Ferejohn and Fiorina, 1974）。つまり、不確定要素が多い状況で有権者は、期待する利益が全く得られない最悪の事態を避けようとするだろうと考えるのが、ミニマックスリグレットモデルである。つまり、投票に関する利益を最大化させようとする期待効用モデルに対して、ミニマックスリグレットモデルは、投票参加や候補者への投票で生じる後悔（損失）を最小化させようとする考え方であるといえる。

このように合理的選択モデルが想定する有権者は、意識的・無意識的かは判断することができないが、選挙ごとに自分の利益や後悔（損失）、コストを比較して、投票に行くか、行かないかを決めるのである。

3 投票行動の3つの立場 ─────────

(1) 投票選択するための情報

　2をふまえて選挙を考えると、有権者は、そもそも投票に行くか、それとも棄権するかを第1に決める。次のステップとして、どの候補者・政党に投票するのかを決めなければならない。選挙の大きな目的は、自分の意見を政治に反映してくれる政治家を選び、より良い社会を作ることである。そこで、国・社会の行く末を決めてしまうかもしれない選択では、間違った選択をしたくないと人々は考え、様々な情報を熟考し、行動するだろう。しかしどの候補者・政党に投票するのかを決めるためには、情報収集が重要であり、すべての候補者や政党の情報を知るには、多くの時間や労力がかかってしまい、現実的には不可能である。そこで個々人は、ある一定の基準・情報をもとにして、投票先を決めていると考えられる。

　このような選択をするときの情報の取捨選択は、日常生活でも行われている。たとえば、進学や就職などで引っ越しする場合を思い浮かべてほしい。多くの人は、間取りや家賃などはもちろんのこと、周辺環境（治安の良し悪しなど）、交通の便などの諸々の情報を加味して、住む場所を選ぶだろう。しかし、実際にはすべての物件とそれに付随する情報を調べるわけではなく、限りある選択肢の中から自分が妥協できる条件・できない条件を数個に絞ってから、最終的に物件を契約するだろう。

(2) 投票行動：社会学モデル

　では有権者は、どのような情報や要因を重視して、候補者や政党を1つに絞り、投票するのだろうか。このような投票にかかわる有権者の行動を分析する研究を、政治学では投票行動と呼び、多くの研究がなされてきた。これまでの投票行動研究では、有権者が投票先を決める要因を大きく3つの立場から提示してきた。

第1の投票先を決める要因として、有権者個人の社会集団や社会経済的な地位が挙げられる。この立場は社会学を背景としているため**社会学モデル**と呼ばれ、主に家族関係や居住している地域、仕事などの地位、所得、宗教、人種などの社会経済的な要因を重要だと考え、分析している。

　たとえば、アメリカ大統領選挙では、長期間を通じて共和党が勝利する州と民主党が勝利する州がはっきりと分かれている。またアフリカ系やラテン系のアメリカ人は、民主党に投票する傾向が高いという人種の影響や、職種・所得水準・教育程度などによって、共和党と民主党のどちらに投票する傾向が高いかが多くの研究で示されている。また、日本でも、一般的な傾向として、農村部といった地方や農業の従事者は自民党へ投票する傾向が高く、居住地域や職種が投票先を決める際に、大きく影響している。

　では、なぜ社会集団や社会経済的な地位に基づいて、投票先を決めるのであろうか。1940年代のアメリカ大統領選挙における世論調査では、所属する社会集団に応じて投票傾向が似ていること、また投票先を決める際に身近な人との会話から影響を受けていることが明らかになっている（Lazarsfeld et al., 1948）。つまり有権者は、日常生活でのコミュニケーションを通じて、自分の身近な集団や環境から影響を受けており、自分と似た境遇の人が支持している政党は、支持した方が利益を得られると考えて、投票先を決めているのである。これは個人内の要因ではなく、社会経済的な要因や社会との関係性などの自分の身の回りの状況と、各政党の間にある利益などのつながりに基づいて投票するというものである。

（3）投票行動：社会心理学モデル

　第2の要因として、有権者がもつ心理的な傾向や意識が挙げられる。この立場は社会心理学を背景としているので、**社会心理学モデル**と呼ばれ、候補者や政党に関する情報を受け取った際の有権者の心理的な動き

を分析するものである。社会心理学モデルでは、①政党帰属意識（政党支持）、②候補者イメージ、③争点態度といった投票先を決める際の3つの心理的な要因と動きを挙げている。

　まず、①政党帰属意識とは、政党に対する愛着や親しみといった好意的な感情や忠誠心のようなものであり、自らを政党のメンバーと認識する意識のことである。有権者は、ある政党に対して政党帰属意識を有していると、選挙の際に投票するだけでなく、政党が推し進める政策に賛成し、政党が公認する候補者を好意的に評価するなど、政党を通して政治を認識するようになる。このような政党帰属意識は、政治的社会化によって獲得するもので、簡単に変化するものではないといわれている。政治的社会化とは、成長するプロセスで家庭や地域、学校などの環境要因から影響を受けて、政治に関する意識が形成されるというものである。

　アメリカでは、自分は共和党員（民主党員）であるといった政党への帰属を表明することが多い。しかし、日本で自分の政党への帰属（○○党員である）を表明することは滅多にない。そこで日本では、政党帰属意識ではなく、政党に対する好ましさのような、弱いつながりの**政党支持**と呼ばれる。ほぼ変化しない政党帰属意識とは異なり、政党支持は、時々の政党に対する好ましさであるため、短期的に変化する。しかし、近年の各政党の支持率を見ると、大きな変化が見られず、どの政党も安定的に推移していることがわかる（次ページの**図表4-3**）。

　政党支持に関して、現在、支持している政党がない無党派層が40％近くもいる。無党派層は、政党間の主張に違いを見出せないことや政治への不信感などが要因だと考えられるが、現在の選挙では、いかに有権者の多数派である無党派層から支持されるかが重要になっている。この傾向も日本だけではなく、他の先進国でも、徐々に政党離れが起き、無党派層が増えつつある。

　続いて、②候補者イメージとは、清廉潔白さのような見た目はもちろんのこと、実行力や有能さなどの候補者の行動や業績などをふまえたイメージのことである。文字通り、候補者イメージが良ければ、有権者は

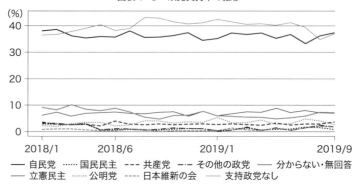

図表4-3 政党支持率の推移

凡例: ― 自民党　…… 国民民主　--- 共産党　-･- その他の政党　― 分からない・無回答
― 立憲民主　…… 公明党　--- 日本維新の会　― 支持政党なし

出典：NHK放送文化研究所「政治意識月例調査」

投票する傾向が高くなる。日本の場合、衆議院の小選挙区比例代表並立制への選挙制度改革によって、投票の際に候補者のイメージだけでなく、選挙におけるリーダーシップなどの首相へのイメージの重要性が高まっているという研究もなされている（前田・平野、2015）。

　最後に、選挙における各政党の政策や有権者が重視する政策に関する賛否に基づいて、投票先を決めているという**③争点投票**（争点態度）である。争点投票は、有権者が選挙での政策争点を正しく認知し、その争点が自分にとって重要だと認識していることを前提としている。そのうえで、争点に対する各政党の立場と自分の立場が近いかどうかを判断して、投票先を選択するということを想定している。だが、争点投票のプロセスを満たすには、政党の立場に関する多くの情報が必要であるため、実際に有権者が争点投票を行うと考えることは非常に難しい。それは現代社会において、有権者は政治が重要だと考えていても、政治以外の事柄が多く、政治に多くの時間を割くことができないからである。

（4）投票行動：経済学モデル

　第3の要因として、有権者の合理性に着目し、経済状況などの政策の結果などを評価して、投票するというものである。この立場は、経済学

が想定するような一定の有権者の合理性を前提としていることから、**経済学モデル**と呼ばれる。経済学モデルは、政府が行う政策の成果や業績の良し悪しを有権者は評価し、投票先を決める**業績評価投票**や、業績の中でも特に景気などの経済状況の評価が有権者の投票先の決定に重要であると考える**経済投票**といったパターンがある。どのパターンも、現在の社会や経済に満足していれば政権与党に投票し、逆に不満であれば野党に投票すると想定している。このような決定方法は、まるで有権者が政権与党の成績評価を行い、悪い場合に罰を与えるという意味で、賞罰投票とも呼ばれている（Fiorina, 1981）。

　こうした政府の政策の結果を判断する経済学モデルは、直感的でわかりやすいが、どのような政策による業績や経済状況の良し悪しを判断するかで、複数の分析の立場が存在している。たとえば、経済でも、自分の身の回りの生活、家計に基づき投票先を決定する場合を**個人指向の経済投票**（pocketbook voting）と呼び、景気や失業率などの社会全体の経済状況に基づく場合を**社会指向の経済投票**（sociotropic voting）と呼ぶ（Fiorina, 1981；kinder and Kiewiet, 1981）。景気が良くとも、自分自身の生活が厳しい時に経済投票を行う有権者の投票行動を考えてみると、個人指向だと野党に投票するが、社会指向だと政権与党に投票するという全く投票先が異なる投票行動になる可能性がある。さらに、評価対象を、選挙直前の経済状況とするのか、それとも政権に就いた時の状況との比較とするのかといった時間軸の問題もある。別の観点としては、政党を過去の業績で判断するのではなく、将来性、つまり経済を良くしてくれることを期待して投票先を決定することもあるだろう。また、日本を例にとっても、グローバル化によって自国だけで経済を動かすことができなくなり、政権与党だけに経済状況の責任を負わせるかどうかは有権者によって異なるだろう。

　このように、一見して直感的に理解できる経済学モデルでも、何を評価するのかに関しては、様々な立場に応じた分析がなされているのである（平野、1998；山田・飯田編、2009）。

（5）投票行動と民主政治

　たしかに、経済学モデルは、民主政治（特に間接民主制）の考え方に沿っている。有権者は、政権与党が良い社会や経済のために政策を行っているかを業績で判断し、投票する政党を決める。一方で、有権者が業績評価投票をしていると政党側がわかっているならば、各政党は有権者の要求に応えようと、社会や経済を良くする政策を行うようになる。このような選挙を通じた有権者と政治の関係性を、**政策応答性**（アカウンタビリティ）と呼ぶ。

　つまり、政策応答性を高めることでより良い社会が達成できるため、選挙では政策応答性の高い政党に投票し、政策応答性の低い、つまり有権者の意思とかけ離れた政党には投票せずに罰することが、有権者と民主政治にとって重要となる。実際に、近年の衆院選を例にとると、2009年の衆院選での政権交代は、2008年のリーマン・ショックが発端となった世界的な金融危機への対応と、その後の景気悪化が要因となって、多くの有権者は自民党に罰を与え、民主党に投票した可能性がある。逆に2012年の衆院選での政権交代は、経済ではなく、2011年の東日本大震災の対応などに不満をもったことが一因として、民主党ではなく、自民党を選んだのかもしれない。さらに、2014年や2017年の衆院選では、有権者はアベノミクスと称する経済政策を評価して、自民党政権の継続を選んだのかもしれない。

　このように選挙において有権者が、自分の立場と近い政党や、各政党の政策応答性を見極めて投票することは、民主政治を支えるための1つの方法である。しかしながら、その際には有権者は、政党の争点に関する立場や業績に関する情報を相応のコストを支払い、手に入れる必要がある。投票率が低く、無党派層が多くなった現代において、日常的に政治への関心を高め、民主政治と人々の「つながり」をどのように作るかが、今後の鍵となるのである。

column 4
ポピュリズムを支持するのは誰か

　現在、世界的に注目されている政治現象の1つとして、アメリカのトランプ大統領や、イギリスのEU離脱（Brexit）、ヨーロッパの反移民を主張する極右政党のようなポピュリズムへの支持拡大が挙げられる。ポピュリズムの定義は研究によって分かれるが、「善良な市民 vs 腐敗したエリート」という対立構造を用いて、多数派の市民の意思を代弁すべきという考え方である。このポピュリズムが、現代においては移民排斥などの右派的なイデオロギーと組み合わされることで、極端な政策を掲げる政党や政治家が注目されるようになっている。

　では、どのような層が右派的なポピュリズムを支持しているのであろうか。多くの研究で明らかにされているのは、現在の社会や政治に不満をもっている層である。たとえば、低所得者や低学歴などの経済的に恵まれない層は、現状の社会や生活に満足ができていないことから、業績評価投票に基づくと、政権与党以外に投票すると予測できる。さらに、既存の政党が政権をとっても同じ社会が続いてしまうと考え、将来的に大きく国を変化させるような極端な主張をする政党に投票を試みる可能性が高い。他にも、反移民政策を重視する右派的なイデオロギーをもつ層は、争点投票の考え方に基づくと、移民排斥を主張するポピュリスト政党が自分の立場に最も近い政党となり、投票すると想定できる。実際に、トランプ大統領の支持者は、多く報道されているように、経済的に恵まれない地域に住む白人労働者や共和党員が多くなっている。

　このように、既存の政党や政治家が政権を握っても、社会が何も変わらないことに不満をもつ層が、社会・政治の変化を望んでポピュリズムを支持しているのかもしれない。こうした政治への不満は、多くの国で見られるもので、もしかしたら近いうちに、日本でもポピュリズムへの支持が高くなることがあるのかもしれない。

おすすめの本・ウェブサイト

選挙ドットコム
(https://go2senkyo.com/)

インターネット上で、選挙に関する様々な情報を知ることができるサイト。各選挙の候補者情報や選挙結果、選挙や政治にまつわる知識や分析などを知ることができる。選挙の際に、情報源としても非常に有用である。

飯田健・松林哲也・大村華子（2015）『政治行動論——有権者は政治を変えられるのか』有斐閣ストゥディア

本章で扱った選挙や投票に関する有権者の意識や行動をデータなどの実例に基づいて、詳細に学ぶことができる本。現実的に一般の有権者がどのように考え、行動しているかを順序立てて理解することができる。

山田真裕・飯田健編著（2009）『投票行動研究のフロンティア』おうふう政治ライブラリー

投票行動に関する様々な研究がまとめられている本であり、学部の学生から研究者まで参考になる情報が載っている。専門的な部分も多いが、投票行動を深く知りたいと思った際には、手に取ってみることをおすすめする。

参考文献

明るい選挙推進協会（2015）「第47回衆議院議員総選挙全国意識調査」。

平野浩（1998）「選挙研究における『業績評価・経済状況』の現状と課題」『選挙研究』13号、28〜38頁。

前田幸男・平野浩（2015）「有権者の心理過程における首相イメージ」選挙研究31巻2号、5〜18頁。

Ferejohn, J. A. and Fiorina, M. P. (1974) The paradox of not voting : A decision theoretic analysis, *American political science review*, 68(2), pp. 525-536.

Fiorina, Morris P. (1981) *Retrospective Voting in American National Elections*, Yale University Press.

Kinder, Donald R. and Kiewiet, D. Roderick (1981) Sociotropic Politics : The American Case, *British Journal of Political Science*, 11(2), pp. 129-161.

Lazarsfeld, Paul ; Berelson, Bernard and Gaudet, Hazel (1948) *People's Choice : How the Voter Makes Up His Mind in a Presidential Campaign*, Columbia University Press（有吉広介監訳（1987）『ピープルズ・チョイス——アメリカ人と大統領選挙』葦書房）.

Riker, W. H. and Ordeshook, P. C. (1968) A Theory of the Calculus of Voting, *American political science review*, 62(1), pp. 25-42.

第5章
政治家
——代理人の行動原理を理解し、しっか
り使いこなそう

　本章では、有権者の代理人である政治家の行動原理を理解し、本人として有権者が政治家をコントロールすることの意味やその方法について考える。

　政治家の行動を説明するためには、まず合理的な政治アクターとして政治家がいかなる目標を追求する存在なのかについて理解しなければならない。ここでは、政治家が追求する目標として、再選、昇進、政策という3つの要素について1つずつ取り上げながら、そこから予想される政治家の行動パターンについて検討していく。

　一方、代理人である政治家に対する有権者の評価は厳しい。ここでは、「政治家の数が多すぎる」「政治家の質が劣化している」「政治家は腐敗している」といった一般的によく聞く批判について、代議制民主政治における本人・代理人関係の観点から吟味する。

　最後に、私たち有権者が政治家を使いこなすためには、政治家の行動原理を理解したうえで、選挙において政治家が有権者の意思を意識しながら行動するようにコントロールする必要があることを確認する。

1 有権者の代理人としての政治家 ————

（1）本人・代理人関係と政治家の役割

　民主政治における意思決定の究極的な主体（本人）は、有権者である。社会で何らかの集合的な意思決定を行うときに、個々の有権者は誰もがその決定内容に自分たちの利益が反映されることを望む。しかし、全員が自分の立場や利益を主張するばかりでは、みんなが納得できる合意に達することができない。すべての有権者による平等な政治参加を可能にすると同時に、多様な利害対立を調整して合意を形成していくために、私たちは代表制民主政治を採用している（→**第1章2（2）**）。有権者は普通選挙を通じて、自分たちを代表する議員を選出する。そして議員は有権者を代表して判断を行い、議会審議を経て合意を形成していく。このように、有権者から委任を受けた代理人として、政治的な意思決定プロセスに携わるアクターが政治家である。

　有権者と政治家の間には、**本人・代理人関係**が成立する。本人・代理人関係とは、ある人（本人）が自らの利益のための何らかの仕事を、専門的な知識を有している他者（代理人）に頼んで実行してもらう際に成立する関係を意味する。本人より多くの情報を保有している代理人に、本人の希望通りに仕事をしてもらうためには、適切にその活動を監視する必要がある。政治家は選挙を通じて有権者からの委任を受けて政治的な意思決定に携わる代理人にすぎない。代理人が保有する権限の源泉は、主権者である市民であり、政治家は負託された目的を実現すべく、有権者に対して説明責任を負う。そして、本人である有権者は、代理人が期待通りに目的の実現に取り組んでいるか監視しながら政治家をコントロールしていく。

　他方、政策過程に携わる政治アクターとして官僚を加えた場合、今度は政治家が官僚や行政機関という代理人を監視する本人として、官僚が専門性を発揮しながら政策形成や実施をするようにコントロールする役

割を担う。官僚は選挙を通じて有権者に直接選ばれているわけではないので、政治家を介して、間接的に有権者からのコントロールを受けることになる。

（2）政治家に対する評価

　代理人である政治家の仕事ぶりに対して、有権者はどの程度満足しているだろうか。残念ながら政治家に対する有権者の評価は決して高くない。公的機関の腐敗に対する有権者の認識について、国際 NGO のトランスペアレンシー・インターナショナルが実施したサーベイ結果によれば、多くの先進国で最も腐敗している機関として政党が名指しされることが多い。日本でも、回答者の 7 ～ 8 割が政党・国会を腐敗しているという認識を示している（Transparency International, 2013）。選挙結果に基づいて有権者から正式に委任を受けている代理人に対して、これほど世論の評価が厳しいのはなぜなのか。

　まず指摘しなければならないのは、政治そのものが価値の権威的配分である以上、政治的な意思決定が不満から完全に自由になることは難しいという点であろう。多種多様な利害関係を調整して 1 つの合意を形成することは至難の業であり、全員を満足させる決定は存在しない。

　政治家に対する不信を生むもう 1 つの要因として、代表の選び方、すなわち選挙制度に対する不満も指摘することができる。投票に参加することによって自らの意思を選挙結果に反映することができたという実感がなければ、選挙結果に対する有権者の不満は高まる。一定数のまとまった得票によって当選者が決まるため、投票しても選挙結果を左右できない状況が生まれたり、誰が当選しても政治状況が変わらないと感じたりすると、有権者の不信は深まり、政治参加の意欲も低下してしまうだろう（→第 3 章 2（1））。

　ここで問題なのは、政治家の活動に不満をもつ有権者が増えて、それが政治に対する有権者の関与を弱める結果につながった場合、本人・代理人関係のさらなる機能不全をもたらす可能性があるという点である。

有権者の関与が低下すると、政治家は、自らの地位を保持することばかり気にかけて、政治権力を私利私欲のために行使する誘惑に陥りやすくなる。政治家を、有権者の意思にあまり拘束されず自らの権力を利己的に追求する存在としてとらえる見方は、私たちが政治家の行動を理解するうえで、あまり役に立たない。むしろ私たち有権者と本人・代理人関係でつながっている政治家が具体的にどのような目標を追求している存在なのか、その行動原理を正確に理解したうえで、どうすれば代理人をコントロールできるのか工夫する必要がある。

（3）様々なタイプの政治家

　有権者から選挙で委任を受けて政治的意思決定に携わる政治アクターには様々な種類があり、政治家という概念はその範囲が非常に広い。いかなる政治制度のもとで成立した本人・代理人関係であるかによって、政治問題として扱われる案件の性格も、政治家がもっている権限や政治家の属性にも差が生じる。たとえば、執政制度として大統領制を採用している国には、国全体の幅広い有権者から直接投票によって選ばれる執政長官が存在する（→第8章）。また、国内政治においても、国政か地方政治かというレベルの違いによって、それぞれ異なる文脈で活動する政治家が存在する。日本の場合、地方政治のレベルでは、**二元代表制**が採用されており、地方議会の議員だけではなく、知事・市町村長のような首長も活動している。

　以下では、主に日本の国政レベルで活動する国会議員を対象に、まず政治家が追求する目標について検討することで、代理人の行動原理を理解するためのヒントを見つけることにしたい。

2　政治家が追求する目標と行動原理 ─────

（1）最優先の目標は再選

　有権者から委任を受けて活動するには、まず選挙で当選しなければな

らない。したがって、政治家が最優先に追求する目標は再選である。一般的に、選挙での当選ばかり気にする政治家の姿を否定的にとらえる見方も多く見られる。しかし、代表制民主政治において、政治家が有権者からの支持を受けて当選したいと強く望むことそのものが、代理人に対する本人のコントロールを可能にするしくみの根幹である点に留意すべきである（**図表5-1**）。

図表5-1　政治家が追求する目標

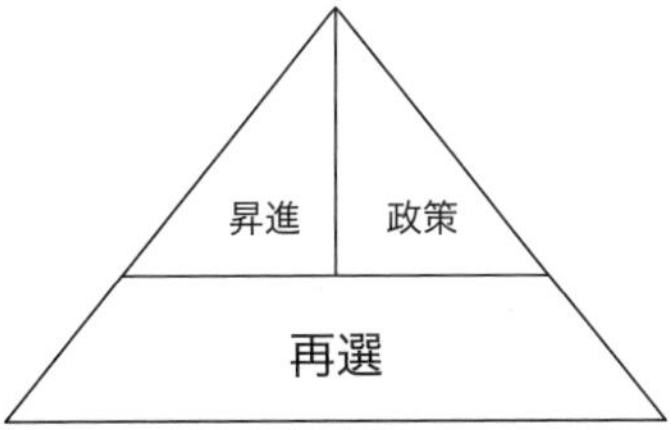

出典：筆者作成

　再選という目標は、選挙運動および議会活動で見られる政治家の行動パターンを理解するための鍵となる。当選するためには、本人である有権者からの得票を最大化する必要があるので、当然政治家の行動パターンは、有権者の投票選択を左右する要因を強く意識したものとして現れる（**→第4章3（3）**）。ここでは、有権者の投票選択に影響を与える3つの要因（政策争点、政党支持、候補者）に着目し、各要因に対する反応として現れる政治家の行動パターンを、①政策差異化、②政党所属、③選挙区活動に分けて、順番に説明する。

　まず再選を追求する政治家は、自らの政策的な立ち位置を明確にすると同時に、競合する候補者との差異化を図る必要がある。有権者が政策に関する情報を入手し、それを自らの投票選択に活用するにはコストがかかる。しかし、それでも有権者は、限られた情報を用いながらもなるべく自分の政策位置に近い政治家を選ぼうとする。政治家は、有権者の政策選好を意識しながら自分の立ち位置を設定し、他候補者との差異化

を図る。

　次に、政治家が政党に所属することも再選追求の観点から説明することができる。前述したとおり、情報コストの負担を嫌う有権者から政策差異化によって支持を獲得することは、それほど容易ではない。そこで、政治家は政党に所属することによって、1つの共通のブランド価値をもっているグループとして有権者により容易に認知してもらうことができるのである（**→第6章1（4）**）。

　最後に、政治家は、選挙区民との個人的なつながりを強化することによって、当選可能性を高めようとする。有権者は、政策や支持政党以外に、代表者を務める政治家本人の個人的な属性についても、重要な判断基準として考慮する。公約通りに政策を立案できる能力をもっているのか、信頼できる人柄なのかなどの候補者要因は、比較的に情報コストが低いため、あまり政治関心が高くない有権者にも影響を与える可能性が高い。政治家は、選挙区での有権者とのつながりを強化するため、積極的に選挙区活動を行う（濱本・根元、2011）。

　一般的に、日本では政治家が当選するためには、地盤・看板・カバンが必要であるといわれることが多い。地盤は**個人後援会**など候補者を支持する組織票を、看板は候補者の知名度を、カバンは資金力を意味する。いずれの要素も、政党中心の政策的な競争より選挙区民との個人的なつながりの強化にかかわるものであり、伝統的に日本の選挙において候補者要因が重要視されてきたことを表している。政党組織があまり発達していない中で、候補者は自らの個人支持票を組織化することで得票最大化を図るしかなく、そのために普段の政治活動や選挙運動に多くの資金が必要であった。また、日本では、親や親族の議員から支持地盤を受け継いで当選した「世襲議員」が国会議員全体の2～3割を占めているとされるが、その理由として、世襲政治家の方が普通の候補者より地盤や政治資金に恵まれていることをあげることができる（飯田・上田・松林、2011）。

（2）昇進と政策の追求

　再選以外に政治家が追求する目標として、昇進と政策を挙げることができる（**図表5-1**）。政治家が追求する複数の目標をあわせて検討することで、政治家の行動をより総合的に理解することができる。

　政治家は当選後の議員としてのキャリアのなかで昇進を追求する。政治家にとって、昇進とは、政党組織、議会、政府のより高い地位の役職に就くことを意味する。たとえば、政府内であれば、「政務官 → 副大臣 → 大臣」、政党内であれば、自民党の場合、「政調副部会長 → 政調部会長・副幹事長 → 党三役（幹事長、総務会長、政調会長）」のようなキャリアパスが存在する。日本のように、**議院内閣制**を採用している国でキャリアパスの頂点に位置しているのは、内閣総理大臣（首相）である。限られた政治家しか辿り着けない役職ではあるが、国会議員になったからには誰もが、総理大臣に就任することを昇進追求の最終目標として考えるのである。

　昇進を目指す政治家の行動パターンは、党内評価と一般有権者の評価のどちらがより重要視されるのかによって変わってくる。安定的な支持基盤からの得票を確保することで、それに比例する議席を獲得できる場合、政党は、政党全体の一体性を維持することによって政党としてのブランド価値を維持し、既存の支持層が離れないように努める。このような状況で政党組織の中で昇進するには、党全体の方針に忠実で、他の所属議員との政策距離があまり離れていないことが有利になる。その結果、政党の政策的な凝集性や所属議員たちの政党に対する忠誠心が高まることにつながりやすい。

　他方、政党外部からの高い評価が昇進につながることもある。党全体の方針に忠実であるわけではないにもかかわらず、一般有権者の間で絶大な支持を得ているがゆえに、選挙戦略の一環として党内で高い地位の役職を与えられるケースである。固定的な支持基盤に依存した選挙競争が難しく、特定の支持政党をもたない「**浮動票**」が選挙結果を左右しやすくなった場合、政党は、一般有権者から高い評価を得ている人物を昇

進させることによって議席最大化を図る。自民党の小泉純一郎首相は在任期間中（2001〜2006年）に高水準の内閣支持率を維持し、安定的な政権を築くことに成功したが、首相就任当初自民党内における彼の地位はそれほど盤石なものではなかった。

　次に、政治家は政策決定に携わる代理人として実現したい政策目標を有しており、どのような内容の政策を実現したいのかによって、その行動パターンは影響を受ける。その代表例が、議員の政党間移動である。前述したとおり、政党に所属することは政治家が再選と昇進を追求するうえで非常に重要な意味をもっている。しかし、政治家は、「当選さえできれば政党はどこでも良い」「昇進さえできれば、政党執行部の方針には何でも従う」と単純に考えているわけではない。政党間移動の中には、再選と昇進だけを考える政治アクターであるならば必ずしも合理的に思われないものも含まれている（山本、2010）。

　以上の通り、政治家は昇進と政策を追求するが、あくまでも政治家にとって最も優先される基本目標は再選であり、2つの目標は再選と密接に結びついている。以下では、3つの目標の関係について見てみよう。

（3）3つの目標の関係

　まず、再選と昇進の関係について見てみよう。議員は再選を重ねることによって、より高い地位の役職に就くことができる。議員としてのキャリアを経験することによって、専門性を高めて党内の役職や、与党であれば政府内の役職に就く資格を獲得できる。例外もあるが、自民党では、大体当選回数に応じて昇進には一定のキャリアパスが見られる（佐藤・松崎、1986）。

　昇進が、逆に再選可能性を高める効果をもつ場合もある。昇進することによって政策的な専門性が高まり、政策形成過程における権限を獲得できると、自ら立案した政策を業績として有権者にアピールできる。また、主要な役職に就くことができれば、国会での議論に参加したり、メディアを通じて有権者向けにメッセージを発したりする機会が増えるた

め、有権者への露出度を上げることにもつながる。

　次に、政策も再選と無縁ではない。再選を重ねることで議員としての経歴が長くなれば、政策的な専門分野を築き、そこで自ら好む政策を実現できる機会が増える。また、当初は主に地元有権者を意識したローカルな政策目標に重きをおいていた政治家が、当選回数が多くなり支持基盤が安定するにつれて、よりナショナルな政策分野に関心をもつようになることも多い。たとえば、1993年の初当選から9回連続当選を果たし首相も経験している安倍晋三議員（山口4区、選挙制度改革以前の旧山口1区）の例について見てみよう。父親である安倍晋太郎外相の秘書官として外交分野への関心を深めていた安倍晋三議員であるが、選挙の時に地元有権者に配布される選挙公報に記載されている主な公約を調べてみると、最初は地域の活性化や農林水産業の振興など、選挙区を意識したローカルな公約も比較的に多く見られる。また、政策的には、衆議院厚生委員会理事や自民党の社会部会長を歴任するなど、社会福祉と教育分野にも関心をもって取り組んだ。一方、自民党幹事長として迎えた2003年衆院選では、「拉致問題の全面解決」を公約として掲げるなど、ナショナルな外交争点にもより高い関心を示すようになっていた様子がうかがえる。

　逆に、政策的な専門分野を確立し、自分の業績として誇示できる政策を実現すれば、それをもとに再選可能性を高めることができる。当該政策を支持する有権者からの得票や政治資金の寄付は、再選可能性を高める効果をもつ。選挙制度改革前の**中選挙区制**の下では、政策領域の棲み分けをすることによって再選可能性を高めようとする現象が見られた。中選挙区制の下では、同じ選挙区で複数の議席をめぐって同一政党の候補者同士の選挙競争が見られたため、政党ラベルという共通のブランド以外にも差異化できる手段を必要とした（→第3章3(1)）。そこで、各候補者は個人的な支持基盤を構築し、地理的な棲み分けを試みるか、政策領域の棲み分けをすることで他候補者との差異化を図ろうとした（建林、2004）。

以上、政治家が追求する目標とその行動原理について検討したが、代理人の行動原理を理解したところで、それを適切に活用して代理人をコントロールできなければあまり意味がない。しかし、前述した通り、有権者と政治家の間の本人・代理人関係はあまり機能しているとはいえず、政治家に対する有権者の評価は厳しい。

　以下では、一般的に政治家に向けられている批判について取り上げながら、代表制民主政治における本人・代理人関係の観点からその内容と問題点について検討する。

3　政治家の役割に対する期待と失望————

（1）国会議員は多すぎる？

　政治家に対する有権者の厳しい評価の一例として、「国会議員の数が多すぎる」という批判がある。国政選挙でも公約として議員の定数削減を訴える政党がたびたび登場しており、2019年参院選でも、日本維新の会は、「議員の定数を削減し、議員報酬も削減する」ことを公約として掲げた。いわゆる「身を切る改革」を主張する根拠として提示されるのは、「一般国民が経験している痛みを共有すべきだ」、「議員を減らすことによって議員に支払われる歳費の支出を抑制することができる」といった考え方である。このような主張は、一般的に有権者から支持されやすい傾向がある。2012年衆院選の直後に全国の有権者を対象に実施した世論調査の結果によれば、「国会議員の定数を半分に減らすべきだ」という意見に対して、75.9％の回答者が賛成寄りの立場を表明している（2012年東京大学谷口研究室・朝日新聞共同調査）。しかし、議員数を減らすことが民主政治にどのような帰結をもたらすのかについて十分議論することなく、単純に多くの有権者に支持されているから問題ないとする考え方は、あまり健全ではない。

　国際的に比較してみると、日本の国会議員の数は多すぎるとはいえない。主要国の国会議員1人あたりの人口を比較した**図表5-2**によれば、

図表5-2　主要国の国会議員1人当たりの人口（2012年当時）

国名	議員1人当たり人口（単位：千人）	
	下院	上院
日本	266	528
アメリカ	699	3041
イギリス	94	74
フランス	108	179
ドイツ	132	1190
イタリア	95	190
カナダ	108	317

出典：衆議院（2012）『選挙制度関係資料集　平成24年版』

アメリカに比べれば少ないものの、その他イギリス、フランス、ドイツなどと比較すると、日本では1人の衆議院議員が、2～3倍以上の数の有権者を代表している状況であることがわかる。

　情報通信技術の発達によって議員の政治活動における物理的な制約が大幅に軽減されたことを理由に、過去より少ない数の議員でも十分有権者の意思を代表できると考えている人もいるだろう。しかし、ここで重要なのは、1人の政治家がどの程度まで広い選挙区をカバーできるのかという問題ではない。選挙区は同じであっても、個々の有権者がもっている政策選好は一様ではないので、十分な数の代表者が選ばれることによって、異なる意見をもつ有権者の意向をより細かく反映できるようにすることには意義がある。

　さらに、代理人の選出にかかわる有権者グループの規模が大きくなればなるほど、選挙民の間で集合行為問題が深刻になる可能性がある点にも注意が必要である。日本では、2019年参院選の投票率（選挙区選）が48.80％となり、過去最低だった1995年参院選（44.52％）に次ぐ低投票率となった（→第4章図表4-1）。投票参加は、有権者同士の協力を必要とする一種の集合行為であり、選挙区規模が大きくなればなるほど、有権者はフリーライダーとなり棄権する可能性が高くなる（Horiuchi, 2005）。選

挙後に議員が代表として活動する際にも、選挙区の規模が小さい方が、政治家に対する監視が容易となり、有権者に対する説明責任を果たしやすくなる。

日本で2016年参院選から導入された**合区**（鳥取県・島根県、徳島県・高知県）は、代表者数の変更が本人・代理人関係に与える影響について検討できる1つの良い事例である（**→第3章4（2）**）。具体的にどのような変化が見られたのかについてはさらに分析していく必要があるが、合区実施が投票率にマイナスの影響を与えている可能性が指摘されている（塩沢、2017）。候補者1人がカバーしなければならない選挙区の空間的な領域が広くなったことによって、政治家が有権者と接触できる機会が減少したことが1つの要因として考えられる。

このように、議員の本来の仕事は、有権者を代表することである。安易に「身を切る改革」を主張する前に、有権者を代表する代理人の数が減ることで、有権者と政治家の関係にどのような影響が見られるのかについて、より慎重に検討する必要がある。

（2）政治家の劣化が進んでいる？

議員としての素質がない政治家が増えているという指摘もある。自民党が大勝し民主党から政権を奪還した2012年衆院選で大量に初当選した自民党議員のなかには、不祥事によって物議を醸す事例が散見され、同期の議員たちは「魔の〇期生」と揶揄されるほどであった。2012年当選組に限らず、政治家の質が低下しているという指摘はよくみられ、その原因として選挙制度改革が指摘されることが多い。

政治家の劣化という現象が実際に起こっているのか否かを判断するためには、まず政治家の質を客観的に測定するための基準を定めたうえで、より厳密にその変化の有無を検証する必要がある。たしかに、選挙制度改革の結果、議席数の変動幅が大きくなり、急激に新人議員が増えた点は、政治家の質と無関係ではないと考えられる。政治家としてリクルートできる人材プールが限られている中で、1つの政党が急激に議席を増

やすことによって、あまり政治家としての素養も備えていない人物が大量に政界に入ることになれば、平均的な政治家の質が下がることは避けられないだろう。通常、自民党では新人議員が入ってくると、党内派閥に所属しながら若手議員としての「教育」を受けることになるが、同じ時期に多数の新人議員が入ってくると、そのような教育が行き届かないこともありうる。また、そもそも派閥の影響力が低下しているといわれている中で、派閥に代わる存在として政党執行部が同様の機能を担当することが期待されているものの、それもやはり新人議員の数が多くなるとうまく機能しない可能性が高い。

このような問題に対応するため、新人議員に対する研修を強化するなど、政党の政策的なイデオロギーを共有するとともに忠誠心をもつ議員を「育成」していくための方法を模索する動きがみられている（「『生き残る新人』どう育成」日本経済新聞、2013 年 8 月 16 日朝刊）。

（3）政治家は腐敗している？

政治家が腐敗しているという批判も根強い。実際に「政治とカネ」にかかわるスキャンダルが発生するケースは多く、そのたびに政治家の権限を制約すべきだという議論が活発に行われてきた。その結果、歴史的に政治資金に対する規制は、少しずつではあるが厳しくなってきた。

元来政治家がもっている権限は、政治家の活動を支え、代理人としての役割を果たせるようにするためのものである。政治家の権限に制約を設ければ、政治腐敗を防止でき、有権者のために忠実に仕事をさせることができるという考え方には問題がある。政治活動に必要な政治資金の資金源となる政治献金を断つ代わりに、政党助成金を支給することでクリーンな政治を達成できるという考え方もあるだろう。しかし、政治献金も政治参加の一形態であり、政治家と有権者とのつながりを形成するための手段でもある。安易にそのつながりを断とうとするのではなく、政治家がどこから献金を受けてその資金をどのような使途で支出しているのかを詳細にわかりやすく開示することで、その透明性を確保して有

権者にさらなる判断材料を提供する方がより望ましい。

　日本の**政治資金規正法**は、政治家に対する企業・団体献金を禁止するなど政治資金に対する質的規制を強化すると同時に、その献金額についても量的な規制をかけている。しかし、その規制には抜け穴が多いことが問題となっており、逆に、政治家への資金の流れが把握しにくくなっているという指摘もある。透明性を確保するための規制強化も行われたが、政治家の政治資金収支報告書の内容にアクセスし、その内容を理解することが非常に難しくなっており、有権者にとって政治資金の流れについて情報を入手することは未だに難しい状況である（**→おすすめの本・ウェブサイト**）。

　今後は、政治家が政策的な専門性を高め、有権者とのつながりを強化するために必要となる資源を十分確保できるよう、政治資金に関する過度な規制は見直すとともに、政治資金の流れそのものの透明性を強化する方向で政治資金規制を改良していくべきであろう。

4　代理人である政治家を使いこなすには──

（1）選挙によるコントロール

　政治家は有権者のことを考えず私利私欲ばかり追求する「利己的な存在」なのか。公共の利益や有権者のことだけを考えて奉仕する献身的な政治家を理想として考える人も多いだろう。もちろん献身的に有権者のために働く政治家は高く評価されるべきであろう。しかし、合意形成メカニズムが、政治家個人の「質」のような属人的な要素によって左右されることなく安定的に継続できるようにするためには、「利己的な存在」としての政治家を前提にしたうえで、それでもなお社会全体のための調和のとれた合意が得られるしくみをつくる必要がある。現代の代表制民主政治において、そのしくみの根幹を成しているのがまさに選挙であり、再選という目標が政治家の行動をコントロールする鍵となる。

　選挙プロセスによって政治家を使いこなすためには、再選を追求する

政治家が、選挙を通じて有権者の意思を意識しながら行動するようにすることが重要である。本人である有権者の政治的な無関心は、代理人である政治家のモラルハザードを引き起こす原因となる。代理人は本人に対して説明責任を負っているからこそ、常に本人の意思を意識しながら自分の行動を調整するのであり、民主主義における平等な政治参加を可能にする投票は極めて重要である。

　単に選挙に参加しているだけではなく、有権者がどのような判断基準で投票しているのかを、政治家側に明確に伝えることも重要である。有権者の積極的な政治参加を前提とすれば、有権者が関心をもっている政策争点は、政治家にとっても優先順位が高くなる。そういう意味で、選挙の時だけ投票という形で政治に参加するのではなく、普段から私たち有権者と政治家とのつながりを意識しながら、自らの意見を政治家側に伝えていくことも重要である。直接、政治家側に意見を伝える形式をとらなくても、普段から用いている情報媒体で自分の意見を主体的に発信していくことができれば、何らかの形で世論形成にかかわっていくことが可能になる。

（2）選挙制度と本人・代理人関係のあり方

　ところが、最近の日本政治の状況を見ると、投票率の低下傾向が続いている。このまま投票率の低迷が続くと、本来、本人と代理人とのつながりを確かめることによって、政治家の行動を規定する役割を果たすはずの選挙があまり機能しないおそれがある。たしかに、有権者の中には、誰に投票してもあまり政治は変わらないと考えている人が多くなっており、投票しないという選択をする有権者にもそれなりの理由があるといえる。

　どのようなルールの下で選挙が行われるのかは、有権者と政治家との本人・代理人関係のあり方を決める。多数決型か比例型かによって、本人に対してどのような形で説明責任を果たすべきかが変わってくる（→第3章）。自分が支持する候補者に誠実に投票したところで、それが選挙

結果に反映されず**死票**になってしまえば、政治に対して何らかの影響を与えているという政治的有効性感覚の低下につながる。

　1994 年の選挙制度改革は、既存の選挙制度がもっている問題点が明確に意識されている中で実施されたものであった（→**第 3 章 3（2）**）。意図した通りの結果をもたらしたのかについて評価が分かれるところである。

　衆議院議員総選挙に小選挙区比例代表並立制が導入されたことによって、有権者の意見表出よりも効率的な意見集約の方がより重視されるようになった。有権者からの得票率と各政党の議席率があまり比例しなくなり、選挙で勝利した勢力に得票率よりもはるかに大きな議席数を与えることになった。2009 年と 2012 年には、一連の政権交代を経験することによって、選挙による政権選択が政党と政治家に緊張感をもたらすことになったが、2012 年以降は野党が分裂する中、与党中心の一強体制が続いている状況である。

　政治家を十分にコントロールできていないという自覚があれば、現在の選挙制度が適切に機能しているのかについて検証し、制度を改良していくことも大事である。選挙制度の変更は、既存の選挙制度の下で当選してきた政治家側の反発も大きく、制度の内容によって政治アクター間の損得が異なるため、合意形成が極めて難しい。しかし、選挙制度をすでに与えられたものと考えてその改良を諦めるのではなく、政治家という代理人に緊張感をもって活動させるにはどうすればよいのか、議論をしていくことは極めて重要である。

column 5
日本の女性議員

　日本の女性議員は非常に少ない。2019 年 9 月現在、国会の女性議員の比率は、衆議院が 10.1%、参議院が 22.9% である。**列国議会同盟**（IPU）がまとめたデータをもとに、世界 193 か国の一院制議会または下院における女性議員の比率を比較してみると、日本は 164 位であり、先進国の中で最下位となっている（IPU, 2019）。

　日本の女性議員が極端に少ない理由としては、議員になるまでのキャリアパスの面で女性には男性のような一定のパターンが存在しないため、専門性と知名度を備えた限られた女性しか政治家になれない点、衆議院が採用している小選挙区制中心の多数決型選挙制度が女性候補者の擁立を難しくしている点など、様々な要因が女性の議会進出の障壁として指摘されている（三浦編著、2016）。

　日本でも女性の過少代表問題を解決するための運動が一定の成果をあげ、2018 年 5 月、国会および地方議会の選挙において男女の候補者数ができる限り均等になることを目指す法律、「政治分野における男女共同参画の推進に関する法」が成立・施行されることになった。

　2019 年参院選は、同法が施行されてから初めて実施される全国規模の国政選挙であり、各政党がどのように対応するのか注目を集めた。女性の候補者は 104 人で、全体の 28.1% を占め、これまでの参院選で過去最高を記録した。一方、政党ごとにみると、社民党、共産党、立憲民主党のように候補者の女性比率が 50% を超えるかほぼ均等に近づいた政党があった反面、与党自民党の女性比率は 15% にとどまった（日本経済新聞、2019 年 7 月 5 日朝刊）。

　今後女性議員を増やしていくためには、各政党にクオータ制を採用するように促すこと、女性が立候補しやすくするための環境づくり、選挙制度の改良などに向けて、さらなる努力が必要である。

おすすめの本・ウェブサイト

📰 **政治資金センター**
(https://www.openpolitics.or.jp)

　政治団体の政治資金収支報告書をデジタル化し、文字検索も可能な PDF ファイル
で公表しているウェブサイト。有権者がアクセスし閲覧することが難しい政治資金収
支報告書を収集し、誰もが手軽に閲覧できるように公開している。

📰 **国会議員白書**
(https://kokkai.sugawarataku.net)

　第 2 次世界大戦後の新憲法の下で実施された国政選挙で当選した衆参両院全議員
の国会での活動をまとめたウェブサイト。選挙出馬履歴、本会議での発言、委員会で
の出席と発言、質問主意書などのデータが入手できる。

📖 **三浦まり編著（2016）『日本の女性議員──どうすれば増えるのか』朝
日選書**

　日本の女性議員について、ジェンダー研究の専門家による共同研究の成果をまとめた
本。日本の女性議員が少ないのはなぜか、男性議員と女性議員の政治意識には違いがみ
られるのか、女性議員を増やすためにはどうすれば良いのかなどについて論じている。

参考文献

飯田健・上田路子・松林哲也（2011）「世襲議員の実証分析」『選挙研究』26 巻 2 号、139〜153 頁。

佐藤誠三郎・松崎哲久（1986）『自民党政権』中央公論社。

塩沢健一（2017）「選挙区域の拡大が投票率に及ぼす影響──鳥取・島根両県における『合区
　選挙』実施を踏まえて」『選挙研究』33 巻 2 号、5〜20 頁。

衆議院（2012）『選挙制度関係資料集　平成 24 年版』。

建林正彦（2004）『議員行動の政治経済学──自民党支配の制度分析』有斐閣。

東京大学谷口将紀研究室「東京大学谷口将紀研究室・朝日新聞社共同調査（東大・朝日調査）」
　（http://www.masaki.j.u-tokyo.ac.jp/utas/utasindex.html）（2019 年 8 月 30 日）

濱本真輔・根元邦朗（2011）「個人中心の再選戦略とその有効性──選挙区活動は得票に結び
　付くのか？」『年報政治学』62 巻 2 号、70〜97 頁。

三浦まり編著（2016）『日本の女性議員──どうすれば増えるのか』朝日選書。

山本健太郎（2010）『政党間移動と政党システム──日本における「政界再編」の研究』木鐸社。

Horiuchi, Yusaku（2005）*Institutions, Incentives and Electoral Participation in Japan*：*Cross-
　Level and Cross-National Perspectives*, Routledge.

Inter-Parliamentary Union（2019）*New Parline*：*the IPU's Open Data Platform*（https://
　data.ipu.org）（2019 年 9 月 23 日）.

Transparency International（2013）*Global Corruption Barometer 2013*：*Report*（https://
　www.transparency.org/gcb2013/report）（2019 年 9 月 23 日）.

第6章
政党
——信頼されないけれど政治に欠かせな
　い存在

　第2章でもみたように、現代日本政治の中核となってきたのは、間違い
なく政党である。

　政党は、私的結社として狭く厚い部分的な利益を反映し競い合うところ
から、徐々に公的な役割をもつようになっていった。だが、社会経済的な
成熟は有権者の政党への帰属意識を低下させ、政党は幅広く薄く有権者に
アプローチしていく組織形態に変化し、選挙至上主義的な性格を強めた。
こうして政党組織の緩みが進み、有権者と政党の距離が広まっていった。

　一方、日本では戦後長く自民党が分権的な性格をもちながら政権を維持
し、一党優位政党制が形成された。民主政治の再活性化を目指して行われ
た、衆議院での小選挙区制を中心とした制度の導入は、二大政党を中心と
した政党制（政党システム）と政権交代をたしかにもたらした。しかし、多
党制に向かわせる力も弱くなく、現在は再び自民党一党優位の状況となり
つつある。政党そのものへの不信の強さとともに、政党制をどう健全に機
能させるかも大きな課題となっている。

1　政党とはどのようなものか――――――

（1）私的な結社から公的な役割を果たす存在へ

　政党。現代の代表制民主政治を機能させていくうえでなくてはならない存在で、私たちの声を政治につないでくれる大切なものである。ところが、政党への批判は古くからやまず、既成政党に対する不信も、日本を含む先進国で決して小さくない。政党とはいかなるものなのだろうか。

　政党は、英語で Party という。本来的には私的な結社であり、社会における部分的な利益を代表するものとして発展してきた。政党の最も重要な活動の場所は、今も昔も議会である。かつての身分制議会で、国王と対峙して各身分の特殊な利害を代表した議員たちの集団が、政党の源である。政府や国王の側からすれば、政党が場合によっては自らの特殊な利害に固執し、国益に反する行動をとることもあるのではないかと思われた。このように否定的に捉えられるがゆえに、政党は徒党と揶揄されることもあった。

　ところが、19 世紀から 20 世紀にかけて、政治の民主化（大衆の政治参加）が進み、次々と新しい政党が誕生して、議会政治が活性化するようになる。そうすると、政府の側も自らが関与して政党をつくり、政局をコントロールしようと試みるようになる。日本の戦前の政党政治を二大政党の一翼としてリードした立憲政友会（1900 年結党、初代総裁・伊藤博文）も、このような背景からつくられた。

　こうして、本来的には私的な結社である政党が徐々に公的な存在となり、国家の経営と民主政治の健全な運営に不可欠な存在として浮かび上がってくることとなったのである。

（2）政党に関する規定と定義

　ところで、日本国憲法には政党に関する明確な規定が存在していない。また、政党について 1 つの定義が明確になされていることもなく、公職

選挙法や政党助成法、政治資金規正法といった政治に関する重要な法律において、各々の法律の目的に従って一定の定義がなされているにすぎない。そこで、現代の日本においても、政党を名乗る多様な団体が存在しているのである。

　では、政党について一般的にはどのように定義することが可能だろうか。たとえば、岡澤憲芙は、全体的な政治権力の獲得・行使・維持を行うものだとした（岡澤、1988）。あるいはサルトーリは、選挙における公式のラベルによって身元が確認され、選挙を通じて候補者を公職に就けさせる政治集団だとした（サルトーリ、1992）。

　ところが、世の中にある政党には、候補者を通じて党の名前を売ることに専念し、選挙で当選させ、議会で有権者の代表として活動することを必ずしも目指していないと思われるものもあれば、権力（政権）を獲得することにまるで興味のなさそうなものもある。つまり、政党について確固とした定義を行うことは、実はそれほど簡単ではないのである。

　そこで、ウェアは政党について次のように定義した。すなわち、しばしば政府の役職を獲得することを目指すことにより国家に対する影響力を追求する一方、社会の利益の集約をある程度まで目指す組織である、というのである（Ware, 1995）。

（3）政党が果たす機能

　このように政党を定義するうえでも、政党の果たす機能とはどのようなものか考える必要がある。1つは、政策を形成する機能である。有権者や利益集団とつながって、それらの利益を集約・調整したうえで、政策をつくり、選挙で公約（マニフェスト）として掲げ、有権者の信任を得たうえで実現に向けて動いていく。

　2つ目は、政治を運営する機能である。今日では、政党なしに政府を形成し、首相や大統領など政治的な指導者を選抜することはできなくなっている。

　3つ目は、新人を発掘して政治家として育て、登用する機能である。

政党が組織として発展するためには、常に新陳代謝を図ることが重要となる。

　そして4つ目は、有権者を教育・啓蒙する機能、**政治的社会化機能**である。現在の政治で重要な課題や争点は何か、必ずしも政治に興味をもつ人ばかりではない中で、政党が有権者にわかりやすく提示していくのである。

（4）なぜ政党は必要なのか

　今日では、ますます発達してきているインターネットなど情報通信環境を活用して、政党や政治家を介さずとも、有権者が直接政治的な意思表示を行い、決定することが可能ではないか。このような声をよく聞くようになった。それでも、政党は必要なのだろうか。政治家、有権者それぞれにとっての観点から考えてみよう。

　政治家にとっては、自らの政策を実現するためには議会で議案を通さなければならない。そこで、結果として似たような志向をもつ議員同士が緩やかに集団を組むようになり、やがて政党に発展する。実際、事前に議員間である程度議案への賛否を調整しておけば、可決か否決かを見通して、政治の混乱を防止することができるだろう。また、選挙で当選し、よりよい役職に就くという野心をもつ政治家にとっては、政党に所属することによって必要なコストを節約することができる。さらに、政党の側からすれば、政治家の造反を防ぐために、選挙での公認や政治資金など、メンバーに固有の利益を与えることもできる。

　有権者にとってみると、個別の政治家とつながることはそれほど容易なことではない。こうした中で政党は、政治家の政策の傾向等の情報を、政党名というラベルを通してある程度示してくれる。つまり、有権者にとっての情報コストを減らしてくれる存在である。また、労働組合（社会党や労働党）、環境保護団体（緑の党）、宗教団体など、特定の集団の利益を代表するものとして政党が結成されてきたという歴史もある。

2　政党組織のあり方 ─────────────

（1）政党組織の歴史的な変化

　政党がうまく機能するためには、有権者を巻き込みながらその組織を充実させなければならない。政党は、時代とともにその組織形態を変化させてきた。

　デュベルジェは、政党を大きく幹部政党と大衆政党とに分類した（デュベルジェ、1970）。幹部政党は、選挙権が制限されていた時代のイギリスの政党が典型で、地位や資金力に優れた地方の有力者（幹部）を中心に、エリートとしての議員同士が議会内で緩やかにつながり、クラブ的な性格をもっているのが特徴である。分権的な組織をもち、議員の自律性が強く、保守主義や自由主義を掲げる。

　一方、大衆政党は、選挙権が拡大していく中で広まった組織形態であり、幹部や議員だけでなく、議会外の一般党員・活動家や大衆組織を基礎として成り立っているのが特徴である。集権的で結束力が強く、党としての決定は拘束力をもつものとなる。議員以外が指導者として統率することもあり、社会主義政党や宗教政党などによくみられる組織形態である。

　大衆政党組織の発展を支えたのは、政党間の**イデオロギー**や政策をめぐる対立の激化であった。ところが、日本を含む先進国では高度経済成長を経験して、経済的な利益の分配こそが政治の役割となってくる。人々が経済的な豊かさを享受し始めるにつれて、資本家対労働者といったイデオロギーに基づく対立構造や支持調達のあり方は徐々に意味を失い始める。

　こうして、特定の支持層に限られず、選挙民全体の支持を得ようとする政党が出現する。これが包括政党である（Kirchheimer, 1966）。包括政党は、イデオロギーや主義主張に基づく特定の利益集団との結びつきよりも、複数の集団とかかわりながら、多様な利害を調整する役割を担う

ようになる。そこで、政党間の政策提案の違いは小さくなり、政治刷新
も穏健なものとなりがちである。有権者からすると、現実的な選択肢を
より選びやすくなるかもしれないが、政策の違いが不明確になりわかり
づらいという面もあるかもしれない。

　やがて、政党と市民社会・有権者との間の距離が広がり、それまで築
き上げられてきた政党の組織はますます緩んでいく。さらに、経済成長
に限界がみられるようになり、今日のように経済の国際化が進むと、政
府や国家の役割が衰退し、利益分配を前提とした政治の運営も難しくな
る。こうして、政党の性格は変化を遂げることになる。

　すなわち、政党にとって有権者との利害関係に基づいて政策を実現す
ることが第 1 の目的ではなくなり、とにもかくにも選挙で勝利すること
が第 1 となり、政策はそれを実現するための手段と化してしまうのであ
る。そこで、専門家の力を活用しながらマスメディアを利用して世論や
選挙民に直接アピールし、党首や政治家個人のリーダーシップや能力を
強調して選挙での勝利を優先的に考える選挙プロフェッショナル政党
（選挙至上主義政党）へと移行することとなる（パーネビアンコ、2005）。

（2）現代日本の政党組織のあり方①：自民党

　現在の日本の政党についてはどのような見方ができるだろうか。自民
党は、ヨーロッパの保守政党のような幹部政党の性格をもってスタート
し、1970 年代にかけてたびたび大衆組織政党への脱皮を図ってきたが、
結果としては十分に進まず、現在でも政治家が主体となる議員政党とし
ての性質が極めて強い。

　衆議院の中選挙区制時代、全体として過半数の議席を獲得するために、
自民党の候補者同士が同じ選挙区で対決することがしばしばあった。そ
うすると、自民党政治家は互いにライバルとなり、別々の派閥に属する
とともに、個人後援会を組織して、利益誘導を競い合い、自らの支持基
盤を醸成することに力を注ぐことになった。

　1994 年以降、衆議院に小選挙区制が導入され、政党同士の対決促進が

図られたが、政治家の個人後援会は維持され、政治家個人の地盤・看板・カバン（資金力）を受け継いだ世襲政治家も多く活動している。自民党の支持がもともと厚い地方部を中心に、確固とした個人の地盤をもつ政治家たちの連合体としての性格を未だに維持している。

その一方で、高度経済成長を通して経済的な豊かさがある程度実現し、また人口移動の結果、選挙における議席の比重は、徐々に都市部に移動してきた。政権の長期化や野党の無力さ、また無党派層の増大などを背景に、自民党は1980年代にかけて包括政党としての性格を強めた。

だが、1990年代以降は長期の不況でかつてのような利益誘導が難しくなり、党員数が最盛期に比べて大幅に減少する中で、移り気な有権者たちをつかんでいかに選挙で勝利するか、メディア戦略を強化した選挙プロフェッショナル政党としての側面も強まっている。このように、時代の流れに応じて、融通無碍に社会の変化に適応してきたことが、自民党の強みかもしれない。

（3）現代日本の政党組織のあり方②：自民党以外

これに対し、55年体制のもとで自民党に対峙してきた社会党は、大衆政党的な組織形態をもちながらも、自前での党員数は自民党に比べ伸びなかった。党勢拡大にあたっては支持基盤である労働組合や社会主義理論を信奉する活動家たちに大いに依存していたのである。このため、党の方針の現実化が遅れ、労働者のための党という性格から脱皮しきれずに支持層を十分に拡大できなかったことは、自民党長期政権の持続を後押しすることとなった。

2009年から3年余り自民党に代わり政権を担った民主党も、連合（日本労働組合総連合会）を最大の支持組織としていたが、政権交代を目指して勢力を拡大する中で、労組出身議員の割合は減少し、多様な背景をもつ議員が党に集まってきた。

その結果として、かつての社会党と比べて自民党に対抗する現実的な選択肢として有権者にアピールすることが可能となったが、政策的な多

様性は「バラバラだ」との批判を招き、実際に党内グループの一体性の欠如がしばしば指摘され、党首選のたびに激しい党内対立が展開されるなど、合意形成の難しさが与党となってからも足かせとなった（前田・堤編著、2015）。

　また、党員・サポーター数は自民党にはるかに及ばず、合併により大きくなる中で政党としての十分な組織的な基盤をもたないことから、都市部を中心に自民党に批判的な無党派層を主たるターゲットとして、マニフェストを通して自民党に対抗する現実的選択肢としてのイメージを確立し、選挙で議席を積み重ねる選挙プロフェッショナル政党的な戦略をとった。

　その結果、2009年衆院選では「政権交代。」をキーワードに、自民党の自滅もあり全国的に圧勝したものの、政権交代を果たすことを優先した結果として、選挙で提示したマニフェスト・政策の不備が次々と明らかになった。このことは、民主党の政権担当能力への深刻な懐疑を有権者に植え付けることとなった。

　地方では民主党が政権についた後も、前述したとおり自民党（の政治家）の基盤が根強く存在し、2017年には立憲民主党と国民民主党に分裂するなどし、かつての民主党勢力は今日に至るまで確固とした支持基盤を築くことができていない。さらに、民主党が元来得意としてきた都市部でも、第2次安倍政権がアベノミクスの実績を掲げて長期化する中で自民党に勢力を奪われてきた。こうして旧民主党勢力は未だ浮上のきっかけを十分につかめないでいる。

　共産党や公明党はいずれも大衆政党的な性格が強く、政党としての確固とした指揮系統や支持基盤をもって組織的に動くことが特徴である。しかし、両党ともに支持層の高齢化が進んでいるといわれる。また、小選挙区制を主体とする衆議院の選挙制度のもとで、中小政党である両党は議席獲得のために腐心している。

　公明党は1999年以来自民党と連立を組んで、選挙協力を継続している。一方、共産党は長く他の野党とは一線を画していたが、第2次安倍政権

になって、選挙協力（野党共闘）を推進する形に転じた。だが、両党とも他党との協力を深めれば深めるほど、党としての独自性や存在感をどうアピールしていくかが課題となっている。

（4）日本における政党派閥の役割

　ここまで、政党の分類と日本の各政党について説明してきたが、自民党や旧民主党に関する説明でもわかるように、政党は必ずしも一元的な組織とはいえない。特に自民党については、派閥と呼ばれる党内グループが形成され、大きな役割を果たしてきた。

　それでは、なぜ自民党の派閥構造が促進されたのだろうか。第1に、自民党が保守合同により結成されたことが挙げられよう。そもそも多様な党内集団が存在していた。第2に、議員の規模が極めて大きく、党内の意思決定を効率的に行い、分裂を防ぐうえでプラスに働いた。

　第3に、前述した通り、自民党の政治家が複数立候補する衆議院の中選挙区制のもとで、個々の政治家が選挙を勝ち抜き、選挙資金や政府・国会・党のポスト、情報を得るうえで有益であった。そして、第4に、派閥の領袖が総裁選で当選を果たすために、「数は力」と組織化を競った。日本に伝統的に存在する親分＝子分間の交換関係（**クライエンテリズム**）が派閥の領袖と構成員の間で形成され、派閥の結束は強いものがあった。

　もちろん、こうした政治家の利益の追求だけではなく、それぞれの派閥が政策集団として色合いの異なる政策を掲げ、有権者の多様な利益を反映し、党全体の政策運営の柔軟性につながったという点も重要である。

　派閥には、資金調達力と人心掌握術をもった領袖の存在が欠かせないが、組織としての派閥が発展するにつれて領袖の存在感は徐々に低下することになる。また、小選挙区制が衆議院で採用されたことによって、選挙区の公認手続きや資金配分の主導権が党の執行部に移り、総裁のリーダーシップが強調されるようになると、党における派閥の地位・役割は流動化することとなる。

　今日でも派閥は存在し続け、ポストの配分等で一定の役割を果たして

いるものの、その存在感は低下しつつあるといえよう。

（5）政党助成法と日本の政党組織

　1（2）で政党の定義について説明した際に、日本では個別の法律で
その法律の目的に従って定義がなされていると述べた。このうち、政党
助成法について説明しよう。

　そもそも、私的結社であるはずの政党は、いつ、どこで、誰が結成し
て運営し、解散しようと国の関与は受けなくてもよいわけだが、徐々に
公的な存在として認知されるようになり、国が国民の税金を元手として
資金を助成する制度が創設されるようになった。日本では、これが政党
助成法（1994年制定）という法律で規定され、政治資金規正法上の政治団
体であり、以下の要件を満たしたものに対して、**政党交付金**が支給され
ている。

　具体的には、①所属国会議員が5人以上いること、もしくは②所属国
会議員が1人以上、かつ、前回の衆議院議員総選挙（小選挙区または比例
代表）か前回の参議院議員通常選挙（比例代表または選挙区）か前々回の参
議院議員通常選挙（比例代表または選挙区）のいずれかの選挙における全
国を通じた得票率が2％以上であることが、政党助成法上の政党要件で
ある。

　政党交付金は、衆参両院での議員数と直近のこれらの選挙での得票を
もとに各党別の割合を算出して、各党に配分されることとなる。なお、
交付金の総額は、直近の国勢調査に基づいて人口1人あたり250円で計
算されており、毎年300億を超える額が分配されている。2019年分は最
も多い自民党に約176億円、次いで国民民主党が約52億円、立憲民主党
が約36億円と続き、最も少ないれいわ新選組にも約6700万円が支払わ
れることになった。

　日本でこうした政党助成制度が導入された背景には、1980年代末から
1990年代初頭にかけて、リクルート事件や東京佐川急便事件など、自民
党政治家が関係する汚職事件が相次いだことがある。

もちろん政党や政治家は、その活動のために一定の資金を必要とするが、企業や団体から提供される政治献金についてはどうしてもそれへの見返りを与えることを意識せざるを得なくなる。そこで、政党が民主政治の健全な運営に不可欠であり、公的な役割を果たしていることをふまえ、国家が政党にクリーンな政治資金を提供することによって、その活動を支えようということになったわけである。

　ところが、本来私的な結社である政党が国から資金を受け取って活動することは、政治活動の自由を制約することになるとの批判は根強く、実際に共産党は政党助成制度に反対して、政党交付金を一切受け取っていない。ただ、2017 年の政治資金収支報告書によれば、自民党の収入のうち政党交付金は約 68％を占めており、日本の主要政党にとって政党交付金はその組織運営になくてはならないものとなっている。

3　政党制（政党システム）

（1）政党制とその形成

　さて、本来的に部分利益を代表するものである政党同士がどのように協力し競合しているかは、その国や地域の政治のあり方を大きく左右することになる。もっと具体的にいえば、その国や地域において、いくつの政党が存在し、また政策的な距離はどの程度あって、勢力の分布や配置がどうなっているのかということが重要な問題となる。こうした政党間の相互関係が一定のパターンを形成するとき、それを一般に政党制（政党システム）と呼ぶ。

　それでは、政党制はどのようにして形成されるのだろうか。デュベルジェは、選挙制度（投票方法）との関係で政党制が定まってくるとの見方を示し、一党制、二党制、多党制という 3 つに分類することができるとした（デュベルジェ、1970）。特に政党の数に着目した政党制の分類である。「小選挙区制は二大政党制をもたらし、比例代表制は多党制をもたらす」というデュベルジェの法則は有名である。

このように、選挙制度が政党制に及ぼす影響は決して小さなものではなく無視できない一方、リプセットとロッカンは、西欧諸国の近代化・工業化のプロセスにおいて社会勢力間に生じた社会的亀裂に着目し、政党制がそれらの亀裂を反映しているという観点から、政党制の違いを説明しようと試みた（リプセット・ロッカン、2007）。

さらに、言語や宗教の共同体が国の中で分かれている場合に、それを反映する形で異なる政党の形成が促進され、政党の多様性が増すことがしばしばある。そして、日本の政党交付金のような政党に対する国庫補助制度は、普段は議会で対立する政党同士であっても、自分たちに利益になるように協働して制度設計を行うことが多い。既成政党がいわばカルテルを組んで既得権を守る形となり、しばしば新党の参入を阻害することとなる（カルテル政党）。

（2）サルトーリの政党制分類

1970年代になると、サルトーリが政党の数に加えて、政党間のイデオロギー距離という新たな変数にも着目して政党制を考えることを提唱した（サルトーリ、1992）。数とイデオロギー距離に基づいたサルトーリの政党制の分類は、以下に示す通りであり、今日でも政治学の世界で大きな影響を与えている。

まず、非競合的な政党制として、一党制（ただ1つの政党のみの存在が許され、政治システムを支配する）とヘゲモニー政党制（複数の政党が存在できるが、制度上、特定政党のみが圧倒的な力を握る形になっている）とが挙げられる。

次に、競合的な政党制として、**一党優位政党制**（複数の政党で自由な競争が行われるにもかかわらず、1政党が常に他党を圧倒している）、二大政党制（政治システムの中心としての二大政党が政権交代をめぐり争う）、穏健な多党制（3〜5のイデオロギー距離が小さい政党間で競合し、安定的な連立政権が組まれやすい）、分極的多党制（6〜8のイデオロギー距離が比較的大きい政党間で競合・連合し、不安定な政権になりやすい）、そして原子化政党制（イデオロギー距離の大きい無数の政党が競合する）が挙げられる。

これらの分類のうち、代表的なシステムは、一党優位政党制、二大政党制、多党制ということになるだろう。

（3）現代日本の政党制の変化①：中選挙区制時代

　1955年から1993年にかけての自民党長期政権下の日本の政党制は、一党優位政党制に分類される。自民党と社会党が対峙するいわゆる55年体制のもとで、保守と革新というイデオロギー対立や、経営者と労働者の対立という社会的亀裂を反映した政治がダイナミックに展開した。

　だが、戦後の民主化を受けて、たしかに自由で民主的な選挙が繰り返されながら、結局自民党以外が政権を担うことはなかった（自民党に対して社会党がおよそ半数の議席数であることから、「1と2分の1政党制」とも呼ばれた）。こうした戦後日本の政党政治のあり方については、他の民主主義国とは違うという特殊性が強調されることが多かったが、サルトーリの分類によって、国際的な政党制比較の対象として本格的に加わっていくこととなった。

　日本では戦前の1928年から1993年まで（1946年を除く）、衆議院選挙が中選挙区制の下で行われてきた。選挙制度の詳細については、**第3章**の説明に委ねるが、中選挙区制とは1選挙区から原則として3〜5名の議員を選出する制度である。

　自民党は、派閥の対立を抱え、分権的な運営を強いられながらも、政権党であることの利益を求める点では党内が一致し、中選挙区制の下で議会の過半数の確保を目指して複数の候補者を擁立してきた。だが、社会党をはじめとした野党は、確実に候補者を当選させるために自分たちの支持基盤をふまえて徐々に候補者を絞り込んでいき、政権交代を実現する熱意が失われていくことになった。

　自民党政権が続く中で、党内の派閥対立や政策路線の違いをふまえた首相・内閣の交代は**疑似政権交代**と呼ばれた。同じ自民党の政権でありながら、ある政権が政策面で右に振れ過ぎたとすれば、次の政権で振り子のように左側に揺り戻していき、そして人事も刷新することで、有権

者にある程度の新鮮さを与え、自民党への飽きの感情を緩和していた面がある。

　しかし、1980年代の竹下登政権の頃には自民党の派閥はいわゆる総主流派体制となり、派閥競争が衰退するとともに、発足から30年以上が経った自民党長期政権の弊害が顕在化してくることとなった。そこで、政権交代による健全な民主政治の発展を目指して、1994年、衆議院に小選挙区制を中心とした選挙制度が導入された。

（4）現代日本の政党制の変化②：小選挙区制時代

　小選挙区制では1選挙区で1名の候補者のみが当選するために、自民党に対抗する野党の連合・合併が進み、2000年代半ばには、自民党とそれに対抗する民主党という二大政党が競争する政党制が出現し（大川、2011；中北、2012）、それが日本においてそのまま発展するかと思われた。

　ところが、現在の日本の国政選挙では衆議院・参議院ともに、中小政党が生き残ることのできる比例代表制も採用している。また、2009年に一度は政権についた民主党が党内対立によって一体性を失い、最終的には分裂したことにより、多党化が促進されてきた。

　こうして、特に小選挙区では大政党である自民党に有効に対抗できる態勢が野党側に整わず、今日では長い歴史と豊富な政治的資源を有する自民党が、固定的な選挙基盤をもつ公明党を味方につけながら優位に立つ一党優位の状態に戻りつつあるとの指摘も出てきている。

　野党側では、第三極として自民党とも他の野党とも一線を画そうとする勢力のうち、今日では大阪の地域政党（大阪維新の会）から発展してきた日本維新の会が一定の勢力を確保している。2019年参院選では、維新が他の地域政党と連携する動きもみられた。その一方で、前述の通り共産党が野党共闘を推進し、さらに連合政権実現に向けた交渉を呼びかけるといった変化もみられている。

　一度は二大政党化の動きをみせた日本の政党制だが、衆議院に小選挙区制を主体とする選挙制度自体は残る中で、特に自民党に批判的な政党

がどのような連携・競合の動きをみせるかが、今後の展開を占う1つの要素となるだろう。

4 日本の政党・政党制の可能性

　欧米各国では、今日、グローバル化や技術革新が進む中で、いわゆる中間層が政治的な疎外感を深めている。それを好機として、既成政党を批判し、カリスマ的なリーダーを擁するポピュリズム政党が支持を伸ばし、これまでの政党システムのあり方を揺るがしている（谷口・水島編著、2018）。

　日本において、現状ではポピュリズム政党が既成の政党の基盤を揺るがすほど台頭しているわけではない。自民党が結党以来ほとんどの時期で政権を担い、その戦略的柔軟性も相まって、多様な有権者をうまく吸収してきたとみることもできるだろう。

　1990年代の政治改革では、政権交代、政党の成熟と政策本位の政治の実現による民主政治の活性化が目指された。現実に、個人から政党中心の政党政治へと変化した（濱本、2018）という評価がある一方で、日本が実際に経験した政権交代にあたっては、選挙至上主義的な政党のあり方が特に強まり、政策は選挙で有権者の支持を得るための政党の商品と化した。

　有権者とのつながりに基づいてその実現可能性が十分に重視されなかったことは、実に不幸なことであった。結果として、本章でこれまで議論してきたように、今日の日本の政党や政党制も他の先進国の例と同様に、有権者との距離をますます広め、根無し草のような形になってしまっている。こうして、有権者の政党に対する不信感もかなり強いものとなっている。

　財政難、少子高齢化、国際競争の激化など、日本政治を取り巻く環境は厳しい。かつてのような利益配分を中心としたあり方はもはや望めず、どの政党が政権を担おうと実施できる政策には制約が生じてくることに

なるだろう。

　だが、そうだとしても、本来的に部分の利益を反映する政党が、それぞれに有権者と結びつき、その声をしっかりと拾いあげて、その中から政策を丹念に練り上げていく重要性は、これからも変わらないはずである。代表制民主政治をとる以上不可欠な存在である政党が、不満に向き合いつつ、どう有権者との新しいつながりを創造していけるのか。健全な政党制を構築していくうえでも、今それが問われている。

column 6
ポピュリズム政党

　ポピュリズム。今日の政治でしばしば語られるキーワードであり、政治学者だけでなく様々な論者がこれについて議論している。大衆迎合主義などと訳されることもあるが、実は多様な概念を包含したものである。

　グローバル化が進展した結果として、中間層が没落し社会経済的な格差が広がった。また、国境を超えた政治的な統合は、各国政府の政策的な自律性を失わせていった。すると、各国で移民への反発が高まり、排外主義や文化的な保守主義が広まることとなった。

　こうした状況を受けて、ポピュリズムの名のもとに反エリート、反多元主義、反移民、さらには福祉の充実などを掲げる勢力が、既成政党を批判・攻撃の対象として政治の変革を訴えて先進各国で伸長し、有権者の不満をある程度吸収してきた。

　ポピュリズム政党は、特徴的なリーダーのもとで既存の政党政治から疎外されていた層をもう一度政治に動員し、民主政治の再活性化に貢献しているという見方もある。一方で、反対者を排除する傾向が強いなど、健全な民主政治を支えてきた理念や既成の政治制度のあり方を否定する側面もあるとの危惧も根強い。

　日本でも、ポピュリズムと結びつけて語られる政党や政治家が21世紀に入り出現してきた。今後も、諸外国と同様の国際的な波にさらされ、社会が成熟して高成長が期待できず、財政難と超少子高齢化が進んでいく。否応なく有権者の負担感は増し、既存の政治や政党に対する不満が噴出する可能性も全く否定はできないだろう。

　最近のポピュリズムの弱点としては、既存の秩序を崩すことはできても、新たに持続可能で有効なしくみを構想することができていない点がある。限られた資源を効果的に用いるために、有権者の声を腰を据えて聴き説得していく政党の回路の復興が、今こそ求められる。

おすすめの本・ウェブサイト

 東京大学谷口将紀研究室「東京大学谷口研究室・朝日新聞社共同調査（東大・朝日調査）」（http://www.masaki.j.u-tokyo.ac.jp/utas/utasindex.html）（2019年8月30日）

　2003年衆院選以来、国政選挙の機会に行われてきた東大・朝日調査（政治家・有権者調査）のデータが公開されている。データの分析を通して、政党の構造や政策、また政党間関係のありようの変化を読み取ることができる。

 中北浩爾（2012）『現代日本の政党デモクラシー』岩波新書

　日本の1990年代以降の日本の政党政治の変化について、特に二大政党制を志向した選挙制度改革や、マニフェストの影響などに着目しながら、「競争デモクラシー」という鍵概念を通して分析・検討している。

 待鳥聡史（2015）『政党システムと政党組織』東京大学出版会

　政党システムや政党組織について、マクロな社会経済動向と政治家や有権者など個々のアクターに着目したミクロな要因の双方に目配りしながら整理し、それをふまえて後半では現代日本の政党政治についての理論的説明を試みている。

参考文献

大川千寿（2011）「自民党対民主党——2009年政権交代に至る政治家・有権者の動向から」『国家学会雑誌』124巻1・2号、1～64頁、3・4号、1～55頁、5・6号、1～60頁、9・10号、1～23頁。

岡澤憲芙（1988）『政党（現代政治学叢書13）』東京大学出版会。

サルトーリ、ジョヴァンニ（岡澤憲芙・川野秀之訳）（1992）『現代政党学——政党システム論の分析枠組み〔新装版〕』早稲田大学出版部。

谷口将紀・水島治郎編著（2018）『ポピュリズムの本質——「政治的疎外」を克服できるか』中央公論新社。

デュベルジェ、モーリス（岡野加穂留訳）（1970）『政党社会学——現代政党の組織と活動』潮出版社。

パーネビアンコ、アンジェロ（村上信一郎訳）（2005）『政党——組織と権力』ミネルヴァ書房。

濱本真輔（2018）『現代日本の政党政治——選挙制度改革は何をもたらしたのか』有斐閣。

前田幸男・堤英敬編著（2015）『統治の条件——民主党に見る政権運営と党内統治』千倉書房。

リプセット、S.M・ロッカン、S.（白鳥浩・加藤秀治郎訳）（2007）「クリヴィジ構造、政党制、有権者の連携関係」加藤秀治郎・岩渕美克編『政治社会学〔第3版〕』一藝社、173～265頁。

Kirchheimer, Otto（1966）The Transformation of the Western European Party Systems, in Joseph La Palombara and Myron Weiner（eds.）*Political Parties and Political Development*, Princeton University Press, pp. 177-200.

Ware, Alan（1995）*Political Parties and Party Systems*, Oxford University Press.

第7章
国会
——多数決原理と少数派の権利の狭間で

　議会制度には、多数決の原理に基づいた意見集約と少数派の権利の尊重という、一見矛盾するようにもみえる2つの異なる役割が期待されている。日本の国会は、政治的意思決定のメカニズムとして、どちらの役割をより重視してきたのか。

　日本の国会制度には、少数派の権利を尊重する議事運営上の慣行が存在する一方で、与野党間の合意形成を強調するあまり著しく立法機能の効率が低下することを防ぐための多数主義的な対応策も備えられている。

　このような国会制度の特徴は、立法過程のあり方および政治アクターの行動にも影響を与えている。政府・与党は、限られた審議時間を効率的に利用するため、事前に政府・与党内の意見調整を終わらせておくことで安定的な法案成立を達成してきた。それに対して、野党は、審議を引き伸ばしながら与党から部分的な譲歩を引き出すか、与えられた審議時間を活用して法案の実質的な修正以外の目標を追求することで効用最大化を目指した。

　国会審議の形骸化や意思決定メカニズムの機能不全が問題点として指摘されている中で、古くて新しい課題として国会改革をめぐる議論が行われてきた。国会改革の問題は喫緊の政治課題であり、その重要性がますます高まっている。

1 国会に期待される2つの役割 ────────

(1)「決められない政治」と「強行採決」の間で

　国会は、有権者によって選出された議員によって構成される、国権の最高機関である（憲法41条、43条）。選挙で有権者からの委任を受けた代理人たちは、国会に集まり、社会における諸利害の対立を調整しながら、法律の制定、予算の審議、条約の承認、内閣総理大臣の指名など、様々な政治的な意思決定に必要な合意形成を行う。

　国の唯一の立法機関である国会でなされる決定は、最終的な法的規範としてすべての有権者に影響を及ぼすことになるため、国会の意思決定プロセスがいかに機能しているのかという問題は、国民にとって非常に重要な意味をもつ。

　それでは、まず一般有権者が国会についてどのように評価しているのかを確認することにしよう。いつの時点の国会を眺めているのかによって、人々が国会に対してもつイメージは大きく異なるだろう。たとえば、主に2007年参院選から数年間の国会を記憶している人なら、「決められない政治」として揶揄されていた国会の姿を思い浮かべるに違いない。2007年参院選の結果、自民党は歴史的な大敗を喫し、結党以来初めて、参議院第一党の座を譲った。野党は非改選議席と合わせて137議席（定員242）となり、参議院における安定多数を確保した。衆議院では、2005年総選挙で圧勝した自民・公明連立与党が引き続き圧倒的な多数を占めていたものの、衆参両院で多数派が異なる「**ねじれ国会**」が生まれ、参院で多数を握る野党の協力なしに法案は成立しなくなった。当時の自公連立政権は、インド洋給油法案や日銀総裁人事などをめぐり、国会での合意形成が困難になったことによって、厳しい国会運営を強いられた。また、2010年参院選で民主党が惨敗した後も、同様の状況が生まれた。当時国会が抱えていた最大の問題は、合意形成メカニズムが機能不全に陥り、効率的な意思決定ができなくなったことである。

一方、主に 2013 年参院選以降の国会の姿を覚えている人であれば、全く異なる印象をもっているかもしれない。2012 年総選挙で圧勝し政権に復帰した自民党は、次の 2013 年参院選でも大勝し、非改選を含む自民・公明の与党の新勢力は 135 議席（定員 242）となった。一方、民主党は結党以来最も少ない 17 議席にとどまり、衆参のねじれが 3 年ぶりに解消された。この時期には、採決をめぐって与野党の合意が得られず、野党の議員が審議継続を求めている状況で、与党が審議を打ち切って採決を行う事例がしばしば発生し、野党はそれを「強行採決」であると厳しく批判した。衆参両院で与党が圧倒的な多数派を占める中で、**安全保障関連法案**、IR（統合型リゾート）推進法案、出入国管理法改正法案などの主要法案の採決を急ぐ与党に対し、野党が「審議が尽くされていない」と反発する場面が目立っていた。この時期の国会運営については、少数派の意見をあまり尊重せず、強引に意見集約を急ごうとする姿勢を批判する意見が多くみられた。

　あまりにも時間がかかりすぎて何も決められない状況になるのは望ましくない。しかし、だからといって少数派の意見を全く聞き入れず、すべて多数派の思惑通りに決めるのも良くない。このように、国会に対しては、一見矛盾するようにもみえる 2 つの異なる役割が期待されている。以下では、一般的に議会制度に期待される 2 つの役割として、多数決の原理に基づいた意見集約と少数派の権利の尊重について検討する。

（2）多数決の原理に基づいた意見集約

　議会は、有権者からの委任を受けた代理人たちが議員として集まり、政治的な意思決定に必要な合意形成を行う機関である。すべての政治制度には、①多数決の原理に基づいた意見集約と②少数派の権利の尊重という 2 つの異なる価値の中で、どちらをより重視しているのかという判断が反映されている。選挙制度を、民意集約による多数派の形成と民意表出による多様性の尊重のどちらを重視するかによって、多数決型と比例型に分類できるのと同様（→**第3章**）、議会制度の場合も、どちらの価

値をより重視するかによって、各国が採用している議会制度には多様性がみられる。

　議会には基本的には、多数の意見対立を調整して合意形成を行うという役割が期待されており、できるだけ効率的に意見集約が行われる必要がある。選挙で代表を選出することである程度の民意集約が達成できたとはいえ、多数の議員間に存在する選好の違いを調整して合意を作っていく作業も決して簡単ではない。多数主義は、なるべく多くの人々によって支持される選択肢を、社会全体にとって最も望ましい選択とみなすことで、効率的な意見集約を可能にする。

（3）少数派の権利の尊重

　一方、ある合意形成メカニズムが安定的に機能するためには、意見集約の過程で取り残された少数派にも十分な意思表明の機会を与え、すべての構成員にその決定プロセスの正統性を認めてもらう必要がある。多数派と少数派の地位が頻繁に変動する場合もあるので、少数派の権利を尊重するしくみを設けることは、必ずしも多数派だけに不利な結果をもたらすとは限らない。また、国会は、有権者からの要求を法律として変換していく「立法機能」だけではなく、審議を通じて政治的課題や与野党間の見解の違いを有権者側に明らかにする「**争点明示機能**」も担っているので、たとえ少数派の意見であってもそれについて十分議論できる時間を設けることは、今後の立法的な措置を講じていくうえで重要な意味をもつ。

　ある議会制度が多数決の原理と少数派の権利尊重のどちらをより重視しているのかは、議案の提出から採決に至るまでの審議手続きのルールにも現れる。多数決の原理を重視する議会制度の下では、効率的な立法が可能になるが、議会内の審議が政策的な帰結にあまり影響を与えず、議会での議論が形骸化しやすい。これに対して、少数派の権利を尊重した合意形成を重視する議会制度の下では、少数派による意見表明の機会が増え、慎重な審議が可能となるが、有権者からの要求を法律に変換し

ていく機能が低下するおそれがある。

　以下では、国会の立法過程にみられる特徴について、多数決の原理と少数派の権利尊重という2つの側面から検討していく。

2　国会の立法過程がもつ特徴

（1）法案審議の流れと立法の状況

　まず、国会における法案審議の流れについて確認しておこう（次ページの**図表7-1**）。国会での議案の発議は、議員が行う。議員が議案を発議するには、衆議院で20人以上、参議院で10人以上の賛成を要し、特に予算を伴う法律案を発議するには、衆議院で50人以上、参議院で20人以上の賛成を要する（**議員提出法案**。以下「議員立法」という）。また、憲法は、内閣総理大臣も、内閣を代表して議案を国会に提出できると定めている（内閣提出法案。以下「閣法」という）。

　議案は、衆議院か参議院に提出される。法案を受け取った先議院の議長は、法案の内容に合わせて所管の常任委員会に付託する。委員会審査が終わると採決を行い、その結論を本会議に報告する。本会議では、委員会での審査結果をふまえ、議員全員で採決を行い、可決された法案は、後議院に送られる。後議院でも、先議院と同じように委員会の審査と本会議の審議が行われる。最終的に、両議院で可決したときに法律案は法律として成立する。両議院の意思が一致しない場合の調整方法として、衆議院の出席議員の3分の2以上の多数による再議決や両院協議会の制度が用意されている。

　戦後日本の国会（第1〜198回国会）における法案の成立率をみると、閣法が88.8％、議員立法が28.6％であり、成立する法律の中では、閣法が約84％を占める。最近10年間の状況をみると、毎年平均的に87件の閣法、116件の議員立法の法案が提出され、それぞれの成立率は82％、20％程度である（123ページの**図表7-2**）。特に、民主党政権時代と重なる2009〜2012年の間、50％半ばまで低下していた閣法の成立率は、自民党

図表7-1　法律案審議の流れ（衆議院先議の場合）

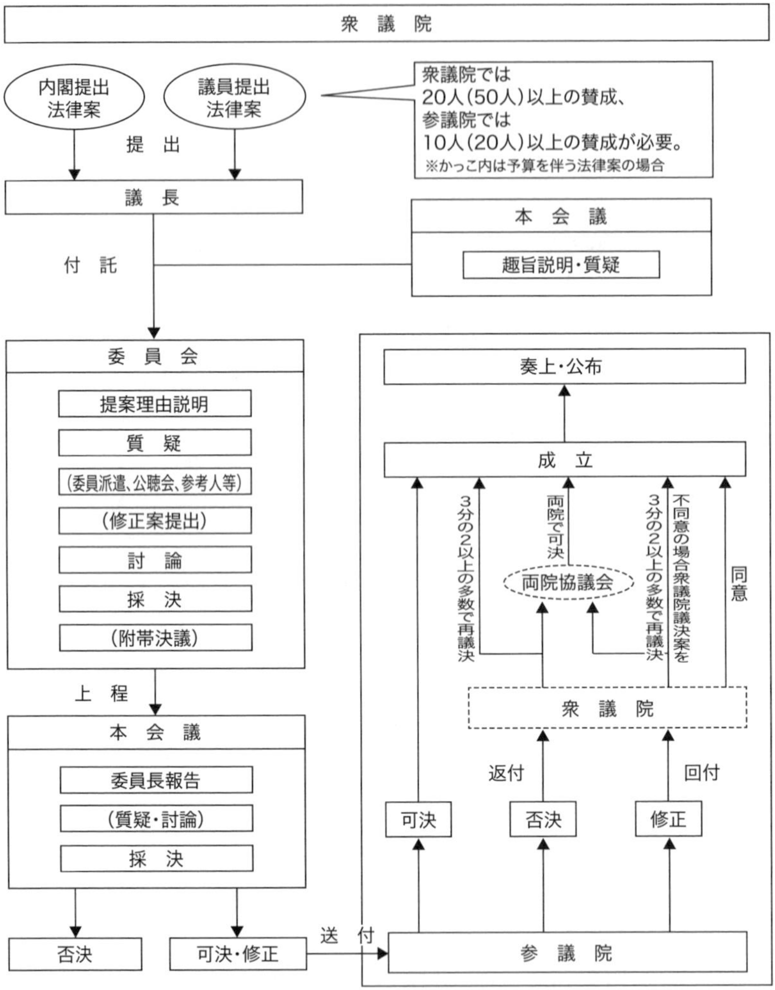

衆　議　院

| 内閣提出 法律案 | 議員提出 法律案 |

衆議院では
20人（50人）以上の賛成、
参議院では
10人（20人）以上の賛成が必要。
※かっこ内は予算を伴う法律案の場合

提　出

議　長

本　会　議
　趣旨説明・質疑

付　託

委　員　会
　提案理由説明
　質　疑
　（委員派遣、公聴会、参考人等）
　（修正案提出）
　討　論
　採　決
　（附帯決議）

上　程

本　会　議
　委員長報告
　（質疑・討論）
　採　決

否決　　可決・修正　　送付

参　議　院

可決　　否決　　修正

返付　　　　　回付

衆　議　院

3分の2以上の多数で再議決
両院で可決
両院協議会
不同意の場合衆議院議決案を3分の2以上の多数で再議決
同意

成　立

奏上・公布

出典：衆議院ホームページ

が政権に復帰し与党が衆参両院の多数派を占めることになった2013年以降、再び90％台まで上昇している点は注目に値する。野党議員を中心に相当数の議員立法の法案が提出されているが、限られた審議時間のな

図表7-2　日本の国会の法案の成立率（2009～2018年）

	閣法			議員立法		
	提出件数	成立件数	成立率	提出件数	成立件数	成立率
2009年	81	72	88.9%	101	23	22.8%
2010年	84	46	54.8%	84	22	26.2%
2011年	106	82	77.4%	69	30	43.5%
2012年	93	60	64.5%	83	32	38.6%
2013年	98	83	84.7%	126	20	15.9%
2014年	112	100	89.3%	107	29	27.1%
2015年	75	66	88.0%	72	12	16.7%
2016年	75	68	90.7%	198	31	15.7%
2017年	75	71	94.7%	164	12	7.3%
2018年	78	73	93.6%	159	29	18.2%

出典：『衆議院の動き』衆議院事務局

かで、閣法の審議が優先されていることがわかる。

　また、閣法は、無修正で法律が成立する場合が圧倒的に多い。たとえ
ば、第2次安倍政権下での6年間（2013～2018年）、通常国会で成立した
閣法のうち、修正が加えられた法案は14％にすぎない（日本経済新聞、
2019年1月31日朝刊）。事前に与党内の了承が得られた法案だけが閣法と
して国会に提出され、与党議員は法案に関する実質的な質疑に参加しな
くなるので、政府・与党の多数派が支持する法案がそのまま法律になる。
これについては、国会審議が形骸化していることが問題点として指摘さ
れている。

　しかし、無修正で法律が成立する場合が多いとはいえ、法案に対する
審議が行われていないわけではない。閣法については、その重要度に応
じてある程度の回数と時間をかけて委員会審査が行われており、重要法
案であったり、反対する政党が多かったりするほど、その審査回数が増
える傾向がみられる（福元、2000）。法案の審議時間に関する基準がある
わけではないが、特に慎重な議論が必要だと判断した場合に指定される
「重要広範議案」の場合、衆議院での審議時間は20～30時間程度が目安

とされているといわれている（朝日新聞、2018年7月19日朝刊）。

　それでは、国会の法案審議に以上のような特徴がみられる理由は何なのか。（２）では、国会の立法過程の２つの異なる側面に着目しながら、その答えを探ってみたい。

（２）「少数派の権利尊重」の側面からみた国会

　国会の立法過程の中で、少数派である野党に有利に作用する側面に注目した概念として、野党が様々な抵抗手段を用いて、政府・与党が提出する法案の成立を阻止、あるいは遅らせるという「議会審議の粘着性」の議論がある（Mochizuki, 1982；岩井、1988）。日本の国会に粘着性を生み出している要因として指摘されたのは、①議事運営に関する全会一致の慣行、②会期制と「会期不継続の原則」、③**委員会中心主義**、④二院制である。

　①国会の議事運営に関する決定は、議院運営委員会や国会対策委員会における与野党間の交渉によって行われる。その決定には、全会一致の慣行が適用されてきたため、審議日程を決める際に、少数派である野党が影響力を行使できる要因の１つとされてきた。

　また、②短い会期も、野党が影響力を行使できる要因の１つとなっている。国会は、毎年１月から開かれる通常国会のほか、必要に応じて臨時国会と特別国会が開かれるようになっており、１回の会期で利用できる審議時間に制約が存在する。さらに、会期中に議決に至らなかった案件は、原則として、後会に継続しないことになっているため、審議未了の法案は廃案になる。内閣が提出した法案に反対する野党は、審議を引き延ばすことによって会期末まで成立を阻止することができれば、法案を廃案にすることができるので、議会審議の粘着性を高める効果をもつ。野党は、法案を否決することはできないものの、審議を引き延ばすことによって法案を廃案にするか、与党から立法的な譲歩を引き出すことを目指すことになる。たとえば、野党は、反対する法案の審議入りを遅らせるために、他の反対していない法案（枕法案）を先に委員会に付託して

時間をかけて審議を行う戦略をとることができる。また、野党は、他の議案よりも優先的に審議される内閣不信任（参議院の場合は問責）決議案を提出して審議の引き延ばしを図ることがある。さらに、表決をとる方法として記名投票を求め、法案に反対する議員が投票箱までゆっくり移動することで議事進行を遅らせようと試みる場合もある（牛歩戦術）。

次に、③法案の実質的な審議が本会議ではなく委員会を中心に行われる点も、野党が影響力を行使できる機会を増やす効果をもつ。本来、法案を所管分野の常任委員会に付託し、当該分野について専門的な知識をもっている議員に審査してもらうことは、効率的な意見集約を可能にする効果ももちうる。しかし、両議院の本会議のほかに、法案成立の可否を左右できる関門がもう１つ増えることによって、野党側に法案の成立を阻止できる余地が生まれる。委員会で本会議に付することを要しないと決定した議案は、これを本会議に付さないことになっている（国会法56条3項）。したがって、与党が国会運営の主導権を握るためには、委員会においても過半数を確保しておく必要がある。与党にとって、過半数だけではなく、衆議院のすべての常任委員会で委員長を出し、野党側と同数の委員を確保できる「**安定多数**」、さらには、すべての常任委員会で委員長ポストを独占し、全委員会で過半数の委員を確保できる「**絶対安定多数**」が意識されるのは、委員会中心主義によって委員会における委員の数が法案の行方を左右するからである。

最後に、④日本の国会が採用している二院制も、権力を分割することで、少数派の権利を尊重する機会を増やす効果をもつ。衆議院と参議院は、それぞれ独立して意思決定を行い、両議院の意思が一致することによって国会の意思が成立する。もし両議院の議決が一致しない場合、衆議院の決定が優先しているが、衆議院が参議院の議決を覆すには3分2以上の賛成が必要であり、参議院に認められている拒否権は決して弱くない。もっとも、両議員の議員構成が似通っているため、実質的に参議院の存在意義は大きくないという指摘もある（福元、2007）。一方、両議院は、選挙制度、選挙時期、議員の任期などの面で異なるため、それぞ

れ国民から委任を受けた多数派が異なる状況が生まれることがある。その場合、1（1）で紹介した「決められない政治」と揶揄された時期のように、野党が議会審議の粘着性を高める、もう1つの手段を保有することになる。

（3）「多数決の原理」の側面からみた国会

少数派である野党が様々な抵抗手段をもっているとはいえ、与党は多数派として安定的に法律を成立させることに成功している。以下では、そのような多数主義的な帰結を可能にしている、国会の制度的な特徴について検討する。

①議事運営に関する決定が全会一致の慣行に基づいてなされている点が野党の影響力を増大させる要因として指摘されているが、それと同時に、国会には与野党間の意見が一致しない場合に効率的な意見集約を図るための対策が用意されている。議事運営をめぐる与野党間の意見が一致しない場合、議長は、それを裁定することができる（国会法55条の2）。議長は多数派である与党側から選出されるので、全会一致による合意形成が難しくなった場合、議長の裁定を経て多数決の原理を適用することが可能である。

次に、②会期制と「会期不継続の原則」が、国会審議に時間的制約を課している点であるが、政府・与党は、会期の延長、国会の召集などの方法により、さらに審議時間を確保することができる。すなわち、内閣は、国会の臨時会の召集を決定することができる（憲法53条）。また、会期についても、両議院一致の議決で、常会は1回、臨時会は2回まで延長することができる（国会法12条）。野党が質疑を長時間続けるなど、審議の引き延ばしを図ろうとする際にも、与党側として対処できる手段が存在する。両議院の議長は、質疑、討論その他の発言につき、その時間を制限することができる（国会法61条）。また、両議院の規則には、質疑が続出して容易に終局しないときは、議員20人以上から質疑終局の動議を提出することができると規定されている（衆議院規則140条、参議院規則111条）。

最後に、③委員会中心主義によって委員会における委員の数が法案の行方を左右してしまうおそれがある点に関連して、多数主義の観点からどのような手段が用意されているのかみてみよう。各議院は、委員会で審査中の案件について中間報告を求め、特に緊急を要すると認めたときは、委員会の審査に期限を設け、本会議で審議することができると国会法で定められている（国会法56条の3）。委員会での採決を省略し、いきなり本会議での採決に持ち込むことを意味するので、その強引さから野党はもちろん、世論からの批判を受けるリスクが高くなる。しかし、国会でこの手法がとられたケースが全くないわけではない。たとえば、2017年6月、自民・公明連立与党は、与野党間で激しく対立していた改正組織犯罪処罰法案を成立させるために、衆議院法務委員会での審議を打ち切り、本会議での採決に持ち込むために「中間報告」の手続きをとった。2017年には、1年間に合計75件の閣法が提出され、そのうち71件が成立しており（94.7％の成立率）、当時与党が可能な限り多くの主要法案を成立させるために議事運営を行っていた様子がうかがえる（→図表7-2）。

　以上の通り、日本の国会は、少数派の権利を尊重する議事運営の慣行や、一定程度以上の時間をかけて慎重に審議できるようにするための制度的な特徴をもっている一方で、そのような側面が過度に強調されることによって、著しく立法機能の効率が下がることを防ぐための多数主義的な対応策が講じられていることがわかる。それでは、このような国会制度は、国会の立法プロセスやそこで活動する政治アクターの行動にどのような影響を与えているのだろうか。

3　国会制度がもたらす帰結

（1）政府・与党側の観点から
　政府・与党としては、基本的に多数決の原理に基づいて閣法を当初の内容通り無修正で成立させることは十分可能である。しかし、野党から

の合意調達を重んじる議事運営上の慣行が存在するので、法案ごとに一定の審議時間を確保しながら、限られた可処分時間を効率的に利用する必要がある。なるべく多くの閣法を成立させるためには、各委員会における合意形成にかかる時間を最小化しなければならないので、この場合、事前に政府・与党内の意見調整を終わらせておくと、より効率的に立法過程を進めることができる。特に、日本の議院内閣制は、権力分立制と組み合わされているという特徴をもっているため、閣法が国会に提出された後は、内閣が直接立法過程に介入できる余地が少ない（川人、2005）。

　以上の理由から、自民党は、内閣が法案を国会に提出する前に、与党の内部手続きとして「**事前審査**」を行うことで、政府・与党としての合意形成を図ってきた。まず、法案は各府省庁の官僚レベルで起草され、自民党の政務調査会部会に持ち込まれる。部会は、国会の常任委員会と対応するかたちで政策分野ごとに設置されており、法案の内容に関する具体的な審議が行われる。部会は、自民党議員が政策的な専門性を高める場としての役割も担っているといわれ、当選回数を重ねながら特定の政策分野に詳しく、関係府省の官僚や利益団体とのネットワークをもとに強い影響力をもつ「**族議員**」が現れた。部会での審査を終えた法案は、政務調査会の決定機関である政調審議会での決定、総務会の了承を得たのち、最終的に党議として国会に提出される。部会・政調審議会・総務会の順に進む、一連の事前審査プロセスは、政務調査会部会の規模が拡大し政策決定過程への関与が強化されるにつれて、より円滑になったとされる（奥、2018）。

　与党内の事前審査を終えた法案については、**党議拘束**がかけられることになるため、法案が国会に提出された後、与党議員は特に修正を試みることはせず、なるべく早く成立させることを意識して行動する（→コラム7）。議会における発言量を与野党で比較すると、政府に批判的な立場から政府案を追及するために与えられた時間を最大限に活用する野党に比べて、与党は、審議時間を切り詰めようとするため、全体的な発言量が少ない。

しかし、法案に対する実質的な審査が行われる場所が与党内であるからといって、与党議員がただ単に時間を潰しながら採決のタイミングが訪れることを待っているわけではない。委員会での発言量を用いて与野党議員の議会活動について分析した先行研究によれば、法案によってその論点を明らかにしながら政府・与党の立場を擁護する必要がある場合は、与党議員も委員会で発言する頻度が増える傾向にあり、その際には、与党内の事前審査において十分な影響力を行使できない若手議員の出番が比較的多く見られる（松本・松尾、2011）。また、同研究によれば、世論からの注目度が高く、メディアへの露出も増える予算委員会では当選回数が多い与党議員も頻繁に発言していて、小選挙区比例代表並立制の選挙制度が導入されてから、以前より与党議員の発言量が増えているという。

（2）野党側の観点から

　今度は、国会制度が立法過程にもたらす影響について、野党側の観点から検討してみよう。もし政府・与党が制度上多数派に保障されている、多数主義的な議事運営に踏み切った場合、野党として何らかの政策的な変更を加えたり、法案成立を阻止したりすることは難しくなる。この場合、野党の質疑は単なる態度表明にすぎないといえる（増山、2003）。しかし、少数派の権利が全く無視されているわけではなく、議事運営の慣行や制度を活用すれば、政府・与党の政策や政権運営について追及する審議時間を確保できる。したがって、野党議員としては、審議を引き延ばしながら与党から部分的な譲歩を引き出すか、与えられた審議時間を活用して法案の実質的な修正以外の目標である再選、昇進などを追求するか、どちらかの戦略をとることができる（→第5章2）。たとえば、委員会で政府の問題点を厳しく追及し世論から注目を集めることに成功すると、議員個人の再選可能性を高めることにつながる。さらに、国会審議中の「活躍」が所属政党の支持拡大に貢献することになり、政党内における議員個人の評価が高まれば、より高い役職へ昇進することも可能

である。

　たとえ実質的に法案を修正する能力をもたない少数派であっても、国会という公開の場で政府・与党と対峙しながら議論することで、政治争点に関する情報を有権者に提供すると同時に、政府に説明責任を果たすよう促すことができるのである。

（3）有権者の観点から

　有権者の観点から考えると、まず、法案の実質的な審議プロセスが、究極の主権者である有権者にあまりよく見えない点を指摘することができる。法案の内容に関する実質的な審査が行われている与党内での事前審査は、国会での審議過程ほど一般有権者に公開されているわけではない。自民党内では、連日政策立案のための部会、調査会などの会合が開催されており、そこでは法案審査だけではなく、官僚、各種団体、有識者を招いたヒアリングなども実施している。どのような会合がいつ開催されたのかに関する情報は公表されるが、議論の中身については、マスメディアから部分的に報道される内容しか把握することができない。部会・調査会における国会議員の活動が、当該議員に対する有権者の評価に全く影響を及ぼしていないわけではないにしても、議員の活動にあまり高い関心をもっていない有権者への影響は限定的にならざるを得ない（今井、2003）。テレビやインターネットを通じてすべてのプロセスが公表され、議論された内容も議事録として残る国会審議と比較すると、有権者がアクセスすることが非常に難しいのである。

　国会審議へのアクセスは比較的に容易であるが（→おすすめの本・ウェブサイト）、政策的な論争より、「与野党対決型」の攻防が展開されることが多い国会審議から、政策プロセスに関する情報を獲得することが難しくなっている。与野党間の合意形成に失敗して、結局「強行採決」という手段を選ぶ多数派とそれに激しく抵抗する少数派が対立する与野党対決型のパターンが繰り返して発生すると、有権者の国会に対する信頼が低下するおそれがある。

4 国会改革論の軌跡と今後の展望 ────

（1）国会改革への試み

　国会改革は古くて新しい課題であり、衆議院改革にかかる諸問題については、1966 年に衆議院議会制度協議会を中心に検討が始まり、参議院でも、1970 年代以降、議長の諮問機関として参院問題懇談会、参院改革協議会などが設置され議論が行われた（武田、2006）。これらの機関では、国会法改正、議院運営、政治倫理などの問題について協議が行われたが、大幅な改革は実現せず、国会の制度的な骨格は長らく維持されてきた。

　しかし、全く改革の実績がなかったわけではない。1999 年には、自民党と自由党の連立政権の発足にあたっての政策合意によって、「**国会審議活性化法**」が成立した。その結果、両議院に常任委員会として国家基本政策委員会が設けられ、党首討論が実施されることになった。また、国会審議で官僚が答弁する政府委員制度を廃止し、2001 年から行政各部に政治任用の副大臣および大臣政務官を置くことにした。これは、それまで与党の事前審査にかけられる法案の作成から国会での答弁まで立法過程に深く関与してきた「政治的官僚」を排除することで、国会審議を政治主導で活性化することを意図した試みであった。

　2009 年に新しく誕生した民主党政権は、自民党政権時代の「政府・与党二元体制」を批判し、法案提出前の事前審査の慣行を廃止して、政策決定における政府・与党の一元化を試みた。しかし、国会の立法過程に関するルールが変わったわけではないので、与党として、野党からの合意を調達しつつ限られた審議時間の中で法案成立を目指さなければならない状況は、民主党政権でも同じであった。与党議員が国会で活動の場を見出しながら、政党・与党の一員として政策立案に加わることが難しいという状況は以前とあまり変わらなかったのである。結局、政府に加わることができず、政策立案の機会が得られなかった与党議員の不満が高まるなか、民主党は党内の意見調整に失敗し、当初意図していた成果

を上げることができなかった（飯尾、2013）。

（2）国会改革論の現状と課題

　衆参両院で多数派が異なる「ねじれ国会」がもたらした「決められない政治」の弊害を経験し、国会では、衆参両院の役割分担や議事運営のあり方について検討していく必要が高まった。しかし、具体的にどのような部分を重点的に改革していくべきかについては、与野党間で立場の隔たりが大きい。

　まず、自民党は、2018年に、与党の質問時間をさらに増やすこと、首相や閣僚の出席を減らすこと、党首討論の月１回実施を遵守することなどの改革案を提示した。これまで与党側が野党に譲ってきた審議時間を与党が使用できるようにし、野党による政府追及のターゲットとして出席を要求されることが多い首相や閣僚の出席日数や時間を減らすことは、これまで国会で少数派の権利を尊重する慣行として存在してきたルールを変更することを意味するので、野党との合意形成には難航が予想される。

　これに対する野党は、議員立法の審議活性化、国会審議を通じた法案修正の活性化、国会の行政監視機能の強化、党首討論のあり方の見直し、女性議員が活躍しやすい環境の整備などを具体案として提示している（立憲民主党、2018）。議員立法の審議にかける時間を増やそうとすれば、与党が優先する閣法の審議時間が制約される可能性がある。また、実質的な法案修正を伴う審議を行うためには、与党の事前審査制を見直し、与党議員が党議拘束から自律性を確保できるようにしなければならないため、与党に大きな変化を求めることになる。行政監視機能の強化は、第２次安倍内閣のように、政府・与党が安定した政治基盤を築いている時期であるがゆえに、以前よりもさらに重要視されるようになった項目である。一定割合の議員から動議が出された場合には、特別委員会の設置等が義務づけられる「少数者調査権」の導入が主張されていて、もし実現すれば、野党の行政監視機能の大幅な強化が期待される。

以上の通り、与野党は互いに異なる立場から国会改革の構想を提示している。今後、制度を改良していく際には、それぞれの改革が単純な思いつきに基づいて場当たり的に実行されることを避ける必要がある。民主党政権時代の失敗例からもわかるように、互いにつながっている複数の制度群を総合的に改革の対象とせず、対症療法的に部分的な改革を実施するだけでは、意図した通りの成果をあげることはできない点には注意が必要である。

　国権の最高機関である国会と有権者とのつながりを強化するためには、まず法案の内容に関する実質的な審議が国会で行われるようになることで、そのプロセスがより多くの有権者にわかりやすく伝わるようにすべきであろう。国会改革の問題は喫緊の政治課題であり、その重要性がますます高まっている。有権者としても、各政党が提示する国会改革論の構想に注目しながら、新たな国会像を模索していくべきであろう。

column 7
党議拘束

　党議拘束とは、政党が所属議員の行動を拘束し政党の方針に従わせることを意味する。党議拘束は、直接的には政党組織に関係している問題であるが、国会における審議や採決の手続きとも深く関係している。

　日本の政党は党議拘束が非常に強いことで知られている。しかし、自民党の事前審査制が歴史的に定着してきた経緯からすると、強い党議拘束が生まれたのは、むしろ従来、首相が政党の一体性を確保できるほどの強いリーダーシップをもっていなかったがゆえに、限られた審議時間を利用して党内外の合意を形成していく必要があったからであると理解できる。

　従来から自民党の党議拘束が強いといわれてきたが、党議拘束に対する議員の態度は一様ではない。事前審査制を基本とした立法過程に大きな変化があったわけではないが、選挙制度改革によって政党としての支持獲得がより重要視されるようになり、首相の権限が強化されたことで以前より所属議員の一体性を確保することが容易になった。**図表7-3**は、2012年衆院選時に実施した政治家調査のデータをもとに、当選回数と党議拘束に対する議員の態度の関係について、自民党と旧民主党議員に分けて比較したものである（ここでは、5名以上の当選者がいる当選回数のみを表示）。グラフは、「国会での採決時、政党はなるべく党議拘束をかけて、所属議員が全員一致して行動することが望ましい」という考え方に同意する議員の割合を示している。2012年の選挙で初当選した「1回」のケースを除けば、全般的に自民党議員の方が、より党議拘束について肯定的に認識していることがわかる。一方、両党とも4～5回でピークに達するまでに、当選回数が多くなるほど政党に対する忠誠心が高くなっている点は共通している。

　ここで、1つ興味深いのは、自民党の当選回数1～2回の若手新

人議員の中に党議拘束に対して肯定的な認識を示している議員が多い点である。当選回数1回議員は、自民党が大勝して政権に復帰した2012年衆院選で初当選した新人議員であり、2回議員のほとんどは、2005年郵政選挙で初当選を果たした後、一度落選を経て再び国会に復帰した議員たちである。このグループは、まさに多数決型の選挙で主要政党の議席が大きく変動する中で、政党に対する支持拡大を背景に当選を果たし、強い権限をもつ首相のもとで議員生活をスタートさせた議員たちである。所属議員の政党に対する忠誠心の度合いが変化している点については、政府・与党の一元化を図り、国会で与野党議員による審議活性化の可能性を考えるうえで、今後も注目していくべきであろう。

図表7-3　当選回数と党議拘束への態度（2012年衆院選時）

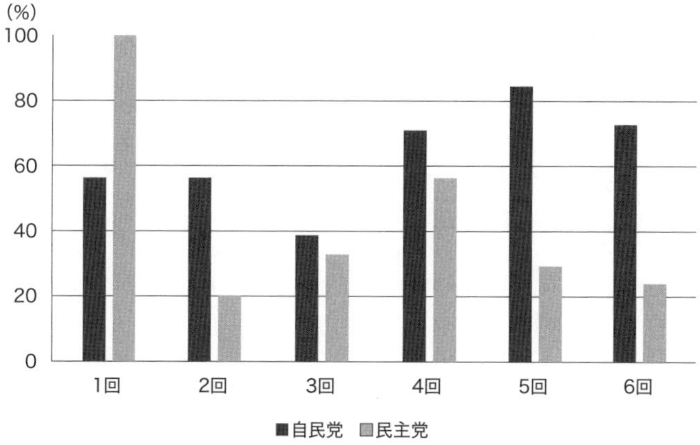

出典：2012年東京大学谷口研究室・朝日新聞共同調査
（http://www.masaki.j.u-tokyo.ac.jp/utas/utasindex.html）（2019年9月21日）

おすすめの本・ウェブサイト

📰 **国会会議録検索システム**（http://kokkai.ndl.go.jp）

　第1回国会（1947年5月開会）以降のすべての本会議、委員会等の会議録を検索・閲覧できる。発言者と会議に関する情報、キーワードなどの検索条件を入力することで、関心分野について国会でどのような議論が行われているのか手軽に確認できる。別途、帝国議会会議録検索システムもある。

📰 **衆議院インターネット審議中継**（http://www.shugiintv.go.jp）**および 参議院インターネット審議中継**（https://www.webtv.sangiin.go.jp/）

　国会審議の動画をPCやスマートフォンなどで視聴できる。原則としてすべての審議は生中継され、当日中に公開される映像はビデオライブラリとして視聴できる。衆議院の場合、第174回国会より継続して公開しているのに対して、参議院は、会期終了日から1年が経過した日までしか公開していないので注意。

📖 **大山礼子（2018）『政治を再建する、いくつかの方法——政治制度から考える』日本経済新聞出版社**

　「国会審議は無意味に見えるのはなぜ」、「なぜ無能の議員が量産されるのか」、「日本の選挙制度はどこが問題なのか」といった一般的な疑問に対して、国会研究の専門家がこれまでの研究成果に基づいてわかりやすく解説している。

参考文献

飯尾潤（2013）「政権交代と『与党』問題——『政権党』になれなかった民主党」同編『政権交代と政党政治』中央公論新社。

今井亮佑（2003）「有権者と政治エリート——国会議員の活動と有権者の業績評価」『選挙研究』18巻、113～124頁。

岩井奉信（1988）『立法過程（現代政治学叢書12）』東京大学出版会。

奥健太郎（2018）「事前審査制の導入と自民党政調会の拡大——『衆議院公報』の分析を通じて」『選挙研究』34巻2号、33～46頁。

川人貞史（2005）『日本の国会制度と政党政治』東京大学出版会。

武田美智代（2006）「国会改革の軌跡——平成元年以降」『レファレンス』2006年7月号、94～120頁。

福元健太郎（2000）『日本の国会政治——全政府立法の分析』東京大学出版会。

福元健太郎（2007）『立法の制度と過程』木鐸社。

増山幹高（2003）『議会制度と日本政治——議事運営の計量政治学』木鐸社。

松本俊太・松尾晃孝（2011）「国会議員はなぜ委員会で発言するのか？——政党・議員・選挙制度」『選挙研究』26巻2号、84～103頁。

立憲民主党（2018）「立憲民主党 国会改革」（https://cdp-japan.jp/policy/diet-reform）（2019年9月23日）。

Mochizuki, Mike（1982）*Managing and Influencing the Japanese Legislative Process：The Role of the Parties and the National Diet*, Doctoral Dissertation, Harvard University.

第 8 章
首相と内閣
──強まるリーダーシップをどうチェックするか

　日本は、民主政治のしくみとして議院内閣制を採用している。本来、立法と行政の権力が融合し、首相のリーダーシップが発揮されやすいしくみである。ところが、日本で 1955 年から長く続いた自民党政権のもとではそうならず、与党の一般議員が政策過程で影響力を及ぼし、また行政実務を担う官僚の存在感が強いとの見方がなされてきた。

　1990 年代以降立て続けに行われた政治・行政改革の結果、首相や内閣の機能が高まり、政治主導が促進された。だが、2009 年から政権を担った民主党は、官僚を過度に排除しようとして政権運営が行き詰まった。逆に、2012 年に成立した自民党の第 2 次安倍政権のもとでは、官僚との関係を再構築しつつ、官僚の人事管理の徹底を図るなど官邸主導の動きが強まり、長期政権となる中で、官僚による首相や官邸への忖度が話題となった。政官関係や市民参加をめぐる議論もふまえながら、強まるリーダーシップをどう適切に統制すればよいかを考えてみたい。

1 立法府と行政府の関係性 ─────────

（1）立法国家から行政国家へ

　民主政治については、**第1章**でも取り上げたように多様な捉え方がある。ただ、その中でも主権者によって選挙を通じて民主的な形で選ばれた議員、また彼らにより構成される議会が、国政において十二分に役割を果たすべきであるという基本的な考え方では、多くの人が一致することができるだろう。

　実際、国家の形態として、当初は立法府が政治において重視される立法国家の性質が強かった。政策を決定する立法府に対し、行政府は決定した政策を執行することに専念していたのである。だが、市民革命を経て、選挙権が拡大したことにより政治参加が増大し、秩序だった政治社会の形成が課題となったほか、産業革命を経て、都市化や雇用、貧困をめぐる問題など社会経済的な諸課題も顕在化する。

　それまでは市場や社会の自由に委ね、国家の関与は最小限にすることが原則であったが、こうした社会の急速な変化の中で、様々な課題に国家が介入する必要性が増大してくることになる。ところが、立法に携わる議員たちは、有権者に選出されたという民主的な正統性をもつものの、必ずしも個別の政策課題の専門家とはいえない。

　そこで、専門知識・能力を備えた官僚たちの役割が拡大していくこととなる。こうして官僚制の整備が進み、国家のあり方として、議会に代わって官僚制が政策立案を主に担っていく国家、すなわち行政国家としての性格を強めることとなったのである。

　だからといって、このことは立法府の重要性がゼロとなったということではない。有権者の負託を受けた政治家たちは、議会での議決を通して最終的に政策を左右することができるのである。

　ところで、民主政治が健全に機能するためには、人々の自由と権利が保障されなければならない。そのための大事な原則が、権力分立の原則

である。その一方で、統治が効果的に行われるためには、分立の原則を徹底するのか、それとも原則を緩和するのか。立法府（議会）と行政府（執政部）の権限や役割のバランスをどうするかが論点となりうる。実際の民主政治のあり方として、この点から議院内閣制と大統領制という大きく２つのしくみに分けることができる。

（2）議院内閣制と大統領制

　日本が採用しているのは、**議院内閣制**であるが、このしくみをとる代表的な国がイギリスである。議院内閣制では、議会選挙の結果を受けて、議会が国民の代表である議員の中から首相を選出し、首相が内閣を形成する形をとる。つまり、議会（二院制の国では原則として下院）による信任を背景に内閣が存立し、内閣は議会に対して責任を負う。イギリスでは国王の行政権をいかに抑制し、国民の自由を確保するかが長い間模索されてきた。国民の代表が集う議会が内閣をコントロールするしくみは、こうした伝統をふまえている。

　議院内閣制では、選挙において有権者の負託を受けた議会多数派が内閣を組織し、支持するのが一般的である。法案提出権をもつ内閣が、その長である首相のリーダーシップを背景として政策をスムーズに実行することが期待され、立法と行政の権力の融合が進む。つまり、権力を融合させることで、効率的な統治が期待される制度であるといえる。ただ、近年イギリスでは、政治エリートへの不信の高まりを背景に、政治への監視とコントロールのしくみが強化されてきた（高安、2018）。

　これに対して、大統領制をとる代表的な国はアメリカである。大統領制では、大統領と議会の議員とが別々の選挙で選出される。このため、議会と大統領には信任関係がなく、大統領は議会に対してではなく、国民に対して責任を負う。そして、大統領の任期は固定され、原則として解任されることがない。

　大統領が安定的な政権運営を行うには、議会との協調を図ることが不可欠であるが、選挙の結果、大統領の属する政党と議会の多数派が異な

る場合（分割政府）もありうる。イギリス議会の専横に抵抗し戦争を経て独立したという建国の経緯、また市民の平等に対する意識の高さもあり、立法と行政との権力分立を重視し、統治のバランスをとることを期待した制度である。

（3）戦後日本の議院内閣制

前述の通り、日本では議院内閣制を採用している。しかしながら、イギリスのような権力の融合という特徴は、日本では十分に発揮されてこなかった。特に、1955年から1993年まで、自民党が衆議院でほぼ一貫して単独過半数をもつ政権党であったにもかかわらず、一般的に日本の内閣を束ねる首相の指導力は弱いとみられてきた。在任期間が短い首相のもとで、リーダーシップが十分に発揮されずにきたのである。

それはなぜか。そもそも内閣の職務は、閣議による決定を受けて、各大臣が分担して執行することとなっている（分担管理の原則）。そこで首相には、内閣全体を主体的にリードするよりも各省の利益を調整する能力が求められがちになった。

また、内閣は法案を国会に提出することができるが、国会法の規定により、内閣は法案の議事日程のあり方に関与できず、また法案の修正権も制約されている。さらに、日本の国会は会期の短さを特徴とし、しかも会期不継続の原則により、いったん提出された法案は会期内に成立しないと廃案となってしまう（→第7章）。

そこで、内閣が安定的に法案を通すためには、与党の力が欠かせなくなってくる。内閣としては、国会に法案を提出する前に、与党内で十分に議論してもらい議員の了解を得たうえでなければ、確実な法案の成立が見通せないのである。こうして自民党長期政権期に確立した慣行がいわゆる**事前審査制**である。

内閣提出法案は、所管の省庁の官僚が法案に関係する省庁（予算に関係するものは財務省も）や国会議員、業界団体などとの調整を行い、内閣法制局による条文等の審査を経たうえで、原案を作成する。その後、原案

は、自民党内の政務調査会（部会・審議会）、総務会（党大会などを除いて通常の最高意思決定機関）の了承を得たうえで閣議に付され、最終的に国会に提出されるのである。

このプロセスにおいて、自らの専門分野をもつ与党の族議員たちが、法案について、利益を同じくする官僚や業界との強固なつながり（鉄の三角形）を背景に、大きな影響力を発揮することがしばしばあった。

こうして、議院内閣制が本来予定している政府・与党の一元的な政策決定が行われず、自民党長期政権では、与党内での事前の議論と了承が内閣提出法案の成否を分けることとなった（政府・与党二元体制）。

与党内での非公式・非公開の事前審査のプロセスで、族議員をはじめとする政治家たちが政治決定の権限をもち、官僚を中心にボトムアップ・コンセンサスを重視した政策形成が行われてきた（中北、2017）。戦後日本の政策決定過程で重要な場となってきた自民党は、派閥が割拠した分権性・多様性を特徴としていた。こうした中で、自民党総裁＝首相を皆で一致して支えるという形になかなかなりづらく、首相のリーダーシップは大いに妨げられることとなった。

2　政官関係とその変化

（1）政官関係とは

ここまで述べてきたことでもわかるように、戦後日本の統治のあり方をみるうえでは、官僚と政治家の存在、また両者の関係性、すなわち政官関係について探ることが重要である。

民主政治においては、選挙で有権者から負託を受け、公職に就いているという正統性をもつ政治家の存在はなくてはならないものである。だが、政治家は、有権者の支持を背景にして有権者の要望を政策へと変換することを追求するので、往々にして利益誘導的な施策に傾きがちである。しかし、それを実現する資源には当然限界があるわけであり、専門知識や技能、豊富な情報をもって政治家の過度な動きを牽制する存在と

しての官僚が必要となる。

　ただ、官僚は有権者の直接の負託を受けていない。また、ルールに則って仕事をすることが大原則となるため、すでにある政策や制度を改革するという方向には向かいにくいという問題がある。政治や行政の改革を進めるうえでは、やはり政治家の政治力が必要となる。このように、官僚と政治家はそれぞれに特長と限界を抱えており、どう両者のバランスをとるかがポイントとなる。

（2）官僚優位か政党優位か

　戦後日本の政官関係については、様々な見方があるが、大きくみると官僚主導から徐々に政治主導へと向かってきたと解されることが多い。

　行政学者・辻清明に代表されるのが官僚優位論である。日本は、日本国憲法制定などを柱として戦後民主化を進めたが、GHQ のもとで政府機構や官僚制が温存された。このため、官僚の優位は「天皇の官吏」として特権的な身分保障があった戦前から継続し、国会や政党などが官僚を十分な民主的統制に服させられなかったという議論である（辻、1969）。

　このように官僚優位論が戦前と戦後の連続性を強調するのに対し、政党（政治家）優位論を掲げたのが村松岐夫である。ただし、これは党首のリーダーシップではなく、与党政治家の強さを表す。日本国憲法によって国民主権となったことにより、官僚に対して正統性をもって主導権をとりうる体制となったこと、また自民党長期政権の中で事前審査制がとられ、与党の政治家が徐々に政策に関する専門知識を蓄え官僚とわたり合えるようになり、最終的に政治決定を行うことを通して官僚を統制することができる点を重視する。

　このような状況で、官僚も政治に適応していくようになり、政策形成を官僚が行い、政治家が最終的に政治判断・決定を行うという形で役割を分担し、共存する政官スクラム型の関係が成立していた（村松、1981・2010）。

（3）政治の大統領制化

　政治学者のポグントケとウェブは、議院内閣制を採用している民主主義諸国で、公式な統治構造に変化がないにもかかわらず、その運用が大統領制化しており、政治的な権力が政党や議会などから、首相個人へと移行してきているとした。政治の大統領制化と呼ばれる現象である（ポグントケ・ウェブ、2014）。

　なぜこのような変化が起きたのだろうか。1つには、国際化の中で国内政治が国際政治の影響を受けやすくなり、首相をはじめ外交交渉にあたる執政部の力が強まったことがある。また、社会的亀裂や主義主張の違いによる政党組織が崩壊し、選挙でいかに票をつかんで勝利するか（選挙至上主義）が政党にとって大きな要素となった（→**第6章**）。

　こうした中で、テレビの発展によって、メディアが争点を単純化したり、政治家個人のパーソナリティにより着目したりするようになり、政策が十分論じられなくなると、政治家の側も有権者に受けのよい政策のシンボルを掲げるようになるなど、構造的な変化が生じた。こうして、多くの国で政治指導者個人の「顔」が重要視されるようになったのである。

　日本においても、1980年代の行政改革を主導し、トップダウン型の政策形成を志向した中曽根康弘首相について、大統領的首相と呼ばれることがある。さらに1990年代以降、首相への注目がより高まってきたが、そこには立て続けに行われてきた制度変革が影響を与えている。

3　制度改革とリーダーシップの強化 ──────

（1）大きな政府から小さな政府へ

　行政国家の進展、政党政治を主体とした民主政治の発展、そして第2次世界大戦後の高度経済成長は、国家財政の拡大、官僚や公務員の増加、そして政府機関の拡大などをもたらし、大きな政府の形成を促進した。各種規制を設けて経済を適切に管理しながら、公共事業などを通して政府が積極的に財政出動し景気を刺激していったほか、**福祉国家**として、

1人ひとりの健康で文化的な生活を平等に保障していくことが求められるようになり、社会の富を政策的に適切に再分配しながら雇用・医療・年金などの社会保障政策を充実させていった。

ところが1970年代に入り、高度成長に陰りが見え始め、税収の伸びに限界が生じると、財政難がおこり、発展してきた社会保障制度を維持するための財源をどのように確保するべきかが問題となる。肥大化した行政のあり方や福祉国家への批判が高まり、大きな政府の見直しを図ろうと様々な議論が提起された。

そして、1980年代になると、完全な自由放任ではなく自由な経済競争を秩序立って確保することを重視しながらも、政府の民間への介入を排除しようとする**新自由主義**（ネオリベラリズム）に基づく政策が展開されるようになった。

具体的には、政府のあり方を小さな政府へと改め自己責任を重視するようにし、政府機関や公営企業の民営化を進め、公共事業を削減しつつ規制緩和や減税によって市場の活性化を図り、福祉など公共サービスを縮小していくといった方向に、多くの先進国が舵を切っていった。

（2）行財政改革から選挙制度改革へ

日本でも、徐々に財政難や公営企業の経営悪化が進行し、特に1980年代以降に政府のあり方の改革へ向けた動きが強まっていった。1981年に設置された**第2臨調**（第2臨時行政調査会）は、「増税なき財政再建」を原則として議論を進めて行財政改革に向けた答申を行った。その結果として、赤字国債の発行抑制や政府機関の統合が行われたほか、中曽根政権においては国鉄（日本国有鉄道）、電電公社、専売公社の民営化が実施され、これらの事業に関する規制緩和が進んだ。

新自由主義的な政策が日本でもとられるようになる中で、1990年代にかけては、高級官僚による不祥事・スキャンダルが相次いだ。また、バブル景気が崩壊して経済不振が強まるなど、日本の政策決定で長く主要な役割を果たしてきた官僚の政策を疑問視する声が高まった。さらに冷

戦が崩壊してグローバル化が進展し、安全保障や危機管理をめぐる新たな状況が次々に生じ、日本の国際貢献のあり方が問われるようになると、行政の主体として内閣やその長である首相の権限やリーダーシップを強化するべきだとの見方が強まった。

　こうして、1990年代にはさらなる行政改革が推進されるとともに、1980年代末から政治家による汚職が立て続けに発覚したこともあり、選挙制度改革を柱とした政治改革が進められた。それまでは中選挙区制のもとで候補者主体の選挙戦となりやすかったが、衆議院に小選挙区比例代表並立制が導入され、小選挙区制のもとで各政党の候補者が1名となったことで、候補者の公認や政治資金の配分にあたっての党執行部の影響力が増した。また、政党やその党首により注目が集まり、政権やその業績、党首に対する評価の選挙における重みが増大して、自民党の分権性を象徴した派閥の役割が低下する方向へと変化していった。

（3）内閣機能強化と中央省庁再編

　1996年に首相に就任した橋本龍太郎は、自ら会長として直轄する行政改革会議を設置した。行政事務を分担管理するという内閣法の規定もあり、従来縦割り行政（セクショナリズム）が日本の行政の病理とされ、問題視されてきた。これを打破し、内閣やその長である首相がよりリーダーシップを発揮し、政治主導で行政を統合的に運営することを目指して、行政改革会議は1997年の最終報告において、中央省庁を大きく再編するとともに、企画立案と総合調整を担い内閣機能を強化するために内閣府を設置すること、また首相の知恵袋となる会議体として経済財政諮問会議などを新たに設けることなどを提唱した。

　橋本首相は、1998年参院選での自民党の惨敗を受けて退陣することとなったが、1999年の内閣法改正により、閣議の主宰者である首相の、内閣の重要政策に関する基本方針発議権が明確化された。また、2001年には、森喜朗首相のもと中央省庁再編が実現し、これによって内閣府が新たに設けられ、首相や内閣官房を補佐する体制が整備された。この時の

省庁再編では、1府22省庁から1府12省庁へと変化したほか、従来の政務次官制度を廃止して、各省大臣のもとに副大臣と大臣政務官を置いた（大臣を含め政治家が務めることから、政務三役と呼ぶ）。また、首相補佐官の増員や内閣官房のスタッフの強化も行われ、官僚に依存する形から脱し、政治主導による政策決定システムを確立するための諸方策がとられた。

　こうして2000年代初頭にかけて推進された政治・行政改革の結果として、政党、とりわけ自民党のしくみに変化が生じ、また法制度上も政治主導の実現に向けた取り組みが明確にされたことによって、首相が政策遂行にあたってより自由にリーダーシップを発揮することができる基本的な条件が整ったのである。

　これを有効に活用したのが、2001年に首相に就任した小泉純一郎であった。小泉は、政治主導を官邸主導という形で実践し、派閥均衡型の大臣人事を排除して、適材適所を強調した。また、橋本行革の結果として設けられた経済財政諮問会議を、予算編成や自らの「改革の本丸」とした郵政民営化にあたって重用した。

　2005年の郵政民営化法案の審議のプロセスでは、自民党内に根強い反対論がある中で、事前審査において全会一致を慣行としていた党総務会を多数決により通過させた。また、反対派の大臣を罷免してでも閣議決定を行うなど、小泉は持論の実現に向けて従来の意思決定のあり方にこだわらない姿勢を示した。さらに、郵政選挙と呼ばれた同年の衆院選にあたっては、選挙制度改革による党執行部の権限強化を活かして、法案の衆議院における採決で造反した議員を党として公認せず、しかも新たな党公認候補を刺客として送り込んだ。

　これに加え、小泉はわかりやすい構図やメッセージを好むメディアの特徴を生かしながら発信を続け、改革反対派を抵抗勢力としてあぶり出した。改革実現に邁進するリーダーシップをもった指導者像を有権者に強くアピールすることに成功し、郵政選挙での圧勝を経て、最終的に郵政民営化の実現につなげたのである。

（4）民主党政権と政治主導

　2009年から政権についた民主党は、長く政治・行政改革、しかも自民党政権のあり方からの転換を主張してきた。政策決定のしくみをめぐっては、それまでの自民党政権について「官僚丸投げ」と批判し、同年の衆院選で示したマニフェストに基づいて政治主導の徹底を図った。たとえば、与党との二元体制から内閣への政策決定の一元化を実現しようと、鳩山由紀夫政権は同年に党政策調査会を廃止した。だが、内閣や党の主要な役職に就けず、政策に関与できない民主党の政治家たちは不満をため込み、翌2010年に菅直人政権のもとで復活させるなど、内閣・党の政策決定のあり方が定まらないありさまであった。改革された制度がどう作動するかに目を配れなかったのである（牧原、2018）（→第7章4（1））。

　また、政治主導・官邸主導が強まりつつあった中でも、政策の形成や実施にあたっては、官僚が培ってきた専門知識・ノウハウ・人脈・調整能力などが重要であることには変わりがなかった。民主党政権のもとでは、大臣・副大臣・大臣政務官の政務三役が各省庁の政策のプロセスを主導することとなった。ところが、政治主導を強調するあまりに、官僚を政策過程から排除し敵対的な姿勢をみせる大臣や政治家もみられた。そもそも各省庁の官僚は、自民党政権が長く続く中で、自民党議員と深い関係を築いていただけに、民主党の政治家たちにとって官僚と良好な関係を築くことが重要だったが、民主党政権の政治主導への強硬姿勢は官僚たちの不服従を招き、政策遂行に支障が生じた。

　2012年、野田佳彦政権は財務省の後ろ盾を得ることによって、自民党・公明党と税と社会保障の一体改革を成立させたが、マニフェストではうたっていなかった消費増税を決定することとなり、最終的に党の分裂を招いた。結局、民主党は政権交代を最優先したために、マニフェストに記載された政策の実現可能性についての吟味が不十分であった。統治や政策決定のあり方をめぐる混乱は、有権者の民主党に対する政権担当能力イメージを大きく損ない、分裂を経た今日まで政権に復帰できないでいる。

（5）第２次安倍政権と官邸主導

　政治主導・官邸主導の流れは、自民党の第２次安倍晋三政権のもとで
もさらに強化されている。アベノミクスを第２次政権の政策シンボルと
した安倍は、経済財政諮問会議など既設の会議に加えて、産業競争力会
議、まち・ひと・しごと創生会議、一億総活躍国民会議といった政策会
議を次々に設けて、自ら議長となりリーダーシップを発揮しての政策遂
行を図ってきた。

　また、民主党政権時代に混乱した官僚との関係を再構築し、彼らの能
動的な職務遂行を促しつつ、2014 年には、人事管理を全政府的な観点か
ら戦略的に進めていくための組織として、内閣人事局を内閣官房に設置
した。それまで、各省庁内で事実上決められていた幹部職員の人事につ
いて一元管理することとなり、局長は首相によって内閣官房副長官から
任用される。このため、安倍政権のもとでは官邸、より具体的にいえば
安倍首相や菅義偉官房長官が各省庁の官僚の人事に介入することもある
とされている。

　実際に、幹部官僚人事への政治的影響は強まっているとされ（出雲、
2017）、首相官邸を中心にして政治がより有効に官僚制を統制し、政権の
政策の方向性に従わせることで、首相のリーダーシップがさらに発揮さ
れることが期待される。

　その一方で、権力を強める官邸が、人事面のみならず政策の遂行にあ
たっても官僚への不当な働きかけを行うことはないか、あるいは、官邸
の統制の前に官僚が過度に委縮し、首相や政権の考えを前もっておもん
ぱかって、公正な行政をゆがめることにつながらないかとの懸念も強い。
第２次安倍政権のもとでこの点が特に焦点となったのが、森友学園への
国有地の払下げをめぐる問題と加計学園の獣医学部新設をめぐる問題で
あった。「忖度」という言葉が流行語となるほどで、強まる官邸のリー
ダーシップの弊害が意識されることとなり、長く政権運営に影を落とし
ている。

（6）リーダーシップの制約条件

　2000年代初頭にかけての制度改革を受けて成立したすべての政権が、その恩恵を有効に活用できたわけではない。たとえば、小泉政権の後を継いだ第1次安倍政権、福田康夫政権、麻生太郎政権は、いずれも1年程度の短期政権となったし、2009年からの民主党政権でも比較的短い間に首相の交代が繰り返された。つまり、リーダーシップを発揮できるためには、いくつかの条件が必要であるということである。

　具体的には、政権の円滑な運営のためには国民の支持が欠かせない。小選挙区制を主体とした衆議院の選挙制度のもとで、首相・党首が選挙の「顔」となり、彼らへの評価の重要性が高まってきた。もし有権者が首相や党首から離反し始めると、選挙での再選を目指す政治家たちも動揺し始め、首相・党首との距離をとらざるを得ない。こうして遠心力が働いて、政権基盤は揺らいでいくのである。

　さらに、制度がいくら整っていたとしても、首相がどのようなパーソナリティをもち、制度を使いこなせるかは未知数である。安倍晋三首相は、第2次政権を発足させるにあたって第1次政権の失敗について反省を重ねたといわれる。失敗を含めた経験も、強い政権を作るうえで無視できないだろう。

　そして、日本の場合、参議院の権限が比較的大きいため、仮に参議院で与党が過半数を失ってしまうと、衆参で多数派が異なるねじれ国会となり、政権の政策を完遂することに支障が生じてしまう。最近では自民党が与党であった2007年参院選、また民主党が与党であった2010年参院選の結果、いずれもねじれ国会を招き、当時の政権の運営が困難になった。

　さらに、さすがに「官僚内閣制」（飯尾、2007）とも呼ばれるかつてのあり方には戻れないまでも、政策の専門家である官僚の存在感は引き続き政策のプロセスで無視できない。政権が官僚とどう協力し役割分担をしていけるかも、政権運営がうまくいくかを左右するだろう。

4 市民による行政の適切な統制 ───────

（1）市民による行政統制の難しさ

　ここまでに述べたように、政治主導を推進し、首相や内閣のリーダーシップを強める方向に変化してきた今日の日本政治であるが、権力には、腐敗や暴走のリスクがつきまとう。国民の支持が政権の行方を左右するとはいえ、行政全般に対する民主的な統制は強まったといえるだろうか。

　実際のところは、そうともいえない。そもそも、国民には首相や大臣となった政治家たちの仕事ぶりを細かく見る能力も時間的な余裕も足りない。また、日本では首相が衆議院の解散権を自由に行使しやすいこともあり、国政選挙の頻度は高いものの、それでも選挙の機会は限られてしまう。

　一方、首相や大臣のもとで行政を実際に動かしていく官僚たちは、有権者による選挙の洗礼を受けることはない。そして、業務内容も専門的なもので、行政が取り扱う事項は年々複雑さを増し、高度化している。そうすると、国民が十分な情報をもって官僚たちの仕事ぶりを細かくチェックすることはますます難しくなってくる。そして、各省庁の長である大臣といえども、十分に把握していないことを官僚が行うケースも出てきた。

　こうした中で、1990年代には高級官僚の政治や業界との癒着によるスキャンダルが次々と明らかになり、行政のあり方を監視する市民オンブズマン制度も発達する中で、国民の官僚に対する目線がさらに厳しくなった。行政について大臣レベルだけでなく、官僚自身が国民に対する説明責任を果たしていくべきだとの主張が、行政改革の流れと相まって強まっていった。

（2）情報公開と公文書管理の徹底

　このような流れを受けて整備されたのが情報公開の制度であり、2001

年には情報公開法が施行され、行政機関が保有する情報の原則公開が義務づけられた。ところが、公開されても核心となる部分が黒塗りで隠されていたり、文書が存在しないとの理由で非開示とされたりするケースが相次いだ。

　また、政府の公文書管理のずさんさに対する批判が高まり、2011年に施行されたのが、公文書管理法であった。公文書について「国及び独立行政法人等の諸活動や歴史的事実の記録」「健全な民主主義の根幹を支える国民共有の知的資源」と位置づけて、その適切な管理を目指したものであった。

　だが公文書管理法制定後も、公文書管理をめぐる不適切な取り扱いが指摘された。特に、第2次安倍政権のもとで明らかになった加計学園問題では、文部科学省で発見された文書が公文書に当たるかどうかが問題とされ、森友学園問題では、財務省による関連文書の処分や決裁文書の改ざんが露見して批判された。公文書管理の徹底に向けては、いまだ課題が山積している。

（3）オープンガバメントと市民参加

　アメリカでは、2009年に発足したオバマ政権のもと、オープンガバメント、すなわち、発達するICT（情報通信技術）を利活用して政府における透明性を高め、政府への信頼度を増し、市民参加を促して民主政治の活性化につなげる取組みが推進された（奥村・米山、2014）。

　日本では今日、デジタル・ガバメントの推進を掲げており、市民に公共データの活用を促すオープンデータの取組みは着実に進みつつある。ところが、市民をサービスの利用者・受益者として位置づける傾向にあり、また主に経済・イノベーションの諸政策との関連でデジタル・ガバメントは位置づけられている。

　一方、政治参加や官民協働を促進するオープンガバメントの側面については、日本では理念としても実態としても非常に貧弱であるといわざるを得ない。政策決定に用いられた資料を国民が容易に入手でき、その

妥当性を検証し、政策形成のプロセスに参加していくことは、行政国家化が進む中で民主政治を強化していくために、なくてはならないことであろう。

　リーダーシップは、市民による適切な統制があってこそ健全に働く。進化する情報環境も活かしながら情報公開・情報提供を促進し、市民が政治や行政とより深くつながっていけるよう、さらなる努力が求められている。

column 8
公務員の役割

　筆者が勤める大学の学部では、「公務員になりたい」という思いをもって入学してくる学生が少なくない。法律によって身分が保障され、待遇が比較的「安定している」ということに魅力を感じる人が少なくないようだ。

　だが、実は公務員志望者は減少傾向にある。たとえば、国家公務員採用総合職試験(中央省庁の幹部候補となるキャリア官僚の選抜試験)の申込者は、2019年度は前年度比−12%となった。その背景として、公務員を取り巻く環境の厳しさが指摘されることがある。

　そもそも国際比較では日本の公的部門の職員数は少ないが、行政改革の推進によって、さらに減少している。働き方改革が叫ばれているが、深夜までの業務もしばしばあるなど、仕事の多忙さも指摘される。2019年には、厚生労働省の若手職員による改革チームが業務・組織改革のための緊急提言を出したことは記憶に新しい。

　また、2000年代以降は、年金制度の一元化によって将来受け取れる年金額が減少し、特に国家公務員については、省庁が官僚の退職の際に外部での再就職を斡旋する天下りへの規制が強まった。

　日本の官僚制の人事システムは、閉鎖型任用制、つまり組織の内部で幹部へと昇進させる形を基本としてきた。だが国家公務員採用試験は2012年に大きく再編され、民間経験者や専門職向けの採用試験も設けられるなど、徐々に任用の柔軟化が進みつつある。その一方で、行政サービスが多様化し財政難が進行する中で非正規の公務員が増加しており、正規の職員との格差が顕在化している。

　日本において官僚・公務員が果たしている役割は極めて大きく、その専門性や能力、献身は適切な行政運営にあたって、これからも不可欠である。限られた資源の中で、有能な若い人材をどう登用し、どう国民目線で公共の新たなかたちを創造していけるかが問われている。

おすすめの本・ウェブサイト

 飯尾潤（2007）『日本の統治構造——官僚内閣制から議院内閣制へ』中公新書

　官僚の代理人の政治家からなる「官僚内閣制」から、首相がリーダーシップを発揮する本格的な議院内閣制への転換という現代日本政治の統治構造の変化について、歴史的経緯や国際比較をふまえて論じた良書である。

 首相官邸（1997）「行政改革会議　最終報告」
（https://www.kantei.go.jp/jp/gyokaku/report-final/）（2019年8月30日）

　橋本龍太郎政権が設置した行政改革会議が発表した最終報告である。以後の政治・官邸主導型政治を理解するうえで重要な、行政改革の理念と目標、さらに内閣機能強化や中央省庁再編等の具体策に言及している。

 日本再建イニシアティブ（2013）『民主党政権　失敗の検証——日本政治は何を活かすか』中公新書

　民主党政権がなぜ失敗したかについて、複数の研究者やジャーナリストが関係者へのヒアリングやアンケートをふまえて、政治主導や政権・党運営、推進しようとした政策など、多面的な観点から分析したものである。

参考文献

出雲明子（2017）「内閣人事局設置後の官僚人事——キャリアパスからみる人事の変容と専門性」『東海大学紀要　政治経済学部　2017年度版』49号、1〜23頁。
奥村裕一・米山知宏（2014）「オープンガバメントからオープンガバナンスへ——欧米の動向を踏まえて」『日本情報経営学会誌』34巻4号、104〜115頁。
高安健将（2018）『議院内閣制——変貌する英国モデル』中公新書。
辻清明（1969）『日本官僚制の研究〔新版〕』東京大学出版会。
中北浩爾（2017）『自民党——「一強」の実像』中公新書。
ボグントケ、T・ウェブ、P（岩崎正洋監訳）（2014）『民主政治はなぜ「大統領制化」するのか——現代民主主義国家の比較研究』ミネルヴァ書房。
牧原出（2018）『崩れる政治を立て直す——21世紀の日本行政改革論』講談社現代新書。
村松岐夫（1981）『戦後日本の官僚制』東洋経済新報社。
村松岐夫（2010）『政官スクラム型リーダーシップの崩壊』東洋経済新報社。

第9章
国際関係
――戦後日本外交はつまらない？

　戦後の日本を取り巻く国際関係、そして日本外交の特徴はどこにあるの
だろうか。戦後の日本は、アメリカの圧倒的な影響の下にあったため、そ
の外交のもつダイナミズムはみえにくい。戦後日本外交は、静的で受動的
で、アメリカに追従しているだけではないかといわれることもある。だが
それは誤りである。

　本章では、国際政治学の観点から、3つの柱を立てて戦後日本外交の特
徴を捉える。すなわち、「同盟」論を基礎に日米関係を、「国際秩序」の視
点からアジア太平洋諸国との外交関係を、そして「権力移行」概念からア
メリカの後退という現在の情勢を、それぞれ読み解いていく。

　国際関係は、対等な国家間の対立と協調、あるいは大国と小国の支配と
従属という単線的な視点で分析されることが多い。だが本章では、戦後日
本外交を題材に、そのような一般的な視点を越えた、複雑で興味深い政治
力学が国際政治には存在するということを示したい。

1 　戦後日本外交はつまらない？ ─────

　戦後日本の外交は面白くない。少なくとも私は、大学生になったばかりの頃、そう思った。

　国家と国家の外交関係を扱う学問を、国際政治学（国際関係論）と呼ぶ。いまでは内戦やテロ、金融問題や環境問題のような幅広い分野も扱うようになったが、そもそもは世界の戦争と平和の条件を考える学問として生まれた。1914 年から 1918 年まで続いた第 1 次世界大戦が終わったとき、欧州やアメリカにおいて、二度とこのような大戦争を起こしたくないという願いから、国際政治の体系的な探求が始まった。しかし世界戦争は再び起きた。そして世界は、アメリカとソ連という超大国が、何度も全人類を絶滅させ得る大量の核兵器を保持し、厳しく対立する**冷戦**へと突入する。国家はどのような時に対立し、また逆にどのような時に協調できるのか。世界戦争の危機を目の前にした、私たち自身の生存の条件を考える試みが、国際政治学という学問分野を生み出した。

　戦後の日本は「平和」だった。1945 年以来、直接の参戦はない。戦前とは大きく異なる状況だ。内乱を経た明治維新に始まり、敗戦に終わった戦前の歴史は、戦後のアメリカ、中国、ソ連（ロシア）のように、劇的な政策転換、大国間の緊張、介入や戦争に溢れている。愚行と悲劇に彩られた歴史ではあるが、戦争と平和を考えるための素材に満ちている。しかし戦後の日本外交は、一転して、いたって平板で静的に映るのではないだろうか。戦争はもちろん、深刻な安全保障上の危機も、あるいは欧州のような統合の動きもない。戦後日本をめぐる国際関係や外交を学んでみても、何も面白いことはないのではなかろうか。

　専門の研究者も、これに十分な答えを持ち合わせてこなかった。むしろ、平板で静的で受動的で消極的な戦後日本外交、というイメージは、研究者にも共有されていた。アメリカという圧倒的な強国との同盟を基盤とした戦後日本は、安全保障における独自の判断を放棄し、経済的利

益のみを追求してきたのだ。アメリカの外圧に反応するだけの受動的な外交が日本の特徴であり、独自の戦略や判断を持ち合わせていない（**外圧反応型国家**）。日本外交は大国が作る国際秩序に適応することを目指してきたのであって、独自の国際秩序観が欠如している。日本の対外政策は、たとえば中国をはじめとしたアジア諸国との外交でも、アメリカにどこまで従属していたのかによって決まってきた。こんな議論が、戦後日本外交の研究では繰り返し提起されてきた（Calder, 1988；Berger, 2007）。

　それでも、1990年代、昭和の終わりから平成の初期まではまだよかった。戦後の日本外交は受動的だけれども、戦前とは違って、非常に平和な国際環境で、安定した社会と素晴らしい経済成長を実現した。戦後の日本外交とは、平和と繁栄というゴールに向けた成功物語だ、と語る余地があった。だが平成の30年間で、そのような経済的成功への自負は消え去り、日本周辺の国際環境は急速に悪化していった。経済大国への発展の一環として日本外交を語ることができなくなって久しい。静的で、受動的で、その成果も不透明。こんな戦後日本の外交を学ぶ意味は、どこにあるのだろうか。

　それでも戦後日本の外交、日本を取り巻く国際関係は面白い。本章では、そのことを示してみたいと思う。戦後日本に関心がある、という読者だけが対象ではない。広く外交、政治、さらには人間の行動そのものに関心があるならば、戦後日本の外交・国際関係の歩みは、多くの示唆に満ちている。ただその面白さを見つけるためには、少し国際政治というものを見る角度を変えてみる必要がある。日本の外交は、私たちの日常とどのように「つながって」おり、またいかなる知的好奇心と「つなげる」ことができるのか。最新の研究の成果に基づいて、そのための手がかりを提供することが、本章の目的である。

2 覇権のなかの自律性 ————————

（1）日本外交にとってのアメリカ

　戦後日本の歴史は占領に始まる。戦争に敗れ、国土は荒廃し、社会は
不安定だった。日本各地に米軍を中心とする連合国軍が駐留し、独立国
としての日本は機能を停止する。この状況で、アメリカという外国によ
る支配が、1945年から1952年まで実に約7年間にわたって続いた。

　これが戦後日本外交の原点である。独立を失い、外交権を停止された
占領下の日本政府は、しかし実は濃密な外交を展開していた。占領期に
活躍した総理大臣が、幣原喜重郎、芦田均、吉田茂という外交官出身者
であったことは偶然ではない。日本政府は、国内政治上の問題に取り組
むうえでも、常にアメリカの承認を取り付ける必要があった。対米外交
が内政と不可分だったのである。なお、その後、2020年現在に至るまで、
外交官出身の総理大臣は存在しない（五百旗頭、2007）。

　1952年、サンフランシスコ平和条約によって日本が独立を回復すると
同時に、**日米安全保障条約**（日米安保と略称）が発効した。この条約に基
づき、アメリカは、日本に引き続き米軍を駐留させる権利を獲得する。
その引き換えに、日本は、アメリカが日本を防衛することを期待した。
この日本の期待がアメリカの条約上の義務となるのは1960年の安保改
定を待たねばならないが、占領に始まるアメリカとの密接な関係は、安
保条約を通じて独立回復後も日本外交を強く規定することになる。

　戦後日本外交の注目点の1つ目として、**2**では、日米安保をめぐる問
題を取り上げてみたい。日米関係については、相反する見解を聞いたこ
とがあるのではないだろうか。ある人は、日本はアメリカに安全保障を
頼っているから、アメリカの言いなりになっている、従属している、と
いう。他方で、日本はアメリカに安全保障をただ乗りしている、無責任
だ、という批判も聞いたことがあるのではなかろうか。なぜこうした相
反する議論が生まれてくるのか。日米関係にはどのような特徴があり、

どこに面白さがあるのだろうか。

（2）日米同盟と国際秩序

　日米安保に基づく日米関係は、現在では日米同盟と呼ばれる。まず、同盟という言葉の意味を手がかりに、日米関係について考えてみたい。

　国際政治学では、通常、同盟を軍備拡張（軍拡）の代替策と捉えている。国家の存続を脅かす安全保障上の脅威（敵国）があったとき、国家には、自国の軍事力を増強して対抗する軍拡と、他国から軍事力を借りる同盟という2つの手段がある。そのため同盟は、共通の脅威に対抗するために軍事協力を行うことを目的とした、国家間の暫定的な協定と定義される。共通の敵に対抗するのが同盟だ、というのである。

　しかしながら、日米同盟はこの一般的な同盟の定義では捉えきれない特徴をもっている。まず日本側の視点から考えてみよう。

　日本の外交を安保条約とともに規定したのが、1946年に公布された日本国憲法である。アメリカ政府関係者によって原案が作成され、日本側の若干の修正を経て、戦後日本を律する基本法となった。のちに自衛隊が結成されたものの、この憲法の第9条は、現在に至るまで、日本政府の軍事力の保持と行使に制限を加えている。

　憲法9条の存在は、一面で日米同盟の必要性を説明する。日本独自の軍備が制限されているのだから、不十分な軍事力を同盟によって補うという論理だ。だが同時に、9条は、日米両国間の軍事協力を制約する機能を果たしてきた。最新の研究では、1950年代から日米防衛当局間では様々な協力関係が模索されていたことが分かっている（板山、2017）。さらに現在、日米間の軍事協力は大きく進展している。しかし冷戦期、特に80年代初頭までは、日本政府は一貫して、表立って本格的な軍事協力をアメリカと進めることには慎重だった。

　同盟を結んだにもかかわらず、なぜ日本は軍事協力に消極的だったのか。3つの理由がある。第1に、日本政府は、冷戦期に日本への直接侵略の可能性が高いとは考えていなかった。米ソの対立は激しかったが、

米軍が日本に駐留すれば十分との判断を下していたのである。

　第2に、日本政府は、日米同盟に安全保障を越えた利益を見出していた。アメリカの同盟は、戦後アメリカが構築した国際秩序の一角を構成している。西側秩序や自由世界、現在は**リベラルな国際秩序**と呼ばれている国際秩序だ。民主主義という国内体制、資本主義と自由貿易という経済システム、そして国際制度を重視するものとして一般に定義される。

　日本政府は、アメリカと同盟を結ぶことで、このアメリカの秩序に参入することができると考えた。これによって、安全な国際環境や海洋の安全に加えて、自由貿易やアメリカ市場へのアクセスという経済的利益を獲得し、またアメリカ主導の国際制度に加入することで国際的地位の回復・向上を図ることができる。日本政府にとって、日米同盟は、安全保障協定であると同時に、アメリカ主導の国際秩序に加入し、その恩恵を確保するための手段であった。そのため、日本政府は軍事協力の進展に大きな利益を見出さず、アメリカ政府を苛立たせることになる。

（3）日米同盟と日本の国内政治

　日本政府がアメリカとの軍事協力に慎重だった3つ目の理由は、日本の国内政治にある。日米同盟という表現は、冷戦期に使われることはほとんどなかった。1980年代初頭に、日米首脳会談後の共同声明で同盟という表現が使われたことが日本国内で大きな問題となり、外務大臣が辞任に追い込まれるという事件が起きている。この事件に代表されるように、日本国内ではアメリカとの軍事協力に対する強い抵抗があった。

　（2）で、日本政府はアメリカとの軍事協力の進展に積極的ではなかった、と述べた。このような政策方針の生みの親とされるのが、1940年代末から50年代初めにかけて活躍した吉田茂首相である。その名前をとって、このような外交方針を**吉田路線**や**吉田ドクトリン**と呼ぶ。だがこの日本の外交方針が固まるのは、1950年代初期ではなく、60年代末から70年代半ばにかけての時期である。その背景にあったのが、日本国内の、日米軍事協力に対する反発であり、その制度化であった（酒井、1991）。

平和主義、反軍国主義、反軍主義といった様々な概念で表現されるが、戦後の日本には、国民一般のみならず政治指導者にも、軍事組織に対する反感と警戒感が根強く存在した。旧日本軍が政治の実権を掌握し、軍主導の戦争が惨憺たる結果に終わったことを考えれば当然の帰結だろう。これが憲法9条への国内的支持の基盤となった。そして9条に法的根拠を得た平和主義は、軍事同盟であった日米安保に対する反発へと結びついた。

　この平和主義に基づく運動は日本政府の行動を制約してきた。1950年代にはアメリカの水爆実験に伴って日本人が被曝した第五福竜丸事件が日本国内の反米感情を掻き立て、1960年には安保条約の改定をめぐる反発、いわゆる安保闘争が起こっている。また60年代後半には、ベトナム戦争の勃発に伴って、反米・反戦運動が大きな影響力をもった。

　こうした運動による事実上の日本政府の行動に対する制約が、法制度による拘束へと転換したのが、1960年代後半から70年代にかけてのことであった。67年の武器輸出三原則、67年および71年に定式化される非核三原則、そして76年の防衛費GNP比1％枠の設定である。武器輸出三原則とは、共産主義国、紛争当事国等、そして国連決議に基づく武器輸出禁止地域の3つを対象とした武器輸出規制であり、後に武器輸出そのものの原則禁止へと強化された。非核三原則は、「核兵器を持たず、作らず、持ち込ませず」の3つからなるもので、日本の非核化を規定した。そして防衛費GNP比1％枠の設定は、文字通り軍事費の総額の上限を設定したものである。日本の対米防衛協力の限界を画する方針であった。

　日本国内の反発による日本政府の動揺は、アメリカにとっても望ましいものではなかった。アメリカは、日本に軍事協力を求めていた。だがそれ以上に重要なのは、日本がアメリカ主導の国際秩序の一員として、外交、経済、米軍基地駐留の容認、そして民主主義と資本主義という国内政治制度を安定的に運営することを通じて、アメリカの戦略を支援することだった。アメリカにとって、日本に対する軍事協力の要請が日米

同盟そのものを揺るがすという事態は本末転倒だった。アメリカは、こうした日本国内のアメリカへの反感を緩和するために、1960年代末から70年代にかけて、日本本土の米軍基地を削減し、戦時中から統治下においていた沖縄を返還し、日本に国外での軍事協力を要請することを断念することになる（玉置、2009）。

（4）覇権の中の自律性の追求

　日本にとって、日米同盟は、暫定的な安全保障協定というよりも、アメリカ主導の国際秩序の一員であるための持続的制度であった。日本がアメリカによって対外行動の範囲を制約されてきたことは確かであろう。これを従属と表現することはできる。しかしながら、アメリカがその意向を日本に全面的に押し付けることができたわけではないことも明らかだろう。戦後日本は、アメリカの覇権を受け入れ、その秩序の中で利益と地位を確保しつつ、政策の自律性を追求することを選んだのである。

　その自律性の範囲を画した1つの要因が、日本の国内政治にあったことは間違いない。冷戦が終わった後も、自衛隊の海外派遣や沖縄の普天間基地問題をめぐって巻き起こった国内論争が、日米両政府の行動に影響を与えてきた。

　だが同時に、1960年代末から70年代の展開が、現在の沖縄への基地の集中という状況の起源となったことも見過ごすことはできない。アメリカ政府は、日本本土の基地を大幅に削減する一方で、沖縄の基地は保持したまま、沖縄の施政権を日本に返還した。かつては、立川などの東京周辺も含めて多くの米軍基地が存在しており、60年代末にも東京王子の米陸軍野戦病院建設や、九州大学構内への米軍機墜落をめぐって激しい抗議活動が展開されていた。だがこの60年代末から70年代にかけての一連の基地削減によって、日本本土における米軍基地が大きな政治問題に発展することはなくなった。基地問題は、沖縄をはじめとした一部地域の問題となり、それが現在の基地問題特有の困難を作り出している。

　アメリカとの同盟が純粋な安全保障協定ではなかったこと、日本がア

メリカの覇権の中で自律性を追求したこと、国内政治の分断がかえって日本の一定の自律性を保全したこと——戦後日米関係からは、以上のような、対等な国家間の対立と協調、あるいは大国による小国の支配といった枠組みでは捉えきれない、興味深い政治力学が存在したことがわかるだろう。**3**では、日米の二国間関係を越えた、アメリカの覇権の下での日本外交の広がりについて考えてみたい。

3 大国としての日本

（1）日本とリベラルな国際秩序

日本外交の受動性は、日米二国間関係についてのみ指摘されてきたわけではない。同程度以上に注目されてきたのが、日本と、アメリカ以外の諸国との外交関係である。アメリカによって、日本外交は制約されてきたのではないか。日本は独自の判断で外交を行う自由をもっていない、自律性を制限されているのではないか。このような議論が繰り返し提起されてきた。この問題を解きほぐすには、日米関係とは少し異なる角度から日本外交を見てみる必要がある。

ここで手がかりとなるのが、戦後日本の国際秩序に対するビジョン、国際秩序観である。国際秩序という言葉は茫漠としており、扱いが難しい。ここでは、戦後の日本では、いかなる国際環境が日本にとって望ましいと考えられていたのか、ということに絞って考えたい。どのような世界が実現すれば、日本は安全保障面で安泰で、経済面で繁栄を追求でき、さらに他の諸国からも尊重される十分な地位を確保できるのか。

少し前までの研究では、戦後日本にこのような意味での独自の国際秩序観はないと考えられていた。日本は、アメリカのような大国が生み出す国際秩序に順応し、世界の趨勢を見極めながら、安全保障と経済的利益という物質的国益のみを追求するプラグマティックな外交を行っている。独自の国際秩序に対するビジョンなどない、というものである。

だが最近の研究では、大きく分けて2つの議論が提起されている。第

1に、日本は、アメリカの主導するリベラルな国際秩序の維持と拡大を利益と考え、その運営に積極的に関与してきたという指摘がある。

日本が西側第2位の経済大国となったのは1968年のことである。経済大国となったことで、日本は、その一挙手一投足が、少なくとも経済面では国際秩序に不可避に影響を与える立場に立った。その結果、1970年代以降、日本政府は経済秩序の安定化を図るべく、多国間組織に積極的に関与し、あるいはその設立に携わっていくこととなる。石油や原子力をはじめとしたエネルギーに関する国際組織や、先進国首脳会議（G7、サミット）を舞台にした国際協調はこの好例である（白鳥、2015；武田、2015）。さらに、1980年代には、東アジアにおけるソ連の海軍力拡張を受けて、自由世界の防衛を謳い、日本周辺における日米防衛協力が推進された。

冷戦終結後、この傾向は顕著となる。ソ連が崩壊し、アメリカが「単極」といわれた圧倒的な力をもった1990年代初めから2000年代末にかけて、日本は、国連の平和維持活動（PKO）とアメリカへの協力を中心として、徐々に自衛隊の活動範囲を日本周辺から海外へと広げていった。アメリカの覇権がグローバルに拡大したとの認識の下、経済援助、多国間組織を通じた信頼醸成、内戦などによって国内の統治に困難を抱えた「破綻国家」の復興支援などを通じて、リベラルな価値の拡大と秩序の安定を図ることが目的だったと指摘される（添谷、2016）。

その契機となったのが、1990年の湾岸戦争である。この冷戦後最初の武力紛争に際して、アメリカを中心に西側諸国が武力行使に踏み切る中、日本は経済援助のみにとどまり、国際的な評価を失った——少なくともそのような「トラウマ」が日本外交に教訓として残された。さらにこれを後押ししたのが、90年代以来の、度重なる北朝鮮による核・ミサイル危機であった。北朝鮮に対処するためには、日米間の防衛協力の強化のみならず、日本のアメリカへのグローバルな貢献を示す必要があるとの議論が提起され、国内政治にも大きな影響を与えた（宮城、2016）。

以上のような研究で強調されるのは、日本政府自身が、リベラルな国際秩序に利益と価値を見出し、その維持に関与する資格と責任があると

の認識を抱いていたということである。それは確かだろう。しかし同時に、日本のこうした行動は、一面ではアメリカ主導の国際秩序への順応であり、他方で同盟の維持自体を目的とした、アメリカの負担分担要求という外圧に対する反射的対応であった（佐竹、2016）。どの時代の、いかなる問題領域で、どこまで日本は国際秩序の運営に関与したと評価できるのか、議論は分かれるだろう。

（2）アジア外交の世界

　第2に、日本外交は、アメリカのリベラルな国際秩序とは異なる、独自のビジョンを抱いていたと指摘する研究もある。この議論が注目するのは、1970年代半ば以降の東アジアおよび東南アジア諸国に対する外交、いわゆるアジア外交である。

　アジア外交の直接の目的は海外市場の確保にある。経済大国となった日本が、その豊富な資金の供与を通じてアジア諸国の経済発展を促せば、日本企業にとって大きな市場となると考えられた。

　戦後、アジアは、植民地から独立した後の国家形成の過程にあり、また冷戦の権力闘争の舞台となったため、政治的にも経済的にも不安定だった。また、戦前日本の最大の市場は中国だったが、日中の貿易関係は冷戦によって寸断されていた。このような状況だったので、戦後初期より、日本政府では、経済成長のためにはアジア諸国への接近が必要と考えられていた。政府内部では、すでに1950年代から、中国との貿易再開や、戦後賠償を通じた東南アジアへの進出が模索されている。

　この年来の構想が実現する機会が訪れたのが1970年代であった。70年代には、それまで長年対立してきたアメリカと中国が和解し、アメリカがベトナム戦争から撤退したことで、アジア太平洋地域における大国間の権力闘争が沈静化する。この中で、経済大国へと躍進した日本は、全方位平和外交の名の下に東南アジアに対する経済外交を制度化し、次いで韓国、さらに改革開放を進める中国を含めたアジア全域に対して、円借款や政府開発援助（ODA）を通じた大規模な経済援助を注ぎ込んで

いった。

　しかしながら、日本のアジア外交は、経済的利益を追い求めるだけのものではなかった。近年の研究は、日本のアジア外交が、アジア太平洋地域の安定という安全保障をも考慮した地域秩序の構想であったこと、またこの秩序観が、戦後日本独自の理念とアイデンティティを反映したものであったことを明らかにしている。

　日本の政府当局者は、冷戦期のアジア諸国が直面していた困難は、国内の混乱に起因すると考えた。そして国内の混乱が、インドネシアや中国、ベトナムといった諸国の攻撃的対外行動の原因だと理解した。したがって、このような状況を沈静化する最善の手段は、日本政府によれば、経済成長であった。経済が発展すれば内政も安定し、国内が平穏になれば対外政策も穏健化するだろう。アジア諸国の経済発展は、アジア太平洋地域の平和、ひいては日本の安全を保障すると思われた。

　では、経済発展には何が必要か。日本政府は、戦後日本の奇跡的な経済成長こそが、その答えを提供しているとの自負を抱いていた。かつて戦前の日本は、経済的な行き詰まりが内政の不安定化を生み、これを対外攻勢で打破しようとして破綻した。しかし戦後の日本は、経済成長を通じて内政と外交の安定を実現した。その秘訣は、軽武装で軍事的負担を削減することで経済成長に資源を集中投資し、アメリカ主導の自由貿易の恩恵を受けながら、政府の保護と指導の下に国内産業を育成することにあると考えられた。アメリカは市場の自由化や競争を強調する発展モデルを提示し、国内の政治体制、経済システム、価値に介入する。これに対して日本の経験は、アジアの多様な国内体制や価値観に適した成長モデルの存在を示すものと考えられた。日本のアジア外交は、経済的利益と安全保障という物質的な利益の追求のみを目指したものではなかった。戦前の帝国日本ともアメリカとも異なる、戦後日本の理念とアイデンティティを反映した秩序構想だったのである（波多野・佐藤、2004；宮城、2017）。

　この日本の自負は、アメリカとの摩擦をも引き起こした。1970年代に

は、ベトナム戦争後のインドシナ情勢をめぐって日米の間に離齬が生じる。また、1980年代後半から1990年代はじめ、日本経済がその頂点に達すると、日本はアメリカの経済覇権に挑戦した。世界銀行を舞台に日本の経済思想の国際的正統性を高めようとし、また1997年から98年にかけてのアジア通貨危機に際しては独自の地域機構構想を打ち出した（飯田、2013）。この挑戦はいずれも挫折に終わるが、戦後日本が、アメリカとは異なる独自の理念と秩序構想を保持していたことを示すものといえるだろう。

（3）覇権の中の秩序構想

　以上、2つの側面から、戦後日本の国際秩序観について概観した。1つの議論は、日本がアメリカ主導の秩序を支えようとしたことを指摘する。もう1つの議論は、日本外交に、アメリカとは異なる秩序構想があったと論じている。しかも、この2つの議論は、ともに1970年代から90年代初めという時期の、日本の経済大国化という共通の現象に着目したものだった。さらに、経済大国になっても、日本はアメリカ主導の国際秩序に順応する受動的外交を展開していたという主張も有力だった。どの議論が正しく、どの主張が間違っているのだろうか。

　日本外交を、積極性か受動性か、アメリカへの従属か自立かという観点でみると、その面白さは何もわからなくなってしまう。色眼鏡を外してみれば、答えはごく単純だ。

　経済大国になった日本は、アメリカ主導の秩序に順応し、自発的に支えると同時に、独自の利益と理念を追求したのである。もちろん、この2つの路線には摩擦が生じることがある。担い手となる勢力も異なった。だが、リベラルな秩序の支援を優先する勢力は、国際連合等の改革を通じた日本の地位向上を目指したし、他方でアジア太平洋地域での日本の独自性を追求した人々も、日米同盟からの離脱を志向したわけではない。**2**で述べたように、日米二国間関係において、日本は、アメリカの覇権を受け入れながら自律性を追求した。国際秩序やアジア地域秩序でも、

同様の事態が生じていたと理解することができるだろう。

　戦後日本にとってアメリカの覇権は前提条件であり、適応の対象であり、これを支えることが利益だと考えられてきた。だが日本は、アメリカ主導の国際秩序をそのまま受け入れただけではなかった。アジア太平洋地域を舞台にその一部を改変し、あるいは国際秩序自体も、経済を中心に日本の理念と利益を反映するように変更を試みた。以上の議論からは、そのような戦後日本外交の興味深い側面が浮かび上がってくるだろう。

4　権力移行のなかの日本外交 ─────────

（1）現在の危機

　日本外交は、2020 年現在、おそらくは敗戦以来の変動期を迎えている。戦後日本外交の大前提であったアメリカの覇権、そしてアメリカ主導の国際秩序が大きく揺らいでいるからである。

　大国間の力関係が大きく変動することを、国際政治学では**権力移行**と呼ぶ。戦後、アメリカは何度も衰退しているといわれた。1950 年代末にはソ連が科学技術力と軍事力でアメリカを上回っているのではないかとの議論が提起された。1970 年代半ばから 80 年代には、日本とドイツの急成長の前に、アメリカは経済的な衰退期に入ったとの声が広がった。そして今、アメリカは、経済力と軍事力の両面で中国の猛追を受け、ロシアの攻勢に直面している。さらにアメリカ自身も、また盟友たる西欧諸国も、国内政治に深い亀裂を抱えている。冷戦が終わってから 2010 年前後まで、アメリカの覇権は永続的であり、リベラルな国際秩序は不可逆に拡大するとの議論が有力だった。いまや、その時代は終焉を迎えた。

　アジア太平洋地域はこの変動の震源地である。2010 年に経済規模で日本を追い抜いた中国は、さらなる発展を遂げ、科学技術の面でも世界をリードする存在になりつつある。何よりも、2017 年、アメリカにドナルド・トランプ政権が誕生したことは大きな衝撃をもって迎えられた。リ

ベラルな国際秩序を構成してきた価値と制度、そして同盟に対して正面から疑義を唱える指導者が、アメリカに誕生したからである。現在、トランプ政権は中国と貿易戦争とも呼ばれる経済摩擦、さらに次世代技術の覇権をめぐる競争に突入しており、その行方は予断を許さない。

　権力移行の時代に、日本外交は静かに変化しつつある。自衛隊の活動範囲も装備も変化し、日米間の防衛協力も大きく進展した。西欧諸国、オーストラリア、インドといったアメリカ以外の諸国との安全保障関係の構築にも、日本政府は積極的に取り組んでいる。政策決定過程も変化した。日本外交の受動性が強調された要因の1つは、省庁間の縦割りと政策調整機能の不在が、外交戦略の欠如を生み出していたと考えられたことにある。しかし、1990年代末の行政改革に始まる首相官邸機能の強化は外交・防衛にも及んでいる。2014年の国家安全保障局の発足はその象徴であった。

（2）どこまで、何が変わったのか？

　日本外交に何か、おそらくは大きな変化が起きていることは間違いない。だが、何が、いつ、どこまで、なぜ、変わったのだろうか。現在目の前で進行中の問題であり、学術的に検討することは容易ではない。だがいくつかの見通しを示すことはできるだろう。

　まず、何が変わったのか。最大の焦点が安全保障政策にあることは間違いない。最も注目されたのが、2015年、平和安全法制が成立し、日本政府が「集団的自衛権」を部分的に行使できることとなったという事実だろう。従来、日本政府は、自衛隊は日本防衛のみに武力を行使できるとして個別的自衛権の行使のみを容認してきた。これがアメリカとの軍事協力に消極的で、自衛隊の活動範囲を厳しく制約するという外交方針の、国内法的根拠でもあった。平和安全法制の成立でこの制約は部分的に解除され、日本防衛に重要な影響を与える事態等に限って、他国の部隊等に対する攻撃にも自衛隊が対処することが法的に可能となった。

　経済援助にも変化がある。日本政府はキャパシティ・ビルディングと

呼ばれる政策で、中国の海洋進出に直面する東南アジア諸国の海上警備能力の向上を図っている。巡視船の供与や要員の訓練を提供するもので、安全保障政策と経済援助の接点にある政策である。国際制度に対する姿勢も変わってきた。中国の影響力の拡大を意識して、アジア太平洋地域のルール形成を主導しようとする動きである。環太平洋パートナーシップ協定（TPP）の成立はこの典型といえるだろう。

こうした動きは、いつ始まったのか。以上の変化が、2012年の第2次安倍晋三内閣の誕生で加速していることは間違いない。しかしキャパシティ・ビルディングや武器輸出三原則の修正に代表されるように、以上の政策の多くは、すでに民主党政権期に検討・実施されていたものであることには注意が必要である（竹中編、2017）。特に日本政府の対中認識に注目すれば、変化の起点は、中国海軍の活動が顕著に活発化した2008年から、尖閣諸島をめぐる危機が起こった2010年前後にある。

この変化はどの程度のもので、その原因はどこに求めることができるのか。この最も重要な点について、見解は分かれている。対外的脅威の増大への対応と理解する議論も、日本国内のナショナリズムや排外主義の影響を重視する主張もある。はたまた、日米同盟の重視とアジア諸国との連携の両立を図るという点や、国内法制度の制約といった日本外交の根幹には大きな変化はないという見解も有力である。

（3）日本外交の過去、現在、将来

日本がいかなる国際関係を取り結び、どのような外交を展開するのか。日本を取り巻く国際問題は、もはや専門家や外交実務にかかわる人々のみで完結する問題ではなくなっている。その影響が日本社会のあらゆる局面に及んでいるからだ。経済と安全保障が不可分に結びつき、外交関係の変調が国境を越えたヒト・モノ・カネの往来を左右する。国際問題の動向が日本国内の政治と社会を揺り動かし、日本社会の変化が国際社会に波及する。否応なく世界と私たちの生活が「つながり」、また「つなげる」ことで新たな波及効果が生まれる、そのような時代に私たちは生

きている。

　日本外交は、これからどう変わるのか。何が変わるべきなのか。これ
は日本だけの課題ではない。アメリカの後退と中国の台頭という地殻変
動の中で、多くの国が似たような状況に置かれている。必ずしも大きな
軍事力をもたない諸国は、権力移行期に何ができるのか。世界各国の動
向との比較から日本が学ぶことは多く、また日本外交の現在の変化を検
討することは国際的な意義をもっている。

　日本外交の変化の深度と方向性を見定めるには、これまでの日本と国
際社会のかかわり自体を見つめ直す必要がある。一見、受動的で静的で、
戦略が欠如していると思われてきた日本外交に、実は複雑で興味深い政
治力学が潜んでいるということを、本章では示してきた。その力学は権
力移行の中でどのように変化したのか、あるいはしていないのか。日本
外交の過去を学び、将来を見通すことの面白さが多少なりとも伝われば、
本章の目的は達成されたといえるだろう。

column 9
国内体制と国際関係

　日本には多くの問題がある。懸念すべき動向も多い。しかし少なくとも、私たちの日々の行動が国家機関の継続的かつ徹底的な監視下にあるというわけではない。特定の思想を批判したり、支持したりすることで、家族と引き離されて強制収容所に監禁され、命さえ奪われるという事態は、現段階では想定しなくてもよさそうだ。おおむね、平和と自由、そして最低限の人権は守られている。

　だが、すべての国がそのような状況にあるわけではない。日本の周辺では直ちに北朝鮮が思い浮かぶだろう。中国もこの点では大きな問題を抱えている。新疆におけるウイグル族に対する抑圧は悪名高い。チベットの統治も穏やかとは全く言い難い。そして2019年、大きな問題となったのが香港である。多くの香港の人たち、特に大学生が、中国の中央政府の統制強化に反発を強め、連日抗議活動を行った。香港政府の暴力的対応への国際的批判は強く、中央政府の介入への懸念も消えていない。

　難問がある。日本は自由と民主主義を掲げ、人権の擁護を憲法で謳っている。これをどこまで対中政策に反映すべきだろうか。

　日中関係は改善軌道にある。中国公船の尖閣諸島周辺海域への侵入は続いているものの、2020年4月に予定されている習近平国家主席の訪日も実現へと向かっており、数年来の静かな外交の成果が実りつつある。中国は日本経済にとって不可欠であり、安全保障でも日中関係の安定は日本にとって大きな価値がある。

　国際社会には様々な国内体制や価値を掲げる諸国がある。体制と価値が異なるというだけで共存を拒めば、国際社会は分断され、緊張が高まり、戦争の危険は増すだろう。だが同時に、私たちが重要と考える価値が蹂躙されている様を傍観することも難しい。皆さんが日本外交の当局者なら、どう対応するだろうか。

おすすめの本・ウェブサイト

 宮城大蔵（2017）『増補 海洋国家日本の戦後史 ── アジア変貌の軌跡を読み解く』ちくま学芸文庫

　日本の東南アジア外交の原像を、日本外交史研究の第一人者が描き出した研究書。最新の知見に基づいた刺激的内容でありながら、読みやすく、面白い。日本外交の広がりを確認するためにも、まず手に取ってほしい１冊。

 シーラ・スミス（伏見岳人、佐藤悠子、玉置敦彦訳）（2018）『日中　親愛なる宿敵 ── 変容する日本政治と対中政策』東京大学出版会

　現代日本の対中政策について、アメリカの代表的な日本研究者が、広範な調査に基づいて記した著作。現在の日中関係の諸問題の発端と、英語圏の日本研究の動向を学ぶうえで最適である。現状分析や政策に関心のある人に。

 藤原帰一（2001）『戦争を記憶する ── 広島・ホロコーストと現在』講談社現代新書

　本章でふれられなかった重要な問題は数多い。その１つが歴史問題である。本書は、第２次世界大戦の記憶のあり方と、その現代への影響を描いた代表的な作品である。糸口のみえない問題に思いを巡らせたいときに。

参考文献

飯田敬輔（2013）『経済覇権のゆくえ ── 米中伯仲時代と日本の針路』中公新書。

五百旗頭真（2007）『占領期 ── 首相たちの新日本』講談社学術文庫。

板山真弓（2017）「『日米防衛協力のための指針』策定以前における日米防衛協力の実態」『国際政治』188 号、77〜92 頁。

酒井哲哉（1991）「『9 条＝安保体制』の終焉 ── 戦後日本外交と政党政治」『国際問題』372 号、32〜45 頁。

佐竹知彦（2016）「日米同盟の『グローバル化』とそのゆくえ」添谷芳秀編『秩序変動と日本外交 ── 拡大と収縮の 70 年』慶應義塾大学出版会、229〜253 頁。

白鳥潤一郎（2015）『「経済大国」日本の外交 ── エネルギー資源外交の形成 1967〜1974 年』千倉書房。

添谷芳秀（2016）『安全保障を問いなおす ──「九条-安保体制」を越えて』NHK ブックス。

武田悠（2015）『「経済大国」日本の対米協調 ── 安保・経済・原子力をめぐる試行錯誤、1975〜1981 年』ミネルヴァ書房。

竹中治堅編（2017）『二つの政権交代 ── 政策は変わったのか』勁草書房。

玉置敦彦（2009）「ジャパン・ハンズ——変容する日米関係と米政権日本専門家の視線、1965-68 年」『思想』1017 号、102〜132 頁。

波多野澄雄・佐藤晋（2004）「アジア・モデルとしての『吉田ドクトリン』」『軍事史学』39 巻 4 号、4〜20 頁。

宮城大蔵（2016）『現代日本外交史——冷戦後の模索、首相たちの決断』中公新書。

Berger, T. U.（2007）Conclusion：The pragmatic liberalism of an adaptive state, in Berger, T. U.；Mochizuki, M. & Tsuchiyama, J.(eds.) *Japan in international politics：Beyond the reactive state*, Lynne Rienner Press, pp. 259-299.

Calder, K.(1988) Japanese foreign economic policy formation：Explaining the reactive state, *World Politics*, 40(4), pp. 517-541.

Pyle, K. B.（2007）*Japan rising：The resurgence of Japanese power and purpose*, Public Affairs.

Samuels, R. J.（2007）*Securing Japan：Tokyo's grand strategy and the future of East Asia*, Cornell University Press（白石隆監訳（2009）『日本防衛の大戦略——富国強兵からゴルディロックス・コンセンサスまで』日本経済新聞出版社）。

第 10 章
マスメディア
——変わるメディアと人々に与える変化

　日常生活を送る中で、政治に関する情報・知識を得ることは難しい。この日常と政治の間のギャップを埋めるのが、マスメディアなどによる報道である。人々はマスメディアの報道によって、現在の政治状況を知り、関心をもち、自分なりの意見を決めてきた。このようにマスメディアは、報道を通して人々・社会に大きな影響を与えてきたといえる。

　しかし、マスメディアの置かれる状況が大きく変化している。新聞やテレビなどの利用者が減り、逆に若者を中心として、多くの人がインターネットやソーシャルメディアを情報の獲得手段として利用している。こうしたインターネットの一般化は、既存のマスメディアへの認識を変え、またインターネットの情報にふれた人々の政治的な態度に大きく影響を与えている。

　本章では、マスメディアの現状を確認するとともに、担ってきた役割やその影響を見ていく。そして、インターネットなどの新しいメディアが与える影響についても提示していく。

1 現代社会とメディア ─────────────

（1）政治と日常をつなげるメディア

　現代において政治は、日常的に関心を寄せるようなものでなく、自分とはつながりのない遠い存在に感じられるにもかかわらず、何年かごとに選挙が開かれ、投票を求められる。日常的に関心を寄せていない政治の情報を、選挙の前に、どこから、どうやって得るのであろうか。

　一般的に政治の情報を伝え、市民と政治をつなげる役割として、情報媒体を表すメディアがある。その中で特に、大勢の人に一気に情報を届ける新聞やテレビなどをマスメディア（マスコミ）と呼ぶ。

　だが若い人の多くは、マスメディアよりも、インターネット（Google・Yahoo! など）や SNS（Twitter・Instagram など）などのソーシャルメディアを普段、用いているだろう。マスメディアとソーシャルメディアの双方とも、簡単に情報へアクセスできることは同じであるが、その方法が異なる。マスメディアでは、各報道機関が時事・特集ニュースの形で情報発信し、市民は受動的に情報を受け取るが、ソーシャルメディアは、数多ある情報源の中から自分自身が選択するため、能動的に使うことができる。2つの性質が異なるメディアによって、社会はどのように変化しているのであろうか。

（2）日本のメディアの現状

　まず日本において、新聞は、全国紙（読売、朝日、毎日、日本経済（日経）、産経）が普及しており、地域に限らず購読できるようになっている。さらに地方紙と呼ばれる、全国のニュースに加え、地域のニュースを載せる新聞が多く購読されている。議論はあるが、世界の新聞発行部数ランキングでは、日本の全国紙が上位になるなど、同じニュースを全国どこでも読むことができる。一方で、アメリカの有力紙であるニューヨークタイムズやワシントンポストなどは、発行部数は多いものの、あくまで

も日本でいう地方紙の立場と同じものであり、限られた層が読む新聞の色彩が強く、地域に限らず同じ情報を得ることが難しい。

　また、テレビの普及率は100％に近く、公共放送であるNHKの全国ニュースを視聴することで新聞と同じく、どの地域でも同じニュースを視聴できる。NHK以外の民放各社の地上波放送では、時事的な報道を行うニュース番組だけでなく、ワイドショーと呼ばれる番組で、政策に関する話題から政治家のスキャンダルまで幅広い情報を入手することができる。その他にも、日本では雑誌やラジオなどにも、比較的アクセスすることが容易である。このように広く人々に同じ情報を伝えることができる状況で、マスメディアは有権者や政治に対して、大きな影響を与えてきたのである。

　一方で、インターネットやソーシャルメディアによって、メディア環境は大きく変化した。2018年のNHKの「情報とメディア利用」調査によると、10〜30代は、新聞やテレビよりもインターネットやSNSを日常的に利用しているだけでなく、政治・経済・社会の動きを伝えるニュースの情報源としても、最も利用していると回答している。さらに16〜19歳は、YouTubeなどの動画投稿サービスで政治のニュースを視聴していると回答している。また総務省の「平成29年情報通信メディアの利用時間と情報行動に関する調査」では、ニュースを入手する際にインターネットを最も利用する人の割合が半数になっており、メディア利用はさらなる変化が生じる可能性が高い。

　それに伴って、マスメディアの状況は厳しくなっている。新聞の発行部数は年々減少し続け、日本新聞協会が発表しているデータによると、2000年は5370万8831部であったが、2018年には3990万1576部と、約20年間で、1380万7255部も減少している。さらに発行部数の減少とともに、休刊・廃刊する地方紙がいくつか出てきている。また「テレビ離れ」という言葉があるように、最盛期よりもテレビの視聴者数も減っている。こうした状況で、各報道機関は販売部数や広告収入が減少しており、取材などによるマスメディアの質においても重大な問題となっている。

(3) マスメディアの役割

　マスメディアは、民主主義において、立法・行政・司法と並んで、第4の権力と呼ばれ、報道するにあたって、公平で価値中立を保つことが求められている。しかし、すべての情報を伝えることは、物理的に不可能であるため、各報道機関は、社会に共有すべき情報を能動的に選ぶ必要がある。このようにマスメディアは、情報の**ゲートキーパー**（門番）として、社会に届ける情報を取捨選択する役割を担っている。さらに権力監視として、可視化されていない政治にかかわる問題を掘り起こし、世論を喚起し、政治を動かすという役割もある。マスメディアは、単に事実のみを報道するのではなく、政治に一定の影響を与える政治的アクターだといえる。

　一方で、マスメディアの監視機能が本当に機能しているかどうかについても議論がある。マスメディア各社は、民間企業であり、利益をあげなければならないため、他社よりも良い情報を得て、販売部数や視聴率を上げようと試みるはずである。そこで各社は、政治家や官僚などにアクセスし、より多くの政治情報を得ようとして、批判的な報道を避ける可能性がある。直接取材を行い、いち早く重要な情報を得たいマスメディアの記者と、好意的な報道を通じて、有権者にアピールしたい政治家との間で、相互依存的な関係が生じやすくなっている。よって、（2）の発行部数や視聴率の低下の問題は、マスメディアの監視機能にもかかわってくるのである。

(4) 日本のマスメディア、政治報道の特徴

　基本的に日本は、新聞社やテレビ局の政治部の記者が取材することで、政治報道が成り立っており、いくつか特徴的な点がある。まずは、有力な政治家に対して、各社が専属で配置している番記者と呼ばれる政治記者がいる。番記者は、担当する有力な政治家の動向を取材するだけでなく、優先的に情報を提供してもらうために、普段から政治家とともに行動し、信頼関係を構築している。番記者は、取材対象である政治家とと

もに行動するため、常に権力を監視でき、政治家などを取り囲んで質問や問題追求するなどのメリットがある。さらに、オフレコ（非公表を条件にした取材）の記者懇談会などを通じて、重要な情報を得ることができる。逆に政治家との信頼関係が崩れてしまうと、他社の番記者よりも、取材面で劣ってしまうため、できる限り批判的な報道をしないなどの癒着が起きる可能性がある。また、政治家との親密な関係性から、政治家の代弁者のように動くことがある。

　次に特徴的なのが、政党や官公庁といった公的機関などを継続して取材するために、マスメディアの記者たちが自主的に記者クラブを組織していることである。記者クラブは、記者が組織として情報提供を要求することで、1人の取材では得られないような情報を得るために設立されたものである。また記者クラブは、番記者と同様に、取材対象と継続的にかかわり、密接な関係を築くことで優先的に情報を得られ、公式発表・記者会見などで問題を追及できるという重要な役割がある。そのため、国会には、衆議院記者クラブと参議院記者クラブ、首相官邸には官邸の記者クラブである内閣記者会、さらに省庁ごとの記者クラブや政党にも記者クラブが存在している。しかし、各機関の中に記者クラブ控室が用意されていることや、記者クラブに加盟していない外国やフリーのジャーナリストは、クラブ主催の記者会見への参加や質問が制限されるといった閉鎖性と排他性、取材対象との密接な関係が、問題視されている。

2　変化するメディアと世論の関係

（1）マスメディアのイメージと信頼感

　近年、日本ではマスメディアへの批判が多くなっている。インターネットの普及とソーシャルメディアによる報道が増えたことで、新聞では紙面、テレビだと放送時間などの制約によって今まで目にすることがなかったニュース（とその側面）を、事実上インターネットには制限がないため、容易に知ることができるようになった。能動的に報道を取捨選

択するマスメディアのゲートキーパーの役割が、情報を隠蔽しているのではないかといった批判として挙げられるようになったのである。

　また、価値中立的な報道を掲げながら、各報道機関の情報の偏りに関しても、批判が高まっている。アメリカの新聞やテレビは、客観報道を掲げながらも明確に共和党・民主党への支持や投票を呼びかける政治的傾向を有している。しかし日本のテレビ・ラジオは、放送法によって政治的な公平性を求められ、意見が対立する問題を扱う場合、できる限り多様な意見を報道するように定められている。新聞は、放送法が適用されないが、アメリカのように露骨な支持・投票の呼びかけなどは行わないようになっている。

　しかし、同じ出来事を扱うニュースであっても、実際の報道（内容や取り上げ方など）は、新聞社やテレビ局によって大きく異なる。たとえば、憲法改正を扱う際に全国紙では、朝日新聞や毎日新聞が憲法改正を批判的に報道するのに対し、読売新聞や産経新聞が憲法改正を肯定的に報道する。一方で日本経済新聞は、経済問題への立場を明確にするが、憲法改正を中立的に報道することが多い。新聞各社の政治的傾向は、一般的に朝日と毎日が左寄り、日経が中立（少し右寄り）、産経と読売が右寄りとされることが多い。テレビも放送法によって、政治的な公平性を担保しているが、新聞社との資本関係や系列関係によってテレビ局の経営に関与していることが政治的傾向のイメージに影響している。たとえば、読売は日本テレビの、朝日はテレビ朝日の、日経はテレビ東京の筆頭株主である。またフジテレビは産経を傘下に収め、毎日とTBSは資本関係にはないが、友好関係を築いている。そのため、新聞社と同様の政治的傾向をテレビ局も有していると認識されている。

　公共放送のNHKは、一般的に中立や左寄りの政治的傾向のイメージで認識されていたが、別の問題によってそのイメージが揺らいでいる。NHKは、主に受信料収入で経営を行っているが、年度ごとの運営予算に関しては国会の承認が必要であるとともに、衆参両院の同意の下で内閣総理大臣が任命した委員による経営委員会がNHK会長（いわゆる社長）

を任命しており、政治の関与が入り込む余地がある。2013年に政権与党に近い政治的傾向をもつ委員が多く任命され、NHK 会長が政権に忖度するような発言をしている。実際に、政権に忖度するような報道が行われているか不明だが、こうした情報によって一般の人々は、NHK に対して別の政治的傾向のイメージをもつだろう。

（2）マスメディアへの高い信頼感

このようなマスメディアへの政治的傾向のイメージは、「偏った・偏向報道している」や「間違った報道で世論を誘導しようとしている」などの批判の種になっている。こういったマスメディアへの批判や不信は、インターネット上などで多く見られるが、実際には日本のマスメディアに対する信頼度は非常に高い。**図表10-1**は、2010〜2014年に実施された世界価値観調査（World Values Survey）の「新聞・雑誌をどの程度、信頼しますか」「テレビをどの程度、信頼しますか」という2つの質問のOECD 加盟国（およびパートナー国）の回答結果をグラフ化したものである。**図表10-1**を見ると、日本は新聞・雑誌とテレビの両方ともに信頼している度合いが非常に高いことがわかる。

図表10-1　マスメディアへの信頼度

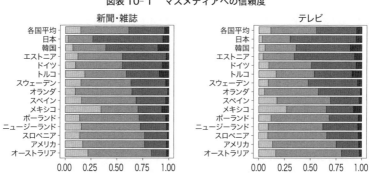

出典：World Values Survey（2010〜2014）

マスメディアを批判しながらも、日本での信頼感が高いことは、いくつかの要因が考えられる。谷口（2013）は、世界価値観調査を用いた分析から、新聞の発行部数が多い国ほど新聞への信頼感が高いことを明らかにし、Yamamoto et al.(2016) は、都道府県を対象とした分析から、多様な職業や学歴構成の県や、得票を多くの政党で分け合っている県ほど、マスメディア全体や新聞・テレビの信頼感が低いことを明らかにしている。これらの分析で挙げられる要因は、新聞の発行部数が減少し、今後、人々の価値観や生き方が多様化していくことで、マスメディアへの信頼感が低くなっていく可能性を示唆するものである。

（3）メディアは世論を変えるのか

　マスメディアへの批判で世論を誘導しているというものがあるが、本当に報道は、世論（購読者や視聴者）の意見に影響を与えるのであろうか。また、影響力があったとしても、どの程度変化させるのであろうか。メディアの世論への影響力の研究は、人々の意見を一変させるような強い影響を与える即効理論（強力効果説、皮下注射理論）と、人々の意見を補強する、もしくは全く影響を与えないという限定効果論の２つの理論があった。しかし近年では、２つの理論の中間的な影響力があるという見方が広まっている。そこで、その中間的な影響・効果をいくつか提示する。

　まず、ある出来事や争点に関して、メディアが繰り返し報道することで、人々の中の問題に対する重要度や関心を高める影響を及ぼす**議題設定効果**（アジェンダセッティング効果）がある。たとえば、消費税の引き上げに関して、集中的に報道することで、人々の賛否や選挙での投票先を変えることはできないが、人々に消費税が重要な争点であると認識させるというものである。

　議題設定効果の研究は、影響の及ぼし方を明らかにする方向に広がっていった。１つ目は、争点のどのような側面を重視するのかという属性型議題設定の研究である。例として、憲法改正を取り上げると、憲法改正問題には、自衛隊を明記する９条の改正、災害対応などの緊急事態条

項、その他にも教育の無償化、合区解消の問題など様々な側面がある。属性型議題設定は、マスメディアがどの側面や属性（事項）を取り上げるかに応じて、人々の関心の高まる属性も変わるというものである。

　2つ目は、議題設定効果によって重要だと認識した争点が、人々の政党の評価や投票行動などの判断材料として扱われるようになるというプライミング効果（誘発効果）の研究である。たとえば、年金問題を集中的に報道して、人々の年金への関心を高めるとともに、各政党が、どのように年金問題に対処するのかを判断材料として評価・投票するようになるというものである。プライミング効果によって、特定の問題に注目させることで、人々の政治に対する判断基準を変えているのである。プライミング効果は、ニュース報道だけで起きるのではなく、ドラマやバラエティ番組などメディアに関係していれば何にでも生じる。たとえば、アメリカでは、刑事ドラマによる治安の良し悪しの判断の変化や、コメディ番組による政治家の属性評価の変化などが明らかになっており、日本でも同様の効果がある可能性もある。

（4）メディアで用いられるフレーミング

　議題設定効果やプライミング効果と同じ現象を別の方法で説明する理論として、**フレーミング**がある。フレーミングとは、複雑な現実の中から、ある側面を選び出し、理解するための一定の枠組みを与えるというものである。枠組みがどのようなものかによって、受け取った人々の認識が異なることが知られている。たとえば、フレーミングの代表的な研究者である Iyengar（1991）は、テレビの報道の仕方を、テーマ型フレームとエピソード型フレームの2つに分類した。テーマ型フレームは、一般的な問題の解説や分析を中心とした報道の仕方であり、エピソード型フレームは、当事者や関係者を中心とするストーリーとした報道の仕方である。アイエンガーが実験的研究で扱った貧困や犯罪問題では、貧困や犯罪問題が起きる経済状況の指標や政治の取り組みなどのニュース（テーマ型フレーム）を見ると、社会や政治に責任や問題点があると考える

人が増える。一方で、貧困で困窮する人々や犯人・被害者に焦点を当てたストーリー中心のニュースを見ると、人々はその当事者である個人に責任や問題点があると考える傾向が高まる。アイエンガーは、ニュースをどのような切り口で報道するかによって、人々の責任の所在の認識に影響を与えると論じている。

こうしたフレーミングは数多く指摘されており、たとえば、政治報道に関するフレームでは、政策論争や選挙の争点に注目する争点型フレームと、政治家などの人間関係や支持団体の戦略に注目する戦略型フレームなどがあり、各種フレームに人々がふれることで生じる影響が分析されている。

（5）メディアにかかわるバイアス

マスメディアが行う政治報道は、本当に「偏っている（バイアスがある）」のであろうか。マスメディアのバイアスについては、ゲートキーパーの役割によって、特定の政党がニュースに取り上げられやすく、好意的なニュースが多いなどの偏りが生じる可能性が指摘されている。例として、アメリカの民主党寄りのマスメディアは、共和党のスキャンダルを取り上げる傾向が高く、逆に共和党寄りのマスメディアは、民主党のスキャンダルを取り上げる傾向が高いことが知られている。他にも、一般的にマスメディアは、良いニュースよりも悪いニュースなどの否定的な情報を取り上げる傾向が高いネガティビティ・バイアスがあることが知られている。日本でも、失言やスキャンダルが起きた時に、飛び付くように取材を行い、ニュースで多くの時間をかけて取り上げることが例として挙げられる。

他にも、逢坂（2010）は、政権交代が起きた 2009 年衆院選の報道では、民主党が設定した争点に近いものが多く報じられ、民主党へ厳しい追及も行われなかったと論じている。このようなバイアスは、メディアの影響力の理論と組み合わさって、元からもっている先有傾向を補強するような影響だけでなく、直接的な影響を明らかにする研究が数多く行われて

いる。

　さらに、情報の受け手である人々のメディアに対する認識のバイアスがある。それは、ある政治的な傾向や態度が強い人ほど、自分と反対の立場の意見にメディアが偏っていると考え、そのようなバイアスのかかっている報道によって、自分にとって好ましくない影響を人々は受けていると考える傾向があるという**敵対的メディア認知**と呼ばれるものがある。関連して、自分はメディアから影響を受けないが、他の人（第三者）は報道によって、誘導されているとメディアの影響を過大評価し、自分は報道に抗うように行動するという**第三者効果仮説**というものがある。

　しかし、これらのメディアの影響やバイアスに関する理論は、決して新聞やテレビなどのマスメディアだけで生じるのではなく、情報にかかわることで生じるため、新しいメディアを含めたメディア全体にかかわる理論として位置づけることができる。

3　新しいメディアと政治のつながり ────

（1）新しいメディアによる社会・人々の変化

　現代社会では、パソコンやスマートフォンでインターネットやソーシャルメディアを用いることによって、日常生活において時間・場所にかかわらず、容易に情報収集することができるようになった。また、情報収集が容易になっただけでなく、一般の人たちをはじめ、芸能人や政治家本人などが直接、情報発信することが可能となり、情報発信者と受信者がコミュニケーション（コメントや「いいね」など）できるようになったことも特徴である。既存のマスメディアとは異なる特徴をもつインターネットやソーシャルメディアは、社会、特に政治にどのような影響を与えているのであろうか。

　インターネットの登場によって、政治家などの当事者のブログ・ソーシャルメディアや、一般の個人ブログなど情報源が不明瞭なもの、政治を扱うニュースサイト、既存マスメディアの Web 版、海外のニュース

メディアなど多くの情報にふれることが可能になった。さらに、誰もが情報発信者になったことで、ゲートキーパーとしてのマスメディアの機能を徐々に衰退させることとなった。

　政治家にとって、ブログや SNS（Twitter や Facebook など）での情報発信は、マスメディアよりも自らの業績や政策などを容易にアピールできるようになった。また、マスメディアが断片的に情報を伝えたり、批判的なニュースを流したりすることに対しても、政治家は多くの有権者に向けて自らの見解を表明し、弁明することができるようになった。たとえば、Twitter では安倍首相が約 160 万フォロワー、トランプ大統領は約 6760 万フォロワーを有している（2019 年 12 月現在）。特にトランプ大統領は、自身への批判的なニュースをフェイクニュースと批判したり、政策や外交方針、人事などを直接「つぶやいて」いる。そのため、マスメディアもトランプ大統領の Twitter 情報を後追いして報道するなど、メディア間の関係性も大きく変化している。

（2）インターネットを使った選挙運動

　日本でも政治のソーシャルメディア活用の契機となったのが、2013 年の公職選挙法の改正、いわゆる**ネット選挙**解禁である。ネット選挙解禁によって、インターネット上での候補者や政党による政策の発信や論争、有権者とのコミュニケーションが可能となり、候補者や政党は、ネット選挙解禁によりウェブサイト等（ホームページ、ブログ、ソーシャルメディア、動画投稿・配信サービスなど）と電子メールを利用した選挙運動を行うようになり、同時に有権者もネットを使った選挙運動をするようになった。しかし、東京都が 2017 年の衆院選の後に行った調査では、投票を行った有権者の約 6 割近くがインターネットの情報にふれていないと回答しているなど、まだ発展段階だといえる。

　一方、アメリカでは、1990 年初頭から電子メールによる選挙運動が行われ、2000 年代には、自分のウェブサイトなどを用いて選挙運動を行うとともに、インターネット経由で政治献金を募ることが盛んになるなど、

インターネットを用いた選挙運動は一般的になっている。さらに、発展の大きな転機だったのは、2008年大統領選挙でのバラク・オバマの選挙運動である。オバマは、選挙期間中に1000万件以上のメールアドレスを収集し、選挙情報を発信したり、個人献金を募ったりとインターネットをうまく活用した選挙運動を行い、大統領に当選した。また、韓国では、2000年からネット選挙運動が認められたことで、選挙において候補者がSNSアカウントだけでなく、候補者陣営がアプリを開発し、演説日程や公約などをアプリ上で見ることができるようになるなど活用が進んでいる。

　各国に比べて、日本では2017年衆院選の立候補者のTwitterアカウント開設率は約6割程度であるが、多くが積極的に利用されておらず、2013年参院選を分析した上ノ原（2014）によると、主に選挙運動の告知などが中心となっている。一方で、自民党は、2000年からビジネスマーケティングやPR手法を取り入れ、ネット選挙解禁後は「Truth Team (T2)」と呼ばれるソーシャルメディアを用いたイメージ戦略対策チームを設置し、支持獲得のために積極的に活用した（西田、2015）。また、政治的リソースが乏しい中小政党や新人立候補者などは、ソーシャルメディアの利用を積極的に行うことで有権者に容易にアピールできるため、2019年の参院選でも、ソーシャルメディアやYouTubeなどで、演説風景などを動画配信する政党が話題となった。このように、政治側もソーシャルメディアをはじめとした社会の変化に対応して、有権者に対するイメージ戦略や利用の仕方を大きく変化させている。

（3）インターネットによる影響と今後の変化

　インターネットやソーシャルメディアが一般化したことは、メリットだけではない。ここまで説明してきたメディアの影響やバイアスに関する理論は、インターネットやソーシャルメディアでの情報に接触した際に生じる可能性が大いにある。たとえば、情報の受け手がもつバイアスは、現在のインターネット上のマスメディア批判として書き込まれてい

る内容とリンクする部分が多い。また、既存のマスメディアが有する影響やバイアスだけでなく、その特徴から生じる影響が指摘されている。

　能動的に使用するインターネットやソーシャルメディアは、自ら情報を選び取ることができる一方で、多様な情報源の中から何らかの基準をもって選択しなければならない。趣味や娯楽目的であれば、自分の知識や「つながり」が強いので、情報の正しさを判断しやすいが、政治の情報はたとえ政治関心が高く、かつ知識が多い人であっても、数多ある情報の中から信頼性の高い情報を選び取ることは非常に難しい。そのため、普段から政治との「つながり」が薄く、関心が低く知識が少ない人は、何を選択すれば良いかわからず、より政治情報にふれなくなり、政治関心や知識の格差を拡大させる可能性がある。

（4）情報の選択と意見の極端化

　また、自分の読みたい・観たい情報だけにふれることができるため、**選択的接触**が生じる。選択的接触は、自分がすでにもっている政治的傾向（先有傾向）に近い情報ばかりにふれることである。たとえば、アメリカのテレビ報道で共和党員は共和党寄りの FOX を選び、民主党寄りの CNN を避ける傾向にあるなど（逆の傾向も然り）、マスメディアを対象に多くの研究がなされてきた。

　さらに、選択的接触は、インターネットを使う際には大いに生じる可能性が高い。インターネットでは、自らが望む情報を検索・選択するため、わざわざ自分の先有傾向と異なる情報にふれようと思わないだろう。たとえば、日常生活でも自分の好きな芸能人の情報を得ようとしている時に、わざわざ検索してまで否定的なニュースサイトを見ることはなく、好意的なニュースサイトを見るはずである。また、Google や Yahoo! などのウェブ検索サービスでは、検索キーワードに対して関連性が高いサイトを検索上位に表示させるとともに、個人の行動履歴に基づいて関心に応じたサイトが優先的に表示されるため、自分の意見と異なる情報にふれにくくなっている（他の例として Amazon のおすすめ商品など）。さらに

ソーシャルメディアも、自らがフォローしたユーザーの投稿のみが目にふれるサービス設計になっているため、偶発的に政治情報にふれることが少なくなってしまう。こうした、無意識のうちに選択的接触が生じ、接する情報の範囲が狭まってしまうことを**フィルターバブル**と呼ぶ（Pariser, 2011）。

　さらに、選択的接触だけでなく、自分と異なる意見の情報を避ける選択的回避によって、フィルターバブル状態になった時に、自分の意見がより極端なものになる**分極化**（エコーチェンバー効果）が生じてしまう。先有傾向に従って、情報の選択的接触と選択的回避を繰り返すことで、自分の望む情報にしか接触しないフィルターバブルの状態となり、自分の政治的傾向をより強め、極端な意見になってしまう分極化が生じてしまうのである。こうした分極化に至る例として、インターネット上での右派的な情報にだけ接触することで極端に右派的な意見になり、自らが左派的だと見なすメディアに対してだけでなく、反対意見に対しても敵対的な行動をとるネット右翼（ネトウヨ）が挙げられる。

　現代のメディアをめぐる政治の状況は刻々と変化している。SNSなどで得た個人のデータを多くの政党が選挙運動に活用しようと試みている。また政治家や政府機関などが、Instagramで写真や画像を用いた投稿をし、YouTubeなどで動画配信を行うといったイメージ戦略を重視し、一方で私たちはSNSなどでより政治を身近に感じられる機会が増えている。その便利さや容易さから、普段、何気なく使っているインターネットやSNSだが、使い続けるうちに最適化された情報だけにふれることになり、多様な見方ができなくなっているかもしれない。さらに、政治に関する情報・ニュースを全く見たり、検索したりすることがなければ、全く政治の情報にふれることがなくなってしまう。おそらく、現代の多くの人は、このような状況になっているため、政治への関心がますます低くなり、選挙にも行く機会がなくなっているのかもしれない。一方で、インターネットを有効に使うことのメリットもある。Kleinberg and Lau（2019）によると、若い世代は政治知識が乏しくとも、インターネットを

使うことで、選挙の情報を入手でき、自分の利益に沿った投票ができることを明らかにしている。このように、様々なメディアによって、普段の生活も知らず知らずのうちに、政治とつながっているのである。

column10
ネット右翼とは何か

　インターネットやソーシャルメディアを使っていると「ネトウヨ」という言葉を目にすることがある。外国（特に韓国や中国）に対して、過激な表現を使って嫌悪感を表明し、さらには差別的な表現（ヘイト）による書き込みを行っている。本人たちは、保守を自称していることも特徴である。ネトウヨとは、ネット右翼の略語で、インターネット上で活動している右翼を示す言葉であり、インターネットの匿名掲示板などで使われ、ソーシャルメディア上でも活動を行っているユーザーのことである。ネット右翼は、一般的な右翼団体と異なり、普段、普通の仕事を行い、右翼的な活動を行っているわけではないが、インターネット上では、右派的な言説を用いて書き込みを行なっている。

　ではどのような層がネトウヨになっているのであろうか。樋口ら(2019)の分析によると、これまで考えられてきた非正規雇用や社会的に孤立している層ではなく、中高年層や経営者・自営業者がネトウヨになりやすいことを明らかにしている。さらにネトウヨは、政治情報の入手先として、テレビなどの既存のマスメディアは用いず、インターネットやSNS、特に個人のブログなどを利用していることを論じている。このことは、3の選択的接触の説明であったように、自分の政治的な傾向に近いメディアや情報のみにふれることで、より意見が極端なものになる分極化が生じている可能性がある。

　他方で、ネトウヨがインターネット上のメディアを使うことで、政治や社会に影響を与えることもある。アメリカの選挙やイギリスのEU離脱などで、機械的に右派的な投稿を行うTwitterのbotが、メッセージを繰り返し宣伝することで、一定の影響を与えたという分析もある。日本でも同様に、SNS上でネトウヨのユーザーが多くの右派的な投稿をすることで、ネトウヨではなかった人々に影響を与えるのかもしれない。

おすすめの本・ウェブサイト

📖 サンスティーン、キャス（伊達尚美監訳）（2018）『#リパブリック――インターネットは民主主義になにをもたらすのか』勁草書房

インターネットが、民主主義にどのような影響を与えているかを示した本。インターネットによる選択的接触やフィルターバブル、さらに分極化を扱っており、新しいメディアと政治を考えたい人におすすめ。

📖 谷口将紀（2015）『マスメディアと政治』東京大学出版会

メディアと政治の関係に関する最新の知見や理論、研究が詳細に紹介されている。専門的で、少々難易度は高いが、メディアに関する研究を知りたい場合は、この本を参考にすることをおすすめする。

📖 樋口直人・永吉希久子・松谷満・倉橋耕平・ファビアンシェーファー・山口智美（2019）『ネット右翼とは何か』青弓社

インターネットで見かける「ネトウヨ」が、どのような人なのかを明らかにしている本。データによる分析や当事者へのインタビューなど様々な側面から論じられている（コラム10でも一部を取り上げている）。

参考文献

上ノ原秀晃（2014）「2013年参議院選挙におけるソーシャルメディア」『選挙研究』30巻2号、116〜128頁。

逢坂厳（2010）「2009年総選挙のテレポリティクス――民主党の『パブリシティ』と宣伝」『選挙研究』26巻2号、44〜59頁。

谷口将紀（2013）「政権交代以降のマスメディア――新聞の信頼感に関する考察」飯尾潤編『政権交代と政党政治』中央公論新社、237〜261頁。

西田亮介（2015）『メディアと自民党』角川新書。

Iyengar, S.(1991) *Is anyone responsible? : How television frames political issues*, University of Chicago Press.

Kleinberg, M. S. & Lau, R. R. (2019) The Importance of Political Knowledge for Effective Citizenship : Differences Between the Broadcast and Internet Generations, *Public Opinion Quarterly*, 83(2), pp. 338–362.

Pariser, E. (2011) *The filter bubble : What the Internet is hiding from you*, Penguin UK（井口耕二訳（2012）『閉じこもるインターネット――グーグル・パーソナライズ・民主主義』早川書房、同（2016）『フィルターバブル――インターネットが隠していること』ハヤカワ文庫）.

Yamamoto, M.; Lee, T. T. & Ran, W.(2016) Media trust in a community context : A multi-level analysis of individual-and prefecture-level sources of media trust in Japan, *Communication Research*, 43(1), pp. 131-154.

第11章
市民と政治
──市民1人ひとりが民主政治を支える

　民主政治を支えるのは、議会議員や行政職員など公職に就く人々に限られない。民主政治の担い手は本来、私たち市民である。もし市民が政治を支えなければ民主政治は成立しない。この意味で、「市民」の「主体性」は民主政治の基礎理念である。もちろん現代社会で政治を職業として、その責任を担っているのは政治家をはじめ一部の人々である。しかし、私たちの生活は多くの部分で政治に規定されている。政治にかかわることを避けているだけでは、政府や国会が私たちから遊離して、権力の腐敗や社会の不正義を傍観するだけの存在になってしまう。政治とつながる態度と行動が市民には求められている。

　本章では、こうした視座から、最初に、戦後日本で民主政治を実践する主体として、様々な社会運動・市民運動に期待が向けられたことを確認する。次に、こうした課題の認識をもとにして政治学で展開されてきた参加民主主義論と、自由化と消費社会の高度化を背景に、衰退する公共性を再考する中で「市民社会」概念に注目が集まったことを確認する。そして最後に、市民と市民社会を民主政治の基盤として再評価し、民主政治の改善を模索する議論として熟議民主主義の構想を説明し、1つの展望としたい。

1 民主政治を支える「市民」―――――――――

（1）課題としての「市民」

　戦後民主主義の理論的指導者として代表的存在である政治学者・丸山眞男は、民主政治を現在進行形のプロジェクトとして捉えた。普通選挙や政党政治など議会制民主政治を制度化し、憲法によって基本的権利を保障すればそれで民主政治が実現するとは考えなかった。丸山によれば、民主政治は「不断の民主化によって辛うじて民主主義でありうる」（丸山、1961、157頁）のである。

　そもそも民主政治の根本原理である人民主権は、「自律した判断・行為能力を有する個人が政治的意思決定を担う政治」を構想する原理として理解できる。人民主権を形骸化させないためには、政治参加する市民の主体性が必要である。自主性・能動性を有した主体として市民が存在しなければ、民主政治は成立しないのである。

　それゆえ、丸山眞男をはじめ市民社会派と呼ばれる大塚久雄、内田義彦、川島武宜らは、日本に民主政治を定着させるには、日本社会を近代化し、「市民」を創出することが課題だと主張した（戦後啓蒙運動）。戦前日本の軍国主義は「たんに強権的な政治や法的な制度によってのみでなく、戦前日本の社会的文化的構造によって支えられていた」。つまり、共同体的社会構造を解体して権威主義的メンタリティを克服することで、自主的な個人＝市民を確立することが目標とされた（高畠、2001、6頁）。

　たしかに代表制をとる限り、民主政治を担う中心的存在は職業政治家である。そして、自由で公正な選挙による政治指導者の選抜は、国民の意思を反映する現実的方法として根幹的である。民主政治といっても、現実には少数者による統治である。しかし、それゆえに民主政治の制度は自己目的化・物神化して、少数者支配の方便に使われる可能性がある。だからこそ、常にそれらの制度が民主的に機能しているか、市民が監視し、その運用にかかわっていく必要があるのである。

市民が民主政治を支えるというとき、それは投票行動に限定されない政治生活を意味している。丸山は次のように述べる。「民主主義を現実的に機能させるためには、なによりも何年に一度かの投票が民衆の政治的発言のほとんど唯一の場であるというような現状を根本的に改めて、もっと、民衆の日常生活のなかで、政治的社会的な問題が討議されるような場が与えられねばなりません。それにはまた、政党といった純政治団体だけが下からの意思や利益の伝達体となるのではなく、およそ民間の自主的な組織が活潑に活動することによって、そうした民意のルートが多様に形成されることがなにより大事なことです」（丸山、2014、151～152頁）。

　つまり、議会政治が民主政治であるためには、政治を自分事と考える市民が存在し、また政治参加の多様な機会が開かれていなければならない。そうだとすれば、民主政治は普通選挙を通じた得票最大化を目指す政治指導者たちの競争のみで完結すると考えることはできないだろう。選挙結果は民意を反映している、そして政治指導者が国民を代表している、という擬制を実態に即した説明として無批判に認めることはできない。代表制議会の役割が、人々の意見や利害を政治決定に反映し、政府の行政活動を監視することだとすれば、いまの国会や内閣はその職責を十分に果たせているのか、私たちは批判的な視点を保持する必要がある。

　もし選挙だけでは民意を反映し政権の専断を防ぐことができないと考えるなら、民主政治にとって投票行動以外の政治参加が重要な意義をもつことになる。そして私たち個人が「市民」として、より直接的に意思決定や行政監視に関与する場やしくみが必要だと考えられることになる。

（2）民主政治と社会運動

　政府を批判する運動は繰り返し行われてきた。最近の例でいえば、2012年には原発再稼働反対を訴えるデモが、また2015年には集団的自衛権行使を容認する**安全保障関連法案**に抗議するデモが、国会・首相官邸周辺など各地で行われた。もちろん、こうした街頭デモについてどの

ように評価するか、様々な議論が存在する。それゆえ、社会運動を無条件に擁護することはできない。政府の施策・政策に反対する抵抗運動を大衆的反発とみて、人々の政治参加に危険性が伴うことを強調する論調もある。あるいはまた、言論・表現の自由や集会・結社の自由が排外主義的運動を行う人々によって主張され、街頭で差別や憎悪を煽るヘイトスピーチを繰り返す団体が、草の根的に運動を行う場合がある。

しかし、他者を否定し市民生活に脅威を与える運動や言論は、民主政治に反する言動として規制されるべきであるとしても、民主政治の基礎的条件を自由・平等・公正な言論活動に求めるなら、人々が政治的意思を表現する自由は保障されねばならない。そして、議会制民主政治が民主政治として機能しているか、外部から監視する役割を担う主体として社会運動を理解するなら、街頭デモが、政府や国会を監視する役割を一定程度担っていると評価することも可能である。多くの場合、議会外行動は、「不断の民主化」という観点からその意義が擁護されてきた。一般の人々が、日常生活の中で感じ取り、あるいは直面する政治問題や社会的課題を提起し、意思表示する運動は、民主政治を支える要素と考えることができる。そして、抵抗運動・社会運動の存在に民主政治を支える市民意識の存在・成熟を見出すことができるかもしれない。街頭デモに参加したり抗議の声を上げるなど行動を経験した人は、自律的に行動することに自信を得て（小熊、2012、57頁）、民主政治を支える「市民」となっていくのかもしれない。

（3）社会運動・市民運動の展開

日本の社会運動の歴史において、最も大規模で強い記憶を形成したのが**反安保闘争**である。1958年、岸信介政権が警察官職務執行法改正法案を国会に提出すると、同法案に反対する運動が起きた。社会党・共産党など左翼政党や**総評**といった労働組合だけでなく、広範な団体・人々が組織を形成して反対運動が展開された。そして、同法案は結果的に審議未了により廃案となった。そしてこの運動に続き、1959～60年に展開し

たのが反安保闘争である。岸内閣が調印した新安保条約に抗議して、多数の人々が国会周辺で連日「安保反対」の声をあげた。安保条約改定阻止国民会議が結成され、全国の労働組合、革新系の組織、学生団体、地域組織、文化団体などが結集した。こうして反安保闘争は国民的規模にまで膨らみ、結果的にアメリカのアイゼンハワー大統領訪日を中止させ、岸内閣を退陣に追い込んだのである（しかし新安保条約は自然成立した）（→第2章2）。

　これらの運動は、議会外の抗議行動が政治に強い影響を与えた例だと考えられている。そして運動の性質も、大衆動員による組織的団体行動としてよりは、個人が能動的・主体的に参加した市民運動として特徴づけられることが少なくない。たとえば、前衛党の指導下に革命を目指す政治闘争とは異なって、同法案に問題を認識した人々が、特に戦前の軍国主義を反省する立場から反対の意思を表明する目的で、個人として自発的に参集した側面があったというわけである。

　市民運動というとき一般には、特定の目的を共有した個人が自主的に集まって、社会的課題や公共問題に取り組む運動・活動として捉えられることが多い。そこで人々は、大衆に埋没した受動的・他律的な個ではなく、自ら社会的課題に取り組む能動性・自律性を有した主体とされる。つまり市民運動は、こうした意味で理念的に捉えられるものでもある。

　戦後日本で象徴的な市民運動とされるのは、世界各地で展開し始めた**ベトナム反戦運動**を受けて、政治学者・高畠通敏や哲学者・鶴見俊輔らが呼びかけ、作家・小田実が代表に就いて始まったべ平連（ベトナムに平和を！市民連合）である。べ平連が市民運動とされるのは、各地で集会やデモを開催しても、組織化しないで「ふつうの市民」が参加する緩やかな運動を目指していたからである。

　しかし、こうした大規模な抗議行動は沈静化し、次第に減少していった。一部の運動は暴力化・過激化し、人々の共感を得られなくなっていった。しかし他方で、社会課題に取り組む市民運動・住民運動は日常化していった。1960年代後半から70年代にかけて、高度経済成長と都

市化・工業化に伴う生活環境の悪化に抗議する住民運動が展開された。工場排水による河川海洋汚染や煤煙による大気汚染が深刻化し、公害反対運動も起きた。また、生活排水や農薬・化学薬品散布による環境汚染が顕在化し、環境保護運動が起きた。安全な食品を求めて主婦らが中心となって生活クラブ生協を結成するなど、消費者運動も広がった。

　こうした住民運動・市民運動が展開する背景には、豊かな社会に変容する中で、人々が生活者個人の視点から産業資本主義の価値観に疑問を抱くようになった、という変化が考えられる。これらの運動は、生活の質・生活様式に対する問題提起を内に含み、物質的利益の追求とは異なる問題関心をその動機としている。しかも、多様な社会的課題をめぐって、政策形成過程・政治全般に影響を与える目的で、自発的に参集し行動する人々が主体である。このような状況を見て、日本社会にも市民運動が政治参加・社会生活の一部として定着してきたと評価することもできるだろう。

（4）市民参加と革新自治体

　こうした市民運動の普及を、民主政治の成熟として捉えることも可能である。政治学者・松下圭一は、市民運動・住民運動が定着し始めた1970年代に、市民という規範が日本社会でも機能し始め、その条件が歴史的現実として成立してきたと指摘した。松下によれば、「戦後の工業と民主主義の成熟によって、問題点をふくみながらも、規範概念としての市民的人間型が、日常の個人の行動様式・思考様式として機能しはじめてきた」（松下、1975、xi頁）。このとき「市民とは、自由・平等という共和感覚をもった自発的人間型、したがって市民自治を可能とするような政治への主体的参加という徳性をそなえた人間型」を意味する（松下、1975、x頁）。つまり、松下は「私的・公的自治活動をなしうる自発的人間型」である「市民的人間型」が、社会規範の1つとして成立し始めたと論じた（松下、1966）。

　この松下の評価には、たしかに期待が先行する面があった。しかし市

民の政治参加を規範として確立するという課題は、現実政治を変える実践的関心を伴っていた。松下は、都市型社会へ移行した日本社会に定着し始めた「市民」の存在に期待して、市民自治を可能にする地域民主主義・自治体改革を主張した。そして、国民主権を「政治機構の正統性を弁証する概念装置」（松下、1975、43頁）から、実態を伴うものへ変えようとした。

こうした市民の政治参加を積極的に推進したのが、市民運動の活性化を受けて登場した**革新自治体**であった。革新自治体では市民参加に基づく自治体運営を目指して、行政と市民の対話が重視された。

革新首長が市民参加を推進した背景には、日常生活にかかわる社会問題が顕在化し、その解決を求める住民の要求があった。高度経済成長による都市化・産業化は、政治・行政に対して、都市部の社会資本整備や公害対策といった政策課題を突き付けた。特に都市住民にとって、住宅・学校・病院・保育所・上下水道・ごみ処理施設など生活基盤の整備が喫緊の課題であった。こうした状況で、生活に直接かかわる地方自治体で、革新首長が続々と当選し革新自治体が誕生した。代表的な存在は、美濃部亮吉東京都知事（在任1967〜79）、黒田了一大阪府知事（1971〜79）、長洲一二神奈川県知事（1975〜95）である。

もちろん、こうした「革新自治体の時代」以前にも革新系首長は存在した。蜷川虎三京都府知事（在任1950〜78）と丸谷金保北海道池田町長（1957〜76）は代表的である（岡田、2016）。しかし、経済成長を目標に掲げ、産業政策に集中し公害対策に後ろ向きな政府・自民党に対抗して、社会党や共産党が支持・推薦する革新首長が登場したのは、地方政治における政権交代を意味し、重要な変化であった（森、2016、97頁）。議会に支持勢力が少ない革新首長は、民意を直接反映する手法によって、住民の要求に応えることで支持の獲得に努めた。公害を規制する条例が制定され、生活基盤の整備や福祉の拡充が行われた。

しかし、これらの政策が一定の成果を得ると、革新自治体の時代も次第に終わっていく。石油危機後に経済成長が鈍化すると、その政策が財

政難をもたらしたこともあって、革新首長は退陣していった。

2 市民社会と民主政治

（1）参加民主主義論

　市民運動の展開や、革新自治体が採った市民参加の推進という方針は、政治学でも議論の対象とされた。こうした流れに位置づけられる理論に、主に1960〜70年代に展開した参加民主主義論がある。

　参加民主主義論は、市民が政治的意思決定に直接参加する機会の拡充を主張する議論である。代表制の政治回路である選挙や政党・利益団体とは別に、市民の直接参加を拡充することで、自己統治の度合いを高め、実質的な民主政治を創造することを目的としている。具体的には国政レベルよりは、地方自治や職場など身近な意思決定に参加する方策を提案する。

　参加民主主義が主張される背景には、現状の代表制民主政治が民主政治として十全に機能していないという問題提起がある。アメリカの政治学者バーバーによれば、人々は無力だから無関心になるのであって、無関心だから無力なのではない（Barber, 2003, p.272）。つまり、政治参加の有効性・有益性がないから動機や理由がないというわけである。それゆえ、もし意思決定に実効的にかかわれる機会があれば、おのずと政治参加する人は増えると考えられる。

　たとえば、アメリカの政治学者ペイトマンは、政治的有効性感覚と社会的・経済的地位は相関関係にあると指摘する。おそらく社会的地位の高い人は、それだけ政治的発言力も強いため政治的有効性感覚も高い。この不平等を緩和するには、日常生活に影響を与える主要な諸制度を民主的統制の下に置く必要がある。もし企業や地域社会で自己決定を可能にする制度ができれば、つまり人々の政治参加の機会を拡大すれば、人々の政治的有効性感覚が高まり、政治参加を促進できると考えられる。それゆえペイトマンは、職業人として生活する多くの人々に身近な労働

現場の民主化を提案した。たとえば、労働者自主管理では、労働者個人が「決定作成機関の成員として決定を左右する力を平等にもっている」ため、それだけ有効性感覚をもて、責任を担うことができると指摘する（ペイトマン、1977）。

　こうした政治参加の機会拡充は、民主政治を実質的にする手段として主張されるだけではない。政治参加は市民として必要な能力を養う教育機能があるとも論じられる。たとえば、自治会・学校・文化サークルといった地域社会を運営する職務に参加する経験を通じて、市民的資質が養われ、私的個人が自律的市民に陶冶されていくという。なぜなら、他者と議論し意思決定する必要に迫られれば、私的利益を主張する利己主義を抑制し、他者の立場を視野に入れ公共性・一般性を考慮する態度や心理的資質が必要になるからである。そして、こうした民主政治の実地訓練を通じて、形骸化する傾向にある代表制民主政治を実質化できると考えられるのである。

（2）ラディカルデモクラシー論

　しかし、労働者自主管理や職場民主主義の推進といった提案には現実的に問題が多く、十分な支持を得にくい部分がある。また、地方自治の市民参加拡大は、利害対立を顕在化させ問題解決を困難にする側面もある。そして、多忙な現代人に政治参加の負担を増やすことには限界もある。

　実際、高度経済成長を実現してから、参加民主主義が普及・拡充する方向には進まず、私生活を楽しむ消費文化が強化され、人々はその果実を享受した。そして、政治的関心が低下する状況が生まれた。たとえば、経済学者・村上泰亮『新中間大衆の時代』（1984）や評論家・山崎正和『柔らかい個人主義の誕生』（1984）など、消費社会の成熟を背景に市民を求める戦後啓蒙主義とは異なる日本社会論も現れた（安丸、2012）。また、政治では自由主義路線が追求され、行政の非効率・既得権を批判する「改革」が、説得力のある主張として受け止められるようになった。

　しかしこうした私生活主義的な大衆消費社会状況に人々が埋没し、民

主政治の主体として自己認識する態度が失われるなら、民主政治は形骸化するだろう。たとえば、政治を政治家に全面的に委譲する受動的態度や、政治参加を効用追求の手段と捉える消費者的心理などは、民主政治を維持するうえで改善するべき課題である。つまり、大衆消費社会状況に広範に見受けられる「市民」の不在が、現代民主政治の課題として再び浮上する。理論的にも、形骸化した民主政治を組み立て直す主体として、市民概念を擁護できるか問われざるをえない。こうした文脈で意義が高まる考え方としてラディカルデモクラシーがある。

　ラディカルデモクラシーとは、既存の自由民主主義体制（代表制民主政治・資本主義市場経済）に対して内在的にその問題を告発し、人々の生活を根拠として不断に民主化を目指す活動や運動を求める考え方だといえる。つまり、代表制民主政治の機能不全を告発し、既存の政治が一般の人々から乖離する事態を問題視して、「民主政治の民主化」を主張する。このとき「民主主義の民主化」とは、おおむね「市民を主体とした政治」の活性化を意味している。千葉眞によれば、「ラディカルデモクラシーとは、一般民衆の生活と思想に根ざし、その一般民衆の暮らしの根そのものから不断に育てられていくもの、鶴見俊輔氏の言葉を借りれば、『根もとからの民主主義』である」（千葉、1996、7頁）。

　それゆえ、ラディカルデモクラシー論では、自由民主主義の現状である利益誘導や多数決主義を、市民の不在を主な理由として批判する。一般に大衆社会批判では、消費社会の勃興によって、人々の政治的受動性・無関心が惹起され、無責任な態度が助長されたと主張される。そしてマスメディアの発達が、受動的・他律的な思考様式を普及させ、行政国家化や福祉国家化が、一般民衆を脱政治化し市民を顧客化したと論じられる。こうした議論を背景に、代表制民主政治の現状は、無能力・無責任の大衆が形式的に政治参加する、形骸化した民主政治ではないかという問題認識が、ラディカルデモクラシーを主張する理由の１つである。

　ただし千葉眞によれば、ラディカルデモクラシー論は大衆消費社会という現実を受け止め「大衆社会のなかの自分」「自分のなかの大衆社会」

という視点を内に保持した自己批判的構えをとる。むしろ大衆民主政治の諸制度や大衆消費社会の成立を、民主政治を支える市民を生み出す社会的基盤を提供するものだと受け止める（千葉、1996、9頁）。そのうえで、しかし民主政治の形骸化に抵抗するため、権力闘争や支配といった政治の現実を認識しながら、その不正義・差別・抑圧に抗議し、環境破壊や経済格差など生活上の課題に取り組む政治が必要だと主張する。「政治的感受性と批判精神をもった市民が一定数存在し、彼らの地道な活動、市民運動、自発的共同社会の営みを基盤としたミクロなデモクラシーの政治が、いたるところに散在し、それらのあいだにネットワークが張りめぐらされていること」が重要なのである（千葉、1996、10頁）。

（3）市民社会論

　民主政治の主体として市民を擁護する議論は、消費社会と私的自由の拡大による公共の衰退に抵抗する公共性論や市民社会論でも展開されている。

　1980年代頃から推進されてきた、公営企業の民営化や市場の規制緩和といった自由化路線に見出せる、〈政府＝公的〉対〈民間＝私的〉という二項対立図式を批判する公共性論が1990年代頃から展開し始めた。この公共性論は、国家と民間を区別する公私二元論では社会の実態を認識するには限界があると主張し、経済活動・科学技術・宗教・家庭生活などにも含まれる公共的次元に目を向け、現代社会における公共の意味を再考することを課題として掲げる。そしてこうした公共の問い直しは、市民社会に新たな意味を付与する議論にも符合する。たとえば、市民運動を、もっぱら民間の私的な活動と捉えずに、それが有する公共的次元を認識して、政治的・社会的役割を評価する。

　市民社会の公共的次元を浮上させた歴史的契機として、1990年代の中東欧諸国の民主化運動がある。共産主義革命の現実味が失われる中で、革新陣営は新たな左派理論の意義と理念を求めてきた。そうした模索の中で、中東欧諸国の体制変革において市民運動が果たした役割に注目が

集まった。市民の自発的運動が独裁政権に圧力をかけ民主化を推進する力を現実にもったという歴史的事実から、市民社会の政治的・公共的な役割が見出されたのである。

　ここから、強権国家に対抗する非権力的な「民間の」「非公式の」市民の連帯を強調する左派理論が展開することになった。このとき市民社会は、国家権力に対抗できる民主政治の主体性をもつ領域として意義づけられる。市民社会は民主政治の基盤として、また、民主化を推進する動力源として、そして頑なに動かない政府に対抗する足場として認識され、概念として擁護される。

　現在、市民運動は抗議や抵抗をするだけではなく、政策提言したり、みずから課題解決に向けて行動する活動に発展してきた。この文脈で、公共の担い手として、また衰退する公共を復権するため、市民概念が論じられることになった。行政や企業とは別に、みずから社会課題を発見し解決に取り組む人々が実際に存在する。こうした政治参加・社会参画に着目すれば、市民の自律的・公共的な活動領域である「市民社会」の存在を認識できる。

　いま市民社会というときには、自発的に公共の問題・事柄に取り組む個人やその結合関係を意味している場合が多い。市民社会の内容を実証的・記述的に示すなら、民間の団体や運動体など多様な主体と活動が広範囲に含まれる。たとえば非営利組織（NPO）・非政府組織（NGO）・ボランティア活動・住民運動・**社会的企業**などは象徴的である。こうした市民社会の主体である組織・結社・団体は、「市民社会組織」と呼ばれる。

　こうした文脈から現代の「市民社会」概念は、〈政府〉〈市場〉〈親密圏〉から区別して定義される。つまり、公権力を行使する行政領域や、政党などが主体となって政治権力獲得競争を展開する政治的領域である「政府セクター」とは別に、また、営利企業が利潤追求する経済活動の領域である「市場セクター」とは異なる、そしてまた、家族や親密関係にある人同士が形成する私的で非制度的な人間関係の領域である「親密圏セクター」とは区別される価値や論理で形成される社会的関係の領域を

「市民社会」と認識する傾向にある（坂本、2017）。

　しかもこうした市民社会概念は、国家と個人の間に存在する多様な中間集団が民主政治を支えるとしたトクヴィルの議論などと共通する部分がある。そしてまた、市民社会を「自由・平等で理性的な個人の自発的結合」の領域とする理解は、近代市民社会の論理と共通してもいる（Keane, 1998）。それゆえ市民社会は、こうした政治思想の遺産を引証しながら、民主政治の基盤として再確認されることになったのである。

3　熟議民主主義論

（1）民主政治と熟議

　市民と市民社会は民主政治の基盤と考えられてきた。その存在は代表制民主政治にとって不可欠な条件であるだろう。それゆえ、市民の自由な言論活動を議会審議や行政につなげて、代議政治を補完・改善する必要があると論じられてきた。そうした構想として、熟議民主主義の理論がある。

　熟議民主主義の理論では、人々の選好を所与とし、民主的意思形成過程を私的利害の集計として捉える集計型民主政治が批判される。なぜなら、それが利益団体政治や選挙での勝利を目的とした多数決主義を肯定し、民主政治を形骸化する要因であると考えるからである。民主政治は、選好集計ではなく、合意形成を志向した討議を通じて、何が妥当な法・政策か検討するプロセスによって構成されるべきだと主張される。それゆえ、その構想の基本方針は、活発な公開討議と相互に意見を熟慮する判断過程からなる「熟議」によって、政策形成過程を市民に開き議会審議を実質化することに求められる。

　こうした観点から熟議民主主義の理論は、市民参加を重視し、社会の広範な合意形成を目指す代表制民主政治本来の目的を構想し直す。篠原一によれば、熟議民主主義は「主権者としての自律した活動的な市民、この市民たちの間の討議、その結果の政策決定への結実」を求める構想

とされる（篠原、2004）。それは市民の政治参加を投票行動に限定せず、多様な立場・利害を考慮する熟議を求める。市民の政治的平等を重視し、参加型制度を活用・開発することが提案される。そして、議会審議を実効的に機能させるには市民社会が不可欠だと論じられる。市民の言論と活動が有する公共的性格を認め、市民社会と議会および政府の間に影響関係を形成する方策が支持される。つまり、政治と市民の間に実効的な民主的意思形成過程と説明責任を再構築しようとするのである。

（2）民主政治を支える２回路

　こうした熟議民主主義の構想は、代表的論者であるハーバーマスが『事実性と妥当性』で論じた「熟議政治」論を主な基礎としている。それは次の原理的な考え方に表現されている。すなわち、「それ自体が法的に組織化された討議による法制定過程において、すべての法仲間の同意を得ることのできた制定法だけが、正統的な妥当性を主張することができる」という原則である（ハーバーマス、2002、138頁）。

　これは、法が、私たち自身が産出した行為規範として理解できる状態を、つまり権力行使を伴う法が市民の政治的意思を表現したものとして理解できる状態を構想している。たしかに日常生活では、法は、国家が個人や社会を統制する手段・強制装置でもある。国民には一方的に命令してくる規制にみえる。法は一度制度化されると、動かし難い所与となり自由の制約となる。しかし立法過程に国民全員が公正に関与している状態を仮定したら、法は、市民が自己自身を善く統治する手段とみなせる。他者と共生するうえで必要な規則として市民が自ら決めた法であるなら、自由の制約が、むしろ自由の条件となる。

　つまり熟議政治は、こうした理想を目指して自律的市民と市民社会を民主政治の基盤とする。ここからハーバーマスは、「２回路型」の民主政治を主張する。政治的意思決定の場である議会に加え、市民社会を民主的意思形成の回路に位置づける。すなわち民主政治は、法律を制定し解釈する議会と、その議決を執行する行政機構で構成される政治システム

に加えて、市民の多様な言論と活動から成り立つ市民社会によって構成されるというわけである。

こうして議会制民主政治は、議会や政党といった制度で形成される公式的討議と、市民社会に自発的に成立する非公式的・非制度的討議の両者によって成り立つと考えられる。市民が自由に言論活動を行い政治的影響力を行使する市民社会が、政党や議会とは別の政治回路として不可欠とされるのである。

（3）ミニ・パブリックス

このように規範として論じられてきた熟議民主主義を実践する制度を実行に移す例が多数存在する。多くの国や地域で、市民社会を政治決定や政策判断の過程に組み込む制度が活用され実践されているのである。

従来から、特に地方自治などでは、市民を政治につなげる目的で、住民投票・レファレンダム・イニシアティヴなど直接民主主義の制度が活用されてきた。しかし、これらは多数決の前に各立場の主張の根拠を検討し、相互理解や共通了解を形成するという熟議を必ずしも条件にしていない。それゆえ、誤った情報による思い込みや不正確な理解による偏見などが政治に流れ込み、感情的対立や分断をもたらす危険性がある。あるいは、政策内容を理解せず自分自身誤った判断を下しているかもしれない。

それゆえ、熟議民主主義の参加方法として市民討議が提案される。無作為抽出などで参加する市民を募り、専門家の解説や行政担当者や政治家の意見を聴き質疑応答したうえで、市民が特定の政策課題について討議し共同で何らかの結論（市民の意見）を形成する制度である。その主眼は、既存の議会公聴会や住民説明会とは異なって、市民自身が自由な討論・意見交換を通じて政策判断することにある。

こうした市民討議の制度には様々な種類がある。代表的なものに、コンセンサス会議、計画細胞会議、市民陪審、討論型世論調査などがある。これらの制度は、「民意」を僭称する声の大きい活動家が中心になるので

はなく、「ふつうの市民」が正確な情報と複数の立場を考慮し討議したうえで下す判断を創り出すという意味で注目される。こうした市民討議の制度は「公衆の意見形成の場」という特徴から、ミニ・パブリックスと総称される。そしてこのミニ・パブリックスを「市民代表」と位置づけ、議会や行政の判断に接続できないか熟議民主主義の課題として論じられている。

　ミニ・パブリックスの試みは日本でも市町村レベルで多数実施されている（柳瀬、2015）。民主党政権時の2012年8月には、2030年時点の電源構成をテーマとして、政府主導で討論型世論調査が実施された（「エネルギー・環境の選択肢に関する討論型世論調査」）。

　もちろん、ミニ・パブリックスが定着したわけではない。むしろまだ試行錯誤の段階である。それゆえ、その意義や有効性に疑問がもたれることもある。しかし、こうした試行錯誤と実践の積み重ねによってしか、民主政治は改善・成熟しない。これからも民主政治を維持していくべきであるなら、私たちが市民として政治につながる姿勢と行動が求められ続けるだろう。

column11
「公共」の定義をめぐって

　「公共」を新たに意義づけ直す議論が政治でも行われてきた。1997年12月の行政改革会議最終報告書では、行政機関が公共を独占的に担うのではなく、民間企業、地域社会、NPO法人、ボランティア活動なども公共の担い手とされた。こうした公共の認識は民主党・鳩山由紀夫政権で前面に打ち出され、新しい公共円卓会議が2010年6月に「新しい公共」宣言を採択した。そこでは公共とは、「人々の支え合いと活気のある社会、それをつくることに向けたさまざまな当事者の協働の場」として特徴づけられた。

　こうした再定義は市民参加を肯定し促進する面で、市民社会の意義・役割を評価する理論と重なる。特に、1998年に制定された特定非営利活動促進法（NPO法）は、市民を公益の実現促進を担う主体として法的に認めたという意味がある。

　しかし他方でこうした定義を根拠に、行政が市民や市民社会を利用／依存する側面がないとはいえないことを自覚しておく必要があるだろう。たとえば、市民社会組織を行政機関の下請けにしていないか、といった批判がある。

　たしかに公共を国家や行政と同一視するいわゆる「お上」意識は、政治を職業政治家や行政職員に任せ、政治を遠ざける受動的態度や政治的無関心と重なる部分があるため、民主政治を実践するには克服しなければならないだろう。しかし他方で公共が国民共同体の規範として理解される傾向もある。2006年に改正された教育基本法で、教育の目的を定めた2条5号に「我が国と郷土を愛するとともに、他国を尊重し」とある。「公共の精神」をどのように解釈するか論争的であるが、もし愛国心の涵養が国家への忠誠と重ねられるのであれば、民主主義教育の理念に反することになるだろう。

　「公共」をいかに定義するかは、思想的・実践的に複雑な論争の舞台となっている。

おすすめの本・ウェブサイト

 植村邦彦（2010）『市民社会とは何か』平凡社

　「市民社会」概念の系譜を解説した充実した著書。市民社会概念の意味内容の歴史的変遷や様々な立論を知ることができる。社会思想史の主題として市民社会がいかに重要か、そしていかに難題か考えさせられる。

 宇野重規（2010）『〈私〉時代のデモクラシー』岩波新書

　現代民主政治を市民ではなく〈私〉という視点を起点に考え直す必要性を社会理論や政治哲学の知見を用いて論じている。現代人の平等意識や個人主義をめぐる考察が示唆的。日本政治の問題点も随所で指摘している。

 篠原一編（2012）『討議デモクラシーの挑戦──ミニ・パブリックスが拓く新しい政治』岩波書店

　熟議民主主義の制度化実践であるミニ・パブリックスなど市民参加型制度の内容を紹介・検討した著書。日本や諸外国で実践されている市民討議制度の工夫や成果を知ることができる。篠原一氏の理論的考察も勉強になる。

参考文献

岡田一郎（2016）『革新自治体──熱狂と挫折に何を学ぶか』中公新書。

小熊英二（2012）『社会を変えるには』講談社現代新書。

坂本治也（2017）「市民社会論の現在」同編『市民社会論──理論と実証の最前線』法律文化社。

篠原一（2004）『市民の政治学──討議デモクラシーとは何か』岩波新書。

高畠通敏（2001）「「市民社会」問題」『思想』924 号、4～23 頁。

田村哲樹（2017）『熟議民主主義の困難──その乗り越え方の政治理論的考察』ナカニシヤ出版。

千葉眞（1995）『ラディカル・デモクラシーの地平──自由・差異・共通善』新評論。

千葉眞（1996）「デモクラシーと政治の概念」『思想』867 号、5～24 頁。

ハーバーマス、ユルゲン（河上倫逸・耳野健二訳）（2002）『事実性と妥当性（上）──法と民主的法治国家の討議理論にかんする研究』未來社。

ペイトマン、キャロル（寄本勝美訳）（1977）『参加と民主主義理論』早稲田大学出版部。

松下圭一（1966）「『市民』的人間型の現代的可能性」『思想』504 号、16～30 頁。

松下圭一（1975）『市民自治の憲法理論』岩波新書。

丸山眞男（1961）『日本の思想』岩波新書。

丸山眞男（松本礼二編注）（2014）『政治の世界──他 10 篇』岩波文庫。

森政稔（1998）「日本市民社会論──その批判と構想」山脇直司・大沢真理・大森彌・松原隆

　一郎編『現代日本のパブリック・フィロソフィ（ライブラリ相関社会科学5)』新世社。

森政稔（2016）『迷走する民主主義』ちくま新書。

安丸良夫（2012）『現代日本思想論』岩波現代文庫（初版、2004)。

柳瀬昇（2015）『熟慮と討議の民主主義理論――直接民主制は代議制を乗り越えられるか』ミネルヴァ書房。

Barber, Benjamin（2003）*Strong Democracy : Participatory Politics for a New Age*, University of California Press.

Keane, John（1998）*Civil Society : Old Image, New Visions*, Polity Press.

政治とつながることの意義
——他者とともに誠実な市民として歩むために

1 政治のありようへの熱意 ─────────

　編者は、現在政党政治に主として関心をおく政治過程論の研究者として活動している。そもそも政治に本格的に興味をもち始めたのは、1990年代の日本のいわゆる「政治改革」をめぐる過程を新聞やテレビなどで見てのことだった。

　当時は小学校高学年で、社会科の勉強が非常に好きだったこともあり、政治を含む社会の動きにはかなり興味をもっている方だったと思う。もちろん、改革の中身や背景について十分に理解していたわけではない。しかし、それまで長く政権を維持してきた自民党の政治家たちが、改革賛成派と反対派に分かれて時に声を荒らげながら議論している様子を、わくわくしながら眺めていたことを覚えている。その記憶もあり、今でもこの時代のことについて講義で語るとどうしても熱が入ってしまうし、本書でもこの部分ではやや筆が走りすぎているかもしれない。

　自民党の分裂、そして非自民勢力への政権交代という地殻変動をもたらしたこの改革への評価は、今日でも分かれている。しかし、この国の政治や民主主義をどのようなものにしていきたいかということへの熱意や執念が確かにそこにはあった。だからこそ、政党や政治家だけにとどまることなく、多くの人を巻き込んでいったように思う。

　こうして、編者は子どもなりに「政治はダイナミックで面白いものだ」と感じることができたのである。このことが、後に政治学を学ぶために

大学の学部、大学院に進み、研究者の道を志すきっかけとなった。それから25年ほど経ち、日本政治の教科書を編むこととなるとはつゆ知らず。

　本書では、その政治改革の影響もあり、25年前と比べても大きく変化した今日の日本政治のありようを、多様な視点からできるだけ鮮明に描き出すように努めた。

　これまで自民党政権が中断を挟んで長期にわたって継続する一方で、ダイナミックに政治が展開してきたことは確かである。しかし、多くの課題があることも本書から浮かび上がってきた。

　たとえば、選挙制度をめぐる改革の継続と問題、下がる選挙の投票率、政党・政治家と有権者との間の適切なつながりの模索、審議が空洞化しているとの指摘の中で改革を探る国会、高まるリーダーシップとその統制、メディアの多様化による社会変化、日本をとりまく外交環境の持続と変化といった点である。こうした政治の現実を見つつ、そもそも民主政治とはいかなるものなのか、そして私たちが一市民として政治に参画しつながっていくことの意義は何かを考えた。

2　日本政治とつながるうえでの壁

　このように、私たちが現在の日本政治とつながるために立ちはだかる壁は決して低くはない。もはや高い経済成長が見込めない中で社会が縮小傾向に入っている。かつての自民党政権のように、政府や与党が有権者にサービスを提供し、利益によって有権者と政党・政治家を媒介するにも限界が生じ、有権者にはより多くの負担が求められている。

　さらに、政治家たちのふがいなさもあり、有権者の政治への満足度も低い。国際化が進み、人々の価値観が多様化する中で、多数決による決定と少数派の尊重をどう両立させるかも重要な課題である。

　代表制のもと、私たちは日常の重要な政治的な決定を政治家たちに委ねている。大規模で複雑化した現代の日本のような社会においては、効

率性やスピード感ある決定を行うことを考えると、このしくみをとることは当然といえば当然であろう。

　しかし、私たちが直接的に政治的決定の責務を担わなくなり、さらに民主政治のしくみが高度に制度化され、1つの手続きと化すことによって、どうしても当事者としての意識が私たちの中で薄くなってしまう。

　社会がかなりの程度成熟している状況で、あえて社会や政治のあり方を変えていこうという意欲、あるいは政治を通して何ができるのかという問題意識を持ちづらくなっていることもあるだろう。そんな中で私たちは、負担ばかりさせられるとの不満を強め、報道される権力闘争や政局のショーをただ観客として眺め、一喜一憂するだけの存在になってしまっていないだろうか。

　また政治エリートの側からみれば、私たちは選挙のときに気にかければよいだけの、多数の中の1人となってしまう危険がある。古くから、人間はエリートにより操作されやすいものだと警告されてきたが、情報通信網やAI（人工知能）の発達により私たちが新しい形で操作され、権力者の都合のよい形で監視されることも懸念される。

　私たちは、日本が「国民主権」の国であるということをこれまでに何度も聞かされてきたはずだ。国民が政治の最終的な決定権を握っている。これ自体は引き続き揺るぎないものとしてある。しかし、その意識が薄らぎ感覚がマヒしてしまう原因が、私たち自身の中にも、そして私たちのまわりにも存在しているのである。

　こうした現状もあり、政治とつながることが重要だということは、最近いろいろなところで叫ばれるようになっている。ところが、実際につながりが発展しているかといえば、残念ながらそうとはいえない。たしかに、言葉でいうほど簡単なことではないかもしれない。

　ただ、編者が2016年から実施してきた高校生に対する政治意識調査データを分析すると、政治意識や投票への意欲が高い人は、そうでない人と比べると普段からよく周りの人たちと政治に関する話題を話してい

るらしい。一方で、家族がテレビのニュース番組を見ていたり、投票に行ったりしていることを知っている人と比べると、家族と政治の話をしたことがある人は少ないことがわかった（大川、2017）。

異なる誰かと政治についての話題を分かち合う。つまり、政治について体感することの重要性がここから浮かび上がってくる。話をすることは比較的手っ取り早い方法だろうが、他にも直接政治にかかわるのでなくても、まずはクラスやクラブ・サークルなど身近な組織や団体の運営に参画し、同僚や友人とともによりよい組織のあり方を探ることを通してでも、政治的なセンスを培うことができるだろう。

本書が主要な読者として想定する学生の皆さんは、まさに政治についての価値観や態度を形成する重要なプロセスの中にある。このプロセスの中で、政治とのつながりを体感しておくことは、以後の人生を考えるうえでも決して無駄にはならないはずである。

3　つながりの中に生きる人間と政治──────

ところで、私たちが政治とつながっていく時の動機は様々だ。いま目の前にある現実（生活）をいかによくするか、自らがもつ信念をどう実現するかといったこともあれば、知り合いや家族から頼まれてということもあるかもしれない。あるいは、有権者なのだしたまには参加しようという気持ちからという人もいれば、民主政治をどう守り活性化するかという有権者としての義務感に駆られてということもあるだろう。

それぞれの動機が良いとか悪いという議論をここではするつもりはない。しかし、つながるにあたって、まず自らに問うてみてほしい。「私はどんな人のつながりの中で生き、育ってきたのか」と。どんなに孤独を感じている人でも、どんなに困難のうちにある人であっても、他者とのつながりが全くない人はいないのである。将来、何らかの新しいつながりも待っているかもしれない。そのつながりにこそ、現状を打開するための可能性が秘められている。

そう、人間は人とのつながりの中に生きている。しかも、1つのつながりだけでなく大小様々な種類の共同体に属しているのが普通である。個人の自由や権利を尊重されつつも、つながりの中で生きる社会的・政治的な動物、それが人間であるはずだ。

　ところが、今日の日本では、最も基本的な共同体であるはずの家族ですら、そのつながりは心もとない状況である。1人ひとりの個人的能力を重視してそれを測定・評価して比較し差別化する動きが強まり、自己責任論が広まっている。また、超少子高齢化が進行する中で、お年寄りの生活難や孤独死、ひとり親家庭やその子どもの貧困なども深刻な問題として顕在化してきている。

　自らが置かれた厳しい環境下で、自分を守ることを優先して狭い世界に閉じこもり、他者への配慮、特に弱い立場にある他者へのまなざしが欠けてしまうという傾向が顕著にみられるのである。

　その一方で、東日本大震災以降、「絆」の大切さについてしばしば語られてきた。気候変動に伴ってその後も相次ぐ大きな災害に際しては、ボランティア活動にスポットライトが当たる。

　たしかに個の細分化が進み、共同体は弱くなっているかもしれない。だが、それでも共同体に価値があり、人間は本質的につながりの中で生きることによって生き生きとするということに、今でも気づくことができるのだということを表している。

　世の中に無数にある人間のつながりの中で、自らがよりよく生きるために、また、他者とよりよく共存していくために、限られた条件のもとで調整を図り、一定の結論を導き出さなければならない。これこそが政治が果たしてきた重要な役割である。私たちが自治体や国家のあり方や政策を考えることは、それゆえ大切なのだ。私たちの日常とは一見遠いようにみえる政治とつながることが、実は日常を変えることにつながるのである。

　もちろん、私たちは常に政治のことばかり考えているわけにはいかな

い。毎日忙しいし、政治について考えるだけの十分な情報や知識を持ち合わせているかどうかも疑わしい。そして、いざ政治に踏み込むとなると、どんなに自らと近い家族や友人・知人であったとしても、他者との意見の相違が生じることも覚悟しなければならない。

しかし、政治とつながって異なる他者と意見を交わし、合意を目指すプロセスで様々な経験をすることで、私たちは多くを学びとることができる。必ずしも自らの意見を変える必要はない。他者を最大限尊重し、その声に耳を傾けることで自らの考えの特性や問題点を客観的に認識するチャンスを得られるだろう。この体験を積み重ねることを通して、真に自立した1人の人間として成長していくことができるはずだ。どうか、つながることをおそれないでほしい。

政治とのつながり方には、たとえば政治課題について学び考える、誰かと議論する、選挙に参加するなど、比較的簡単にできることもある。その一方で、啓発活動に参加する、政治関係の組織や団体に参与する、メディアの一員として報道するなど、より深くかかわっていく方法もある。これらの活動で何をし、目指し、何が身につくのか。皆さんにイメージを具体的なものとしてもらうために、この後の**附録3、4**で様々な方の経験に基づいた声を紹介している。ぜひ役立てていただきたい。

本書でも指摘してきたように、私たち有権者にも、政治家や官僚など政治のエリートにも、改めるべき点は多々ある。しかし、それが人間だともいえる。

長い歴史をもちながらも、そもそも必ずしも完全なしくみとはいえない民主政治のあり方については、冷静かつ継続的により良くしていくことが大切である（佐々木、2007）。そして、現実を乗り越えるためにも、他者とともにいることを通して事実や既存の制度についての思い込みを捨て、想像力の壁を乗り越えていくことが求められている（宇野、2018）。

私たち人間の限界を深く認識しつつ、人間がもつ可能性、つながることを通して創り出すことができる未来を信じ続けることだ。

本書の企画は、ある学会の研究大会で編者が行ったつたない報告を聴いていた元弘文堂編集部の磯脇洋平氏が声をかけてくださったことから始まった。全く異なる土地・環境で生まれ育った2人だが、同じ学年で、しかも中高は同じカトリック・サレジオ修道会が経営母体であるミッション・スクール（大阪と横浜）の卒業生だという点でも共通していた。

　19世紀にサレジオ修道会を創立したカトリック司祭の聖ヨハネ・ボスコ（ドン・ボスコ）は、青少年を「人間としてしっかりとした価値観をもった誠実な市民」として育成することを使命とした。本書でその使命を少しでも共有でき、1人でも政治によりよく、より深くつなげることができたとしたら、実に幸せなことである。

　そして、共著者の先生方の寛大な協力がなければ本書は日の目を見ることは決してなかった。執筆・校正の過程での編者からの要望に対し、きめ細やかに応えてくださり、また編者への貴重なアドバイスもいただいて、大変お世話になった。

　家族や友人、恩師……。紙幅の都合もありお名前を挙げるのは省略するが、つながりの中で今日の編者をつくりあげてくださったすべての方々を思いおこし心から感謝しつつ、本書を捧げたい。

　2020年3月

編著者　　大川千寿

参考文献

宇野重規（2018）『未来をはじめる――「人と一緒にいること」の政治学』東京大学出版会。

大川千寿（2017）「18歳選挙権導入と若者の政治意識――2016年神奈川大学・神奈川新聞共同調査分析」『神奈川法学』50巻1号、86～114頁。

佐々木毅（2007）『民主主義という不思議な仕組み』ちくまプリマー新書。

附録1
日本政治基本用語集

あ 行

IPU → 列国議会同盟

安全保障関連法案　「我が国及び国際社会の平和及び安全の確保に資するための自衛隊法等の一部を改正する法律」(平和安全法制整備法)と「国際平和共同対処事態に際して我が国が実施する諸外国の軍隊等に対する協力支援活動等に関する法律」(国際平和支援法)の2法案の総称。2015年9月成立。憲法9条の解釈と集団的自衛権の一部容認が論争点となった。〔山田陽〕

　　→ 第7章119ページ、第11章197ページ

安定多数・絶対安定多数　日本の国会では、法案の実質的な審議が本会議ではなく委員会を中心に行われる。したがって、国会運営の主導権を握るために、与党は委員会でも過半数を確保しておく必要がある。与党が衆議院のすべての常任委員会で委員長を出し、野党側と同数の委員を確保するのに必要な議席数を「安定多数」、すべての常任委員会で委員長ポストを独占し、全委員会で過半数の委員を確保するのに必要な議席数を「絶対安定多数」という。〔孫斉庸〕

　　→ 第7章125ページ

委員会中心主義　議事運営における実質的な法案審査を、委員会が中心になって行う体制を採用することを指す。戦前の帝国議会における議事運営の主導権は本会議にあった。一方、アメリカ・モデルを取り入れて成立した国会法のもとでは、提出された法案が本会議を経ずに直ちに所管の委員会に付託され、実質的な法案審査が行われる委員会が法案の行方を左右することになった。〔孫斉庸〕

　　→ 第7章124ページ

一党優位政党制　イタリアの政治学者サルトーリが分類した政党制(政党システム)の一種。複数の政党が民主的な選挙で自由に競争しているにもかかわらず、特定の政党が長く優位を保っている政党制。1955年から1993年にかけての日本の自民党長期政権は典型例の1つとされる。〔大川千寿〕

　　→ 第6章110ページ

イデオロギー　人間が社会や政治の状況をどのように理解するかや、その政治意識や態度などに影響を与える世界観、信念の体系のこと。往々にして、政党や政治家が自らの主張を正当化し、また権力獲得のために、イデオロギーの複雑な内容を単純化し、イメージやシンボルによって有権者にわかりやすく提示しようとする傾向にある。〔大川千寿〕

──→ 第6章103ページ

インターネット選挙運動 → ネット選挙

───┤ **か 行** ├───────

外圧反応型国家論 日本の外交政策を、他国、特にアメリカからの圧力を重視して分析する英語圏の議論。ケント・カルダーの論文で広く知られる。経済問題を中心に研究が進められ、日本外交は外圧反応型（reactive）であると論じられた。この問題提起に対して、日本外交の自主性・能動性（proactive）を発見しようとする反論も行われ、議論となった。〔玉置敦彦〕

──→ 第9章157ページ

革新自治体 革新政党（社会党・共産党）の支援・支持を受けた首長を擁する自治体。ただし、革新自治体を特定する共通理念・政策が存在するわけではない。1960〜70年代では一般的に社会資本整備・福祉政策・公害対策などに取り組み、都市住民の社会課題に応える行政を重視したとされる。しかし、1979年統一地方選を契機に革新自治体の時代は終わったとされる。〔山田陽〕

──→ 第2章32ページ、第11章201ページ

議員提出法案 「国の唯一の立法機関」である国会で、議案の発議を行うのは議員である。一方、憲法は、内閣総理大臣も内閣を代表して議案を国会に提出できると定めており、内閣提出法案と区別して、議員の発議による法案を議員提出法案と呼ぶ。議員が議案を発議するには、衆議院で20人以上、参議院で10人以上の賛成を要し、特に予算を伴う法律案を発議するには、衆議院で50人以上、参議院で20人以上の賛成を要する。〔孫斉庸〕

──→ 第7章121ページ

議院内閣制 イギリスや日本でみられる、内閣が議会（特に下院）の信任に基づいて存立し、議会に対して責任を負っている制度。責任内閣制とも呼ばれる。議会で内閣不信任案が可決されると、内閣総辞職もしくは議会の解散がなされる。通常、下院第一党の党首が首相となり、内閣は議会多数派に支えられることから、行政と立法の融合が進みやすい制度とされる。〔大川千寿〕

──→ 第5章87ページ、第8章139ページ

疑似政権交代 一般的に政権交代とは、政権をもつ与党とそうでない野党との間で地位が交代することをいう。ところが、日本では自民党の一党優位政党制のもと野党は万年野党となり、本来の政権交代が起こらない代わりに、自民党内の派閥の主流派が入れ替わり政権を担うことで、疑似的な政権交代が起こってきたとする見方。〔大川千寿〕

──→ 第6章111ページ

期待効用モデル 人々は最も利益が大きくなるように行動すると想定した合理的選択モデルの中の1つの投票参加のモデル。「$R = P \times B + D - C$」という式に

よって、投票に行くか棄権するかを表現
しており、それぞれの人が選挙ごとに利
益（P×B＋D）とコスト（C）を比較して
投票に臨む。〔澁谷壮紀〕
━━▶ 第4章 68ページ

議題設定効果　マスメディアが特定の
出来事を繰り返し報道することで、人々
の問題関心を高める影響。問題関心を高
めるとともに、属性型議題設定やプライ
ミング効果など、メディア報道によって
人々の判断基準などに影響を与える効果
がある。〔澁谷壮紀〕
━━▶ 第10章 182ページ

業績評価投票・経済投票　有権者は、
現在の社会や経済状況に満足していれば
政権与党に投票し、逆に不満なのであれ
ば野党に投票すると考える理論。経済状
況を評価するといっても、身の回りの家
計状況に基づく個人指向型と、景気など
の社会全体の経済状況に基づく社会指向
型がある。〔澁谷壮紀〕
━━▶ 第4章 77ページ

供託金　選挙で立候補するために納入
するお金のこと。供託金の額は選挙に
よって異なる。地方選挙の場合、都道府
県知事は300万円、指定都市市長は240
万円、都道府県議会議員は60万円などと
なっており、法定得票数に達しない場合
には没収される。無責任な立候補を防止
するための制度とされているが、額が高
すぎるとの批判も根強い。〔大川千寿〕
━━▶ 第3章 55ページ

近代立憲主義　憲法に基づいて政治が
行われること。また、憲法を制定し国家
の恣意的な権力行使を制限すること。こ
こで憲法とは、基本的人権の保障や、三
権分立などを原理とした統治機構のあり
方を規定するもので、基本的には絶対王
制を打倒し市民の自由を宣言した自由主
義的憲法を指す。大日本帝国憲法は国民
主権を規定しない点で、近代立憲主義に
含まれない。〔山田陽〕
━━▶ 第1章 21ページ

クライエンテリズム　互酬的関係とか
恩顧主義とも呼ばれる。人からもらった
好意に対してお返しをするという関係で、
親分・子分の関係性などが典型例である。
日本政治においても、政治家と有権者
（政治家が利益を与える見返りに有権者は票
を与える）や政党派閥の領袖と構成員（領
袖はポストや資金を与え構成員は総裁選で
領袖を支持する）の間でみられてきた。
〔大川千寿〕
━━▶ 第6章 107ページ

経済学モデル　経済学を背景として、
特に政府が行う政策などで、生じた結果
や社会状況への評価に応じて、有権者は、
選挙での投票先を決めると考える立場。
政策の成果を判断することができると想
定するため、有権者の合理的な側面を重
要視している。〔澁谷壮紀〕
━━▶ 第4章 77ページ

経済投票　→　**業績評価投票**

ゲートキーパー　マスメディアは中立公平な報道を行うことが求められている。実際には各報道機関は、数ある出来事から社会に共有すべき情報を能動的に取捨選択して、報道している。こうした情報が社会に出るまでの門番のような機能をもつとともに、一部の主張や意見を世論に提示している機能のことである。〔澁谷壮紀〕
—→ 第10章178ページ

権威主義体制　統治エリートに権力が集中し固定化している政治体制。君主や軍部の独裁や、支配政党や指導者個人による独裁の形態をとることが多い。言論表現・集会結社の自由といった市民的自由権は、反体制的でない範囲で保障される。ただし、明確な定義はない。一般に、民主主義体制ではない非民主的体制を総称して呼ぶことが多い。〔山田陽〕
—→ 第1章22ページ

権力移行　大国間の権力関係の大幅な変動を示す言葉。覇権国と呼ばれる、圧倒的な力をもち、安全保障・経済・金融をはじめとした国際制度を主導する国家の存在を想定することが多い。覇権国に挑戦する有力な大国が台頭することで国際関係が不安定化するとされるが、新旧大国間の武力衝突の可能性については議論が分かれる。〔玉置敦彦〕
—→ 第9章168ページ

合区　選挙で、隣接する市町村や都道府県を合わせて1つの選挙区とすること。2016年の参議院選挙では鳥取と島根、徳島と高知が合区となった。また、地方レベルでは、議会の選挙区で人口が議員1人あたりの人口の半分に満たなければ合区にするとされており（強制合区）、たとえば2019年の神奈川県議選では、南足柄市と足柄上選挙区がその対象となった。〔大川千寿〕
—→ 第3章55、59ページ、第5章92ページ

個人後援会　政治家は、選挙での当選を目指して、日ごろから個人としての地盤の拡大のための活動を行っている。その基盤の1つとなるのが個人後援会で、政治家は後援会員の声を聴き、冠婚葬祭に出席し、あるいは旅行やパーティなどのイベントを行って有権者との絆を確かなものにしようとする。ただし、利益誘導型政治の根源だとの批判も強い。〔大川千寿〕
—→ 第3章53ページ、第5章86ページ

国会審議活性化法　正式名称は「国会審議の活性化及び政治主導の政策決定システムの確立に関する法律」。官僚に頼らず議員主導で国会審議を行うとともに、政治主導の政策決定システムを構築することを目的として1999年に成立した法律。各党党首が議論する国家基本政策委員会の設置、政府委員制度の廃止、政治任用の副大臣・大臣政務官の設置などを定めている。〔孫斉庸〕
—→ 第7章131ページ

──➤ 第7章128ページ、第8章140ページ

さ 行

財界　日本の大企業を中心とした経営者や実業家によって構成される世界や社会のこと。経済界ともいい、特に日本経済団体連合会（経団連）、日本商工会議所（日商）、経済同友会は経済3団体と呼ばれる。この中で経団連会長は財界総理とも呼ばれるなど、財界の動向は政界に大きな影響力を及ぼしてきた。〔大川千寿〕
──➤ 第2章29ページ

自然権　人間が生まれながらにもっている権利。実定法以前に存在する人間の基本的権利。憲法はこの人権の存在を確認し保障する。しかし、明治憲法が保障した臣民の自由・権利は、国家君主である天皇が「憲法及法律ノ範囲内ニ於テ」保障するもので、「戦時又ハ国家事変ノ場合」には停止することができた。それゆえ自然権思想に基づいていない。〔山田陽〕
──➤ 第1章21ページ

事前審査制　日本の国会で、内閣提出法案が国会提出前に与党内で審査されること。与党審査ともいう。国会での法案審議での内閣の権限は限られるので、与党の支持を確実に得るために定着した慣習である。合意を重視し立法プロセスの円滑化に役立つ一方、国会審議の形骸化や与党政治家と官僚の癒着、利益誘導型政治の促進などの弊害も指摘されてきた。〔大川千寿〕

死票　選挙で、当選者の決定に結びつかなかった票。小選挙区制のように得票率と議席率があまり比例的ではない多数決型選挙制度の下では、2位以下の候補者に投じられた票は、議席として代表されない。有権者は、自分の票が死票になることを回避するため、当選可能性を考慮した戦略投票を行うことがある。〔孫斉庸〕
──➤ 第5章96ページ

シビリアンコントロール　文民統制。軍隊の最高指揮監督権を政治家が握る近代民主主義国家の制度。主権者である国民が、代表である政治家（文民）を通じて、実力組織である軍隊を統制する。自衛隊法7条で、自衛隊の最高指揮監督権は内閣総理大臣に属すると規定している。戦前日本では、軍部が統帥権の独立を盾に政治の統制を免れ、軍国主義につながった。〔山田陽〕
──➤ 第1章12ページ

社会学モデル　投票行動に関して、社会学を背景に有権者個人の社会経済的な地位や属性、所属する社会集団から受ける影響が重要だと考える立場。日常生活での身の回りの人とのコミュニケーションを通じて、自分の政治への意識が影響されていると考える。〔澁谷壮紀〕
──➤ 第4章74ページ

社会心理学モデル　有権者の意識と

いった心理的な動きを対象とする社会心理学を背景に投票行動を考える立場。政党の一員だと認識する政党帰属意識、外見や能力といった候補者イメージ、政策への態度といった争点態度などの政治にかかわる意識・態度の影響が重要だと考えている。〔澁谷壮紀〕

➡ 第4章74ページ

社会的企業 社会的課題の解決を目的とし、収益事業を行う事業体。ボランティア活動や慈善活動とは異なって、有償で製品・サービスを提供する。公的な補助金や助成金に依存した事業運営ではない。NPOに限らず営利企業の形態をとるものも含まれる。ただし、社会的課題の解決を優先するため、利潤最大化を目指す一般的営利企業とは異なる。〔山田陽〕

➡ 第11章206ページ

衆参ダブル選挙 衆院選と参院選とが同時に行われること。参院選は3年に1度行われるが、衆院選は4年の任期に対し、その途中で解散されることがしばしばあり、選挙のタイミングが重なることは珍しい。これまでに1980年と1986年の2度行われ、いずれも自民党が大勝した。2019年参院選に際しても衆参ダブル選が模索されたが、見送られた。〔大川千寿〕

➡ 第2章33ページ

所得倍増計画 1960年に池田勇人政権が掲げた長期経済計画で、正式には国民所得倍増計画という。1961年度から70年度にかけて、社会資本の充実や産業構造の高度化などを通して、実質国民総生産（GNP）を倍増させ、国民生活の向上を図ろうとするものだった。結果として10年を待たずに目標は達成され、高度経済成長の原動力となった。〔大川千寿〕

➡ 第2章30ページ

新自由主義 ネオリベラリズムともいう。政府による民間への介入を最低限に抑え、市場原理や個人の自由、自己責任を重視する考え方。行政改革で小さな政府を推進し、福祉サービスの縮減、公営企業の民営化、規制緩和などを進めるもので、1970年代以降各国で取り入れられ、日本でも中曽根康弘政権や小泉純一郎政権が特に影響を受けたとされる。〔大川千寿〕

➡ 第8章144ページ

政策応答性 有権者の多くが政治に対して求めていることを、政治側がしっかりと政策として反映させていること。民主主義における選挙は、有権者の意思や要求を反映することのできる代表者を選ぶことである。そのため、常に政策応答性が高い政治家を選んでいる状態に保つことが重要である。〔澁谷壮紀〕

➡ 第4章78ページ

政治資金規正法 政治活動の公明と公正を確保することを目的として、政治団体の届出、政治団体にかかる政治資金の収支の公開、政治献金の制限などについ

て定める法律。政治改革関連法が成立した1994年から、民主党政権が誕生した2009年までの間は、規制強化をめぐる政党間競争が活発だったが、最近の10年間は政治争点として注目されることが少なかった。〔孫斉庸〕

——→第5章94ページ

政治的社会化　　人間が、家族や友人、学校やマスメディア、さらには政党や政府などを通して、自らが属する社会における政治的価値観や政治文化について学習し、伝承していくことをいう。政治的社会化は、生涯にわたって行われるものであるが、特に青少年期に体験するものが重要とされている。〔大川千寿〕

——→第6章102ページ

政党交付金　　政党助成法に基づき、一定の条件を満たした政党に対して、国民の税金その他の国の財源によって、その活動の助成を行うものである。政党の政治活動の健全な発達を促進し、もって民主政治の健全な発展に寄与することを目的としており、毎年の政党交付金の総額は、人口の総数に250円を乗じて得た額を基準とするとされている。〔大川千寿〕

——→第6章108ページ

政党支持　　アメリカのように有権者と政党のつながりが強いことを想定する政党帰属意識ではなく、日本のように現状での好ましさといった政党との弱いつながりのこと。現在では、支持する政党がない無党派層が、日本をはじめ先進国で増えつつある。〔澁谷壮紀〕

——→第4章75ページ

政党内閣　　衆議院で多数の議席を占める政党・党派が組織する内閣。議会の信任の上に内閣が成立する議院内閣制をとる場合、選挙で選ばれた政党政治家が中心になって内閣を組織するため、政党内閣は民主的と考えられる。日本で最初の本格的政党内閣は立憲政友会の原敬が1918年に組閣した。憲政会と政友会による政党内閣の慣習は、「憲政の常道」といわれる。〔山田陽〕

——→第1章13ページ

セクショナリズム　　官僚制の弊害の1つとしてよく取り上げられるもので、縄張り主義とも呼ばれる。つまり、官僚は本来、政府全体への広い視野をもって職務にあたるべきなのに、省庁内部の各部署、あるいは省庁同士がそれぞれの権限や利害にとらわれて、互いに協力せずに排除し合う傾向にあることを指す。〔大川千寿〕

——→第8章145ページ

世襲　　ある政治家が死亡したり引退したりしたときに、その子どもや家族、縁戚関係にある者に支持基盤を引き継がせ、政治家として活動させること。人材の多様性を阻害し、人脈や資金、経験などさまざまな面で世襲でない政治家との格差が大きいとの批判もあるが、現在の日本の政治においても、安倍晋三首相をはじめ世襲議員は一定の割合を占めている。

〔大川千寿〕

——➤第 6 章 105 ページ

絶対安定多数 → **安定多数・絶対安定多数**

選択的接触　自身がもっている政治的傾向（先有傾向）に従って情報収集すると、自分に近い情報ばかりを選択してしまうこと。インターネットでの情報収集が一般化すると、受動的にニュースにふれることがなくなり、選択的接触が無意識のうちに促されている可能性がある。〔澁谷壮紀〕

——➤第 10 章 188 ページ

戦略投票　有権者が、自らが最も好意を抱く候補者ではなく、選挙における情勢をふまえて、あえて次善の候補者に投票すること。とりわけ、1 人しか当選できない小選挙区制のもとでは、この戦略投票が起こりやすいとされ、デュベルジェの法則の 1 つの要因（心理的要因）とされている。〔大川千寿〕

——➤第 3 章 51 ページ

争点投票　選挙の際に、自分の政策への賛否と、各政党の政策への賛否を用いて、自分と最も立場が近い政党に投票する方法。自分の利益を代表する候補者や政党を選ぶには、良い方法であるが、実際に争点投票をするには、政策の賛否を知るための多くの情報が必要である。〔澁谷壮紀〕

——➤第 4 章 76 ページ

争点明示機能　議会における審議過程を通じて、政治的な争点の内容や各政党間の政策的な立場の違いを明らかにして有権者に示す機能。議会は、有権者からの要求を法律に変換していく立法機能を重視する変換型議会と、政党や議員間の論戦を展開する場としての役割を重視するアリーナ型議会に分類できる。アリーナ型議会では、大幅な法案修正が行われることは少ないが、代わりに争点明示機能が重視されている。〔孫斉庸〕

——➤第 7 章 120 ページ

総評　労働組合総評議会。労働組合の中央組織。1950 年、総同盟・日教組・国労などを中心に結成。産別会議・全労連とは別に組織された。1952 年の第 3 回大会で左派路線に進み、階級闘争を基本理念として、日本社会党を支持した。1989 年に全日本民間労働組合連合会と合流し解散。これが日本労働組合総連合会（連合）となった。〔山田陽〕

——➤第 11 章 198 ページ

族議員　特定の政策分野について、関係省庁との協力関係や業界への利益誘導などを背景に強い影響力をもつ議員のこと。たとえば、建設族・厚生族・郵政族・農林族などと呼ばれ、特に自民党長期政権下での党政務調査会における政策決定のプロセスは政治家の政策能力を増す一方で、政官財の鉄の三角形の形成を促進し、癒着や利権構造を生み出した。〔大川千寿〕

——➤第 2 章 35 ページ、第 7 章 128 ページ

大正デモクラシー　日露戦争後から大正末まで政治・社会・文化の領域に広まった民主主義的・自由主義的風潮を意味する。第1次世界大戦後の民主主義を求める世界的傾向が背景にあった。普通選挙要求運動、労働運動、女性解放運動などが活発化した。政党内閣が成立した時期に重なる。1925年に男子普通選挙制が実現したが、同時に成立した治安維持法による弾圧もあって衰退していった。〔山田陽〕

→第1章13ページ

第2臨調　1981年から83年にかけて設置された第2次臨時行政調査会のこと。元経団連会長の土光敏夫が会長を務め、「増税なき財政再建」を目指した。歳出削減、許認可や特殊法人の整理、国・地方の役割分担、行政情報の公開、そして3公社（国鉄・電電公社・専売公社）の民営化と、行政のあり方全般にわたる提言を行い、その後の行政改革に影響を与えた。〔大川千寿〕

→第8章144ページ

中選挙区制　1993年総選挙まで（1946年を除く）、日本の衆議院議員総選挙に採用されていた選挙制度。1つの選挙区でおおむね3〜5名の議員を選出することになっており、有権者は1人の候補者のみに投票し、得票数の多い順に当選者が決まる。複数の議席をめぐって、同一政党に所属する候補者間の同士打ちが見られ、自民党内の派閥政治を活性化した要因の1つとされる。〔孫斉庸〕

→第5章89ページ

敵対的メディア認知　政治的傾向や政治に対する態度が強い人ほど、マスメディアなどが自分とは反対の立場の報道が多く、偏っていると認識してしまうこと。また、関連する影響として、自分とは異なる立場の報道に人々が誘導されているとメディアの影響力を過大評価して、自分の行動を変化させる第三者効果がある。〔澁谷壮紀〕

→第10章185ページ

鉄の三角形　鉄のトライアングル（三角同盟）とも呼ばれる。政策形成のプロセスなどにおいて、政治家・官僚・財界の3者が共通の利益を背景にして分かちがたく結び付いていることを表す語。自民党長期政権下では、この三角関係のもとでそれぞれに有利な形で政策が誘導され、政治腐敗が促進されたとの批判がある。〔大川千寿〕

→第8章141ページ

党議拘束　議会での採決に際して、政党が所属議員の行動を拘束し、党の方針通りに投票させること。一般的に、議会多数派からの支持が維持されなければ内閣が存続できない議院内閣制のもとでは、政党として一体性を保つことはより重要であり、党議拘束が強くなる傾向がある。

政党は、党議拘束に従わなかった議員に対して、党則に基づいた処分を行うことで、一体性の確保に努める。〔孫斉庸〕

——➤ 第7章128ページ

同盟　国家間で結ばれる、共通の脅威に対抗するための暫定的な攻守協定と一般的には定義される。軍拡と同様の効果をもつとされる。近代欧州国際政治をモデルとしたこの定義は、対等な国力をもつ列強間の同盟関係を想定している。この定義が冷戦後の超大国アメリカと中小国の同盟にどこまで適用できるのか否か、議論がある。〔玉置敦彦〕

——➤ 第9章159ページ

な 行

二元代表制　行政府のトップである首長と立法府を構成する議員を、それぞれ有権者の直接選挙で選ぶ執政制度。有権者に説明責任を負う代理人が二元的であることによって、首長と議会の間には緊張関係が生まれる。日本の場合、地方自治体レベルでは二元代表制、国政では議院内閣制が採用されており、中央と地方で執政制度が異なることが特徴的である。〔孫斉庸〕

——➤ 第3章46ページ、第5章84ページ

日米安全保障条約　1951年に署名され、52年に発効した、日本とアメリカの間に結ばれた安全保障に関する条約。1960年に改定された。その際、10年間条約が維持されることが規定されるとともに、そ

の後は、日米いずれかの通告があった場合は、通告から1年で条約は破棄されることが明記されている。〔玉置敦彦〕

——➤ 第9章158ページ

ねじれ国会　衆参両院で多数派が異なる状態。衆参両院における議員の選出方法や選挙のタイミングが異なるため、常に両院の多数派が一致するとは限らない。衆参両院で異なる議決がされやすくなる。一方、憲法は、予算の議決、条約締結の承認、首相指名について衆議院の優越を認めている。また、参議院で衆議院と異なった議決をした法案について、衆議院で出席議員の3分の2以上の多数で再び可決したときは、法律となる。〔孫斉庸〕

——➤ 第7章118ページ

ネット選挙　インターネットを用いた選挙運動のこと。SNSやメールなどを使用できるようになり、候補者や政党による政策や選挙情報の発信や討論、有権者とのコミュニケーションなどができるようになっている。しかし、先進的な取組みを行っている諸外国と比べ、日本はまだ実際の使用率が低く、有権者の活用も進んでいないのが現状である。〔澁谷壮紀〕

——➤ 第3章47ページ、第10章186ページ

は 行

反安保闘争　日米安全保障条約を改定する新日米安全保障条約（日米相互協力及び安全保障条約）の成立阻止を要求する国

民的反対運動。革新系組織や全学連など
が、安保改定阻止国民会議を結成し展開
された。新条約が日本をアメリカの世界
戦略に位置づけ、再び戦争に巻き込まれ
ると主張した。しかし、衆議院が条約批
准を強行採決し、参議院では自然承認と
なり成立すると沈静化した。〔山田陽〕
➡第11章 198ページ

フィルターバブル　インターネットや
ソーシャルメディアなどは、各ユーザー
の行動履歴（検索したキーワードや閲覧し
たページなど）を分析することで、各ユー
ザーの関心に最適化された情報を優先的
に表示している。そのため、インター
ネットを使い続けることによっていつの
まにか選択的接触の状況を作られてしま
うことを、フィルターバブルと呼ぶ。〔澁
谷壮紀〕
➡第10章 189ページ

福祉国家　国家の機能を安全保障や社
会の秩序維持に限定せず、国民の最低限
度の生活（ナショナル・ミニマム）を保障
するため、社会保障制度を充実させ、経
済政策を通して完全雇用や所得の再分配
などを進める現代の国家のあり方。様々
な形態があるが、財政負担が「大きな政
府」をもたらし、行政効率を損なうこと
がしばしば問題となる。〔大川千寿〕
➡第8章 143ページ

復活当選　衆議院小選挙区で立候補す
る政党公認候補者のうち、比例代表の名
簿にも掲載された者は、小選挙区で敗退

したとしても、比例で救われる場合があ
る。これを復活当選という。ただし、小
選挙区において下位で敗退したとしても、
比例名簿で上位に位置づけられることで
復活する場合もあり、批判されることも
ある。〔大川千寿〕
➡第3章 54ページ

浮動票　特定の政党に対して長期的に
安定した支持態度をもたず、短期的な要
因によって頻繁に投票先を変更する有権
者が投じる票。投票先が流動的であるた
め、短期的に注目される政策争点、候補
者の個人的な属性、政党・政治家による
動員によって影響されやすい。〔孫斉庸〕
➡第5章 87ページ

フレーミング　マスメディアがニュー
スで取り上げる1つの側面や枠組みに
よって、人々の認識や評価を決めてしま
う影響。事実中心やストーリー中心と
いったニュースの切り口によるものから、
政治報道では争点中心、人間関係中心や
戦略中心といった様々なフレームの影響
が挙げられる。〔澁谷壮紀〕
➡第10章 183ページ

分極化　自らの先有傾向に近い情報の
みに接触する選択的接触や、先有傾向と
異なる情報を避ける選択的回避が行われ
ることで、自分にとって好ましい情報しか
目にしないフィルターバブル状態になる。
さらに、先有傾向に近い情報ばかりにふれ
ることで、従来もっていた意見よりも極端
な意見に変化することを、分極化やエコー

チェンバー効果と呼ぶ。〔澁谷壮紀〕

→ 第10章189ページ

ベトナム反戦運動 アメリカのベトナ
ム侵攻に反対する運動。世界的な反戦運
動の展開を受けて、日本では北爆が始
まった1965年に始まった。革新政党、労
働組合、学生団体などが展開。べ平連の
市民運動のほか、新左翼による佐藤栄作
首相ベトナム訪問阻止を狙う羽田事件、
新宿騒乱、米軍原子力空母エンタープラ
イズ佐世保寄港阻止闘争など、実力闘争
も起きた。〔山田陽〕

→ 第11章199ページ

本人・代理人関係 本人が自らの利益
のための何らかの業務を、他者である代
理人に委任して実行してもらう際に成立
する関係。情報の非対称性により、本人
よりも多くの情報を保有している代理人
が、本人の利益にならない行動をとるお
それがある。本人には、代理人の専門性
を活かしながらも、適切にその活動を監
視することが求められる。〔孫斉庸〕

→ 第5章82ページ

<hr>

や　行

郵政民営化 国が運営してきた郵便・
郵便貯金・簡易保険の郵政3事業を民営
化したこと。2001年に首相に就任した小
泉純一郎が、「改革の本丸」として掲げた。
郵政族を中心に自民党内からも激しい抵
抗を招き、郵政民営化法案はいったん否

決されたが、2005年衆院選（郵政選挙）で
自民党が大勝したことで、最終的には
2007年に民営化が実現した。〔大川千寿〕

→ 第2章38ページ

吉田ドクトリン　→　吉田路線

吉田路線（吉田ドクトリン） 日米同盟
を基軸として安全保障をアメリカに依存
し、軽武装を維持して防衛費を抑え、国
力を経済活動に集約して経済と通商の発
展を目指す日本外交の方針。吉田茂に
よって打ち出されたといわれるが、この
外交路線の存在が認知され、制度化され、
また正統化されたのは1970年代から80
年代のことである。〔玉置敦彦〕

→ 第9章160ページ

<hr>

ら　行

リクルート事件 情報サービス会社の
リクルート社が、子会社（リクルート・コ
スモス社）の未公開株を竹下登ら政界の
大物や官・財界の要人らに譲渡し、大き
な売却益を上げさせた1980年代の疑獄
事件。リクルート社から政治家への多額
の献金も明らかになり、1989年に竹下内
閣は総辞職した。政治不信が深まり、
1990年代の政治改革のきっかけとなった。
〔大川千寿〕

→ 第2章35ページ

リベラルな国際秩序 アメリカが追求
してきた国際秩序。民主主義という国内
政治体制、資本主義と自由貿易という経

済システム、そして多国間の国際制度からなると定義されることが多い。冷戦期の西側陣営に起源をもつとされ、現在はこの秩序が危機に瀕しているとの解釈が広くみられる。秩序の定義、範囲、変化をめぐっては、多くの議論がある。〔玉置敦彦〕

──▶ 第9章 160ページ

冷戦　1940年代後半〜50年代から90年前後まで続いた、アメリカとソ連の権力闘争。相互に同盟を組織し、大量の核兵器を保持して対峙したが、直接戦火を交えることはなかった。アメリカ陣営を「西側」と、ソ連陣営を「東側」と呼ぶ。冷戦がいつ始まり、いつ終わったかについては、冷戦の原因・責任論と結びつき、解釈が割れている。〔玉置敦彦〕

──▶ 第9章 156ページ

列国議会同盟(IPU)　1889年に設立された、世界各国の議会による国際組織。各国・地域の議員間の交流を通じて、世界の平和と協力および議会制民主主義の確立のために活動している。毎年2回、春と秋に定例会議が開催されており、日本からは、衆参両院の議員で構成される日本国会代表団を派遣している。〔孫斉庸〕

──▶ 第5章 97ページ

ロッキード事件　アメリカのロッキード社の航空機売り込み工作に関連し、多額の賄賂が当時の政権の中枢や財界にわたったとされる疑獄事件。ロッキード社の代理店の丸紅を通じ約5億円の資金を受け、航空機導入を働きかけたとして、1976年に元首相の田中角栄が逮捕・起訴され、1審・2審ともに受託収賄罪で実刑判決が下された（1993年、田中の死去により公訴棄却）。〔大川千寿〕

──▶ 第2章 33ページ

附録 2
計量分析の基礎知識

1　データの特徴・関連性を読み解く方法 ──

　近年、巷でデータ分析への注目が集まっているが、学問の世界でも計量分析と呼ばれ、多くの研究で一般的になってきている。政治学でも因果関係の把握への注目と、SNS のデータやインターネット調査、政治家へのアンケートなどのデータが豊富になったことで、計量分析を使った研究が増えている。これらの計量分析は、目の前の「データ」からどのような傾向・関連性があるのかを読み解くものであり、超能力のように無から何かを生み出す類のものではなく、「タネ」が用意されているマジックのようなものである。ただ、機械学習のように、「タネ」が専門家以外にはわかりにくい分析もある。

　しかし、私たちが知りたい「すべて」のデータが得られることは滅多にない。たとえば、ニュースの世論調査は、一部の回答者の調査結果であり、決して有権者全員に調査しているわけではない。このように全員ではなく、限られた対象に調査を行うことを**標本調査**と呼ぶ。標本調査とは、本来その傾向を知りたいグループ（**母集団**）を想定して、その一部である**標本**に対して実施する調査のことをいう。標本調査では、母集団から**無作為抽出**（ランダムサンプリング）で標本を選び取り、母集団と標本の間の偏りをなくすことで、標本の傾向から母集団の傾向を推測することが可能となっている。

　よくインターネットのサイト上で、ユーザーへのアンケートが世論調

査と呼ばれることがあるが、回答者（ユーザー）と母集団となる日本全体の関係を考えてみてほしい。回答者は、そもそもネットユーザーであり、インターネットを使わない人々の意見を反映していない。さらに、そのサイトを利用してない人の意見を反映することもできない。つまり、偏った人しか回答していないデータから得られる結果は、母集団と比べて偏ったものになるため、できる限り母集団から偏りをなくす、無作為抽出が必要なのである。

（1）データの特徴を知る記述統計

　では、データの傾向をどのように知るのだろうか。まず、計量分析を行う際のデータは一般的に、**質的変数**と**量的変数**という２つの形式があり、それぞれで確認すべき指標が異なる。

　質的変数とは、血液型（A・B・O・AB）のように、言葉で表現されるものを便宜的に数値化したものである（カテゴリー変数、離散変数ともいう）。また、計量分析では質的変数にする際に、ダミー変数という０か１のデータを用いることがある。たとえば、男性の場合には０、女性の場合には１といったように、女性であることを示すダミー変数を作成することで、後の分析を容易にできる。質的変数には、数値自体に意味をもたない名義尺度と、数値の順番のみに意味がある順序尺度があるが、いずれも数値自体に意味をもっていないため、表などを用いて集計することで傾向を確認することが望ましい。たとえば、政治への満足度が、自民党支持者では80%、無党派層では40%といったように、支持する政党というグループ間の回答傾向の違いによって、データの性質を確認できる。

　続いて、量的変数は、投票率などの数値自体に意味がある変数である（連続変数とも呼ばれる）。量的変数には、等間隔で増減する間隔尺度と、０を無として、数値が連続的に増減する比例尺度がある。一般的に、数値に意味がある量的変数は、平均値、最大値、最小値などのデータの分布を通して状況・特徴を示す代表値を計算する**記述統計**を行う。

　記述統計では、データの分布の真ん中を表現する代表値である**平均値**

（算術平均）がよく計算される。しかし、平均値は極端な値（大小ともに）があると結果に偏りが生じるので、データを端から数えてちょうど真ん中（中央）となる**中央値**（median）を代表値として用いる。

　ただ、データの中心だけではなく、同じ平均値でもデータが平均値周辺に集まっているのかどうかというデータの散らばり具合を確認することも重要である。そこで、平均値と個々のデータとの差をもってばらつきを示す**偏差**を2乗したうえで平均を計算することで、データ全体のばらつきを示す**分散**を求めることができる（分散は、ばらつきが大きいと、大きな値をとる）。分散の値は、データの単位に依存してしまうので他のデータの分散と比較することができないため、分散の平方根（ルート）をとる**標準偏差**をデータのばらつきの指標として用いることが多い。

　また、母集団と標本の関係から平均値の精度を測る指標がある。世論調査で得られるデータは、本来の調査対象（母集団）の限られた一部（標本）を調査しているにすぎず、万が一、偏った一部の標本だけを調査することで、母集団を反映していないデータになる可能性がある。そこで、得られた標本が、どれほど母集団と近いのかを**標準誤差**で測ることがある。標準誤差は、標本のデータの平均値（標本平均）が、母集団の平均値にどれだけ近いかを表現する値であり、高くなると標本と母集団のズレが大きく、逆に低いとズレが小さいことを示すものである。したがって、標本平均の標準偏差を計算しているともいえる。また、データ数を増やすと母集団のデータ数に近づくため、標準誤差が小さくなることが知られている。

（2）データ同士の関連を知る分析手法

　様々な指標でデータの傾向をふまえ、複数のデータの関係性を理解することが計量分析の次のステップである。たとえば、あるクラスで、数学の点数が高い人ほど、国語の点数が高い傾向があったとする。数学と国語の点数といった2つの量的変数同士の関連性の強さを測る際には、どのようにすればいいのであろうか。

まず、2つのデータの関連性を表すには、2つのデータの各偏差を掛け合わせたものの平均値で求められる共分散がある。共分散は、プラスで大きな値をとると「一方が大きいと、もう一方も大きい」、マイナスで小さな値をとると「一方が大きいと、もう一方も小さい」という関連性を数値として表すことができる。しかし共分散は、偏差と分散の説明の際にも述べた通り、値が単位に依存するので、単位の異なるデータを比較することができず、正しく関連性を測ることが難しい。

（3）2つのデータの関連性を示す相関

　そこで、単位が異なるデータの関連性を比較するために、共分散を、それぞれのデータの散らばりを表す標準偏差を掛け合わせたもので割ることで求めることができる**相関係数**を用いる。相関係数は、「−1から1」までの範囲で関連性の強さが表現され、1に近いほど「変数Xが大きいほど、変数Yも大きい」という正の相関を示し、−1に近いほど、「変数Xが大きいほど、変数Yが小さい」という負の相関を示す。また、相関係数が0のときには、変数XとYの間に関連性がみられない無相関を示す。

　相関関係は、XとYの2つの変数の散布図で、データが右肩上がりに直線的に分布したときに正の相関をとり、逆に負の相関では右肩下がりにデータが分布する。また、相関は直線的な関連を示すので、非直線的な関連があっても高い相関係数を示さないことがある。また、相関係数が0.7以上（−0.7以下）のときを強い相関と呼ぶが、絶対的な基準ではないため、注意が必要である。もっとも、2つのデータの関連を数値で表現する相関は、基礎的な計量分析であり、重要な分析手法である。

　相関は、あくまでも「Xの値が大きいときに、Yの値も大きい」といった傾向が似ているかを示しており、「Xの値が大きくなったので、Yの値が大きい」というデータの変化に前後関係がある因果関係を示すものではない。たとえば、あるクラスの数学と国語の点数に正の相関があったとしても、「数学ができるようになったので、国語ができるようになる」

という数学の点数アップが国語の点数アップを引き起こしたとは考えられない。むしろ、テスト勉強したことで、数学と国語の両テストに影響を与えたと考えた方が妥当である。このように別の原因によって引き起こされている場合もあり、単に傾向が似ている（相関関係）だけでは、原因と結果を示す因果関係とみなすことはできない。

（4）データの間の因果関係により近づく回帰分析

　そこで相関よりも因果関係の把握に近づける分析方法として、**回帰分析**がある。回帰分析は、データを用いて原因から結果を予測・説明するための分析方法である。あるいは、結果に対して、原因となるデータがどれほど影響を及ぼしているかを測定する分析である。回帰分析では、原因となるデータを**説明変数**（独立変数・予測変数など）と呼び、結果となるデータを**被説明変数**（従属変数・目的変数など）と呼ぶ。また回帰分析では、相関と異なり1つの被説明変数に対して複数の説明変数の影響を一度に分析することが可能であり、説明変数が1つの場合は**単回帰分析**、複数の場合は**重回帰分析**と呼ばれる。

　回帰分析は、相関と同様に説明変数と被説明変数の散布図を作成し、個々のデータ（観測値）からのズレ（残差・誤差）をできる限り小さくした直線（回帰直線）を引く。このズレが小さい直線を求める手法を、**最小二乗法**（OLS）と呼ぶ。最小二乗法で求めた回帰直線は、$y = a + bx$ という二次関数で表現され、その直線の切片である a（$x = 0$ の時の y の値）と、直線の傾き b を推定することができる。この回帰直線の傾き b は「**係数**」と呼ばれ、「説明変数 x が1単位増加したときに、被説明変数 y は b だけ増加する」ことを示す。つまり、回帰直線の式の説明変数 x に任意の数値を入れると、被説明変数 y の値を予測することができる。

　また、複数の説明変数を用いる重回帰分析では、$y = a + bx_1 + cx_2 + dx_3$ という直線の式となる。この式でも、切片（a）や係数（b、c、d）は、最小二乗法で推定されるが、複数の説明変数の係数があるため、解釈が変わり、「他の説明変数の値を一定にしたときに、説明変数 x_1 が1単位分

増加したときに、被説明変数 y は b だけ増加する」となる。多くの現象
は、1つの要因だけで生じるものでなく、複数の要因の影響を考える必
要があるため、複数の要因の影響を加味したうえで知りたい要因の影響
を測ることができる重回帰分析は有用な分析手法といえる（複数の説明変
数を使うことで、誤差が小さくなり、より精度の高い予測が可能となる）。

　また、回帰分析で推定される係数は、分析に用いた標本データに基づ
いているので、異なる標本データを用いると、違う推定結果が得られる。
つまり、1つの標本データだけでなく、母集団でも同じ係数の影響があ
るかを判断する**統計的仮説検定**が必要となる。しかし、標本で推定され
た係数と「母集団でも同様の係数の影響がある」ことを確かめるには骨
が折れる。なぜなら、たとえ、自分が得ている標本データで係数の影響
があったとしても、自分が得ていない他の標本データを分析して「影響
がない」ことがみつかる場合があり、それでは「母集団でも影響がある」
とはいえない。このような悪魔の証明を避けるために、統計的仮説検定
では、逆の「影響がない」ことを仮定し、1つでも「影響がある」こと
を探すことで、検証が行われる。そのうえで本来知りたいことを対立仮
説と呼び、検証で否定されるべき仮定を帰無仮説と呼ぶことで、統計的
仮説検定が行われる。そして、回帰分析での帰無仮説は「母集団での係
数＝0」であり、本当に知りたい対立仮説は「母集団での係数≠0」と
して、標本データの分析で得られた係数に影響が全くない「0」が存在
しないことを検証することとなる。

　具体的な統計的仮説検定は、推定した係数とばらつきを示す標準誤差
を用いて、有意性の検定が行われる。有意性の検定は、p 値と呼ばれる
0から1の範囲の数値の指標が用いられる。一般的に説明変数の係数の
影響は、p 値が「0.5％以下」のときに、母集団においても生じると判断
できる。あくまでも p 値は推定した係数が母集団でも生じるかを示すも
ので、係数の影響力の大きさを測るものではない。加えて、p 値は標準
誤差から計算されるため、分析に使う標本が増えれば p 値が低くなるた
め、あくまでも係数の影響は数値を見て判断する必要がある。

最後に、分析に含めた説明変数（原因）によって、被説明変数（結果）の値をどれほど説明できるかを示す指標として**決定係数**がある。決定係数は、0から1までを取る値で、1に近づくほど回帰分析によって被説明変数の値に対する説明力・予測率が高いことを示している。決定係数は、説明変数を増やすほど、一般的には高い値になるが、単に説明変数の数を増やせばいいというわけではなく、自分の明らかにしたい仮説をしっかりと定め、そのために必要な説明変数を分析に含めることが重要である。

2 有権者の政党への好感度の分析を読み解く

1では、計量分析によってデータの特徴・傾向を捉える指標や、複数のデータの関連性を把握する分析手法について説明してきた。では、実際の研究で分析はどのように用いられているのか。そして、分析の際に考えるべきことを、実際に分析しながら見ていく。

今回は例として、業績評価投票と政党の好感度の関係について分析してみる。**第4章**（投票行動）で、有権者が現在の政治や経済状況の良し悪しを判断して、投票先を決めているという業績評価投票を説明した（→**第4章 3（4）**）。業績評価投票は、現在の政府や与党が行う政策の業績に対する有権者の評価が投票先の決定に重要な影響を及ぼすと想定している。では、首相の業績への評価が投票先の決定ではなく、各政党に対する好感度にも影響を及ぼしているのであろうか。そこで、今回は分析を行う際の仮説として、

仮説1：首相の業績への評価が高いと、政権与党（自民党）への好感度が高くなる

仮説2：首相の業績への評価が高いと、野党（民主党）への好感度が低くなる（評価が低いと、野党への好感度が高くなる）

を設定した。この仮説を分析することで、自民党と民主党への好感度が
どのような要因から影響を受けているのかを検証する。

　分析を行う際のデータとして、「東京大学谷口研究室・朝日新聞共同調
査」の第47回衆議院総選挙（2014年12月14日投票）の有権者調査を用い
る。このデータは、全有権者から無作為に抽出された3000人に対して行
われた、政治に関する質問の回答から成り立っている（実際に回答したの
は、1813人、回収率は60.4%）。この調査も、日本の有権者を母集団として、
その中の一部である標本に対して行われた標本調査である。

　分析の被説明変数となる「自民党（民主党）への好感度」は、有権者が
もつ政党への意識として、多くの研究で使われる「政党への感情温度計」
を用いる。感情温度計は、好感も反感ももたないときを50度とし、好感
を感じていれば、強さに応じて51度から100度、反感を感じていれば
49度から0度の整数で回答するものであり、調査では各政党に対して、
それぞれ質問されている。

　また、説明変数の「首相への業績評価」は、「あなたは、安倍首相の全
般的な仕事ぶりについて、よくやっていると思いますか、それとも思い
ませんか」という質問に対して、評価しないを1として、評価するを5
として、5段階で回答したものである。アンケート調査の分析を行う際
には、こうした5段階評価などの本来はカテゴリー変数であるデータを、
連続変数として扱うことが多々ある。

（1）データの傾向を分析で確認する

　では、まず自民党への好感度がどのような特徴をもっているかを確認
する。はじめに記述統計を行うと、平均値が52.007、中央値が50、標準
誤差が0.560、標準偏差が22.531となっている。比較対象として民主党
への好感度をみると、平均値が39.511、中央値が49、標準誤差が0.538、
標準偏差が21.102であり、自民党への好感度の方が、少しだけばらつき
が多いことがわかる。次に、首相の業績評価に関しても、記述統計をみ
ると、平均値が3.380、中央値が4、標準誤差が0.027、標準偏差が1.159

となっており、全体として評価が高い回答となっている。

　続いて、データの関係性を確認するために、自民党への好感度と首相の業績評価の相関係数を求めると、0.646となっている。この相関係数は、2つのデータの間に正の相関があるとみなすことができる。一方で、民主党への好感度と首相の業績評価の相関係数は、−0.174と負の相関となっている。業績評価投票の説明でもあったように、政府を評価している場合は、与党である自民党への好感も高いことが明らかになったが、政府に不満がある時に、野党への好感度が高まると予測されるが、今回の相関係数では、野党への好感度との関係が弱いものと解釈できる。

　相関による自民党への好感度（民主党への好感度）と首相への業績評価という2つのデータの関連性を確認するだけでも、様々な解釈を考えることができる。だが、1でも説明した通り、あくまでも2つの変数間の相関関係であり、因果関係や複数の変数の影響を考慮したうえでの関係を詳細に把握できていない。そこで、相関よりも詳細に変数間の関係を把握するために、回帰分析を行う。

（2）データの間の仮説を検証するための回帰分析

　まずは、原因となる説明変数を首相への業績評価とし、結果となる被説明変数として自民党・民主党への好感度を設定した単回帰分析をそれぞれ行う。次ページの**図表附-1**は、単回帰分析の結果であり、この形式は計量分析を使った研究でよくみられる方法である。この表を用いて、首相への業績評価がどれほど自民党・民主党への好感度へ影響を与えているのかを確認するとともに、どのような点に注意して回帰分析の結果を確認すればいいかを説明する。

　単回帰分析の首相への業績評価の係数を確認すると、自民党への好感度の分析の係数は12.542で、民主党への好感度では−3.164と推定されている。この結果を回帰直線の数式で表すと、「自民党への好感度＝9.604＋12.542×首相への業績評価」と「民主党への好感度＝50.067−3.164×首相への業績評価」のように表すことができる。つまり、5段階

図表附-1　単回帰分析の結果

被説明変数	自民党への好感度	民主党への好感度
	係数	係数
切片	9.604***	50.067***
	(1.319)	(1.621)
首相への業績評価	12.542***	−3.164***
	(0.369)	(0.458)
データ数	1616	1536
決定係数	0.417	0.030

※括弧内の数値は標準誤差、
***：p値<0.001、**：p値<0.01、*：p値<0.05、+：p値<0.1

評価の首相への業績評価が1評価上がると、自民党への好感度は約12アップするが、逆に民主党への好感度は約−3ダウンするという分析結果が得られている。

　また、この分析で推定された係数が、母集団でも同様に生じるかを確認する。多くの回帰分析の結果には、p値（またはt値）が直接的に明記されるのではなく、代わりに、「*」マークが各説明変数の係数の横に記載され、注意書きで「*」の数に応じて、p値が表現されている（表の注部分に記載）。今回の分析では、首相への業績評価はいずれの分析でも「***」のp値が0.001以下となっており、母集団でも推定された係数の影響があると判断できる。

　また、決定係数を確認すると、自民党への好感度が被説明変数の分析では0.417と、民主党への好感度では0.030となっている。つまり、この分析では首相への業績評価で自民党への好感度の約42％を、民主党への好感度の約3％を説明・予測できている。このように、説明変数が1つしかない単回帰分析でも、自民党への好感度を約40％も説明できるが、民主党への好感度では10％も説明できていない。そこで、次は重回帰分析によって、より説明力の高い分析を行ってみる。

（3）様々な要因を考慮した仮説検証としての重回帰

　重回帰分析では、複数の説明変数を含めて分析を行うが、今回は首相

図表附-2　重回帰分析の結果

被説明変数	自民党への好感度	民主党への好感度
	係数	係数
切片	6.895***	41.610***
	(1.803)	(2.357)
首相への業績評価	7.246***	−2.434***
	(0.435)	(0.567)
景気の認識	1.825***	−0.111
	(0.454)	(0.593)
前回選挙で与党投票	5.227***	−9.859***
	(0.900)	(1.170)
政府への信頼感	4.263***	5.214***
	(0.605)	(0.794)
自民党支持	11.901***	−7.345***
	(1.029)	(1.346)
無党派層	2.170*	−5.357***
	(1.038)	(1.330)
男性	0.733	−1.881+
	(0.775)	(1.012)
年代	−0.355	1.126**
	(0.266)	(0.346)
失業中	2.001+	1.288
	(1.161)	(1.548)
データ数	1590	1514
決定係数	0.543	0.141

※括弧内の数値は標準誤差、
***：p 値<0.001、**：p 値<0.01、*：p 値<0.05、+：p 値<0.1

への業績評価が、どのくらいの影響を自民党・民主党への好感度に与え
ているかに注目する。

　まず、**図表附-2**の重回帰分析の結果の中で、首相への業績評価の係数
を単回帰分析の結果と比較すると、首相の業績評価の係数は、係数の妥
当性を測る p 値には、変化は生じていないが、自民党への好感度の分析
では 12.542 から 7.246 に、民主党への好感度では −3.164 から −2.434 に
変化している。この係数の変化は、他の説明変数の影響をコントロール
した上で、首相の業績評価の影響がより正確なものになったことを示し
ている。この分析結果を参考に、設定した仮説を考えてみると、**仮説1**

の通り、首相の業績への評価が高いと自民党への好感度が高くなることがわかった。また、**仮説2**の通り、首相の業績を評価しないと、民主党への好感度が高くなることが明らかになった。このように重回帰分析では、仮説に基づいて、より原因と結果の詳細な関係を把握することができる。

　加えて、首相の業績評価以外の説明変数を一部確認すると、現在の政治状況では、無党派層かどうかは非常に重要な要因である。そこで支持政党がない場合は1、どこか政党を支持している場合は0をとる無党派層のダミー変数を分析に含めた。無党派層の係数が自民党への好感度の分析で2.170、民主党への好感度で−5.357となっており、この年の無党派層は、自民党への好感度は高いが、民主党への好感度は低いという傾向があることがわかる。

　最後に、決定係数も複数の説明変数を含めたことで、より被説明変数を説明・予測できるようになっている。自民党への好感度の分析では0.417から0.543に、民主党への好感度では0.030から0.141に変化している。重回帰分析をする際に含めた説明変数の影響を総合的に判断すると、自民党への好感度の約55％が説明でき、民主党への好感度の約15％を説明できる。複数の説明変数を含めたことで、単回帰分析よりも決定係数が高くなっているが、前述の通り、仮説をしっかりと検証できる分析になっているかが重要であるので、その点については注意が必要である。

　今回は、自民党・民主党への好感度という結果に対して、首相への業績評価という原因が、どれほど影響を与えるのかという仮説を計量分析で明らかにした。一対一のデータで関連性を見るだけでなく、結果に影響を与える複数の要因を考えることで、より原因と結果の関係を詳細に把握することができる。しかし、原因と結果の関係を考えるときに、分析に含めていない要因をさらに分析に含めると、より因果関係を把握でき、その影響を測ることができるようになるだろう。

学生がつながる
現実政治とのかかわり方

①現実政治とのかかわり方
②概要
③応募方法・参加方法
④体験談
⑤名前（所属学部、学年）

　本書を読む方の多くは、大学で政治学を学ぶ学生かと思います。ただ、政治について一通り学修してそれで終わりではありません。学んだことを活かしながら、一人の市民として現実の政治に具体的につながり、かかわっていかなければなりません。その方法についてあなたは想像し、または体験したことがありますか？

　ここでは附録として、著者のゼミの学生たちの協力を得て、彼らや彼女らが実際に政治につながり、かかわった体験談を掲載します。時に悩み試行錯誤しながらも、それぞれの活動を通じて多くの気づきを得て、自信をつけた様子がみてとれます。

　もちろん、日常の場面で政治について考え、身近な人と議論することも政治と立派につながることだと思いますし大切にしてほしいのですが、学生の立場でその先に一歩踏み出し、政治により深く参画するためのヒントとして読んでいただけると幸いです。

①学生団体で若者と政治のキョリを近づける

②学生団体 ivote（アイ・ヴォート）は、「若者と政治のキョリを近づける」ことを理念に、若者の政治的関心や主権者意識の向上を目指して活動している団体です。設立は 2008 年で、学生自治と政治的中立を柱に、高校生と大学生あわせて 25 名（2019 年 9 月現在）で活動しています。現在の主な活動内容は、学校での出前授業や模擬選挙、政治家と学生の飲み会やイベント開催、メディアの運営、講演会や候補者討論会への登壇など、幅広く手掛けて

います。

③学生団体により応募方法は異なりますが、ivote に興味をもったならまずは
会議見学へ。週に1回、都内で行っています。会議見学の申込みはホーム
ページの問い合わせフォームや、SNS の DM（ダイレクトメッセージ）から
受け付けています。会議では団体説明はもちろん、雰囲気が実感でき、疑問
点の相談もできます。入会後は、自分で企画を立案したり、依頼された事業
のメンバーに手を挙げたりなど、自分から動けば時には大人を動かしてやり
たいことが実現できます。

④ivote は若者の主権者意識向上のため、選挙時には特に活発に活動していま
す。若者の気持ちを一番理解しているのは、若者自身です。候補者に取材に
行ったり、各党の公約を比較してまとめたりします。さらには、立候補予定
者をゲストにイベントを開催したり、ネット上で若者向けの特集記事を公
開したりすることもあります。公示前をピークに投票日まで忙しく、ある程
度の政治の知識も要求されますが、皆で協力して乗り切ります。嬉しい反響
があるとやりがいを感じますし、かかわった候補者の当落に一喜一憂しメン
バーと結果を分析するのも楽しいです。

⑤釘本茜（法学部、4年生）

①選挙啓発活動への参加

②神奈川県明るい選挙推進協議会が実施する「かながわ選挙カレッジ」に参加
し、選挙啓発活動を行いました。かながわ選挙カレッジは若年層の投票率低
下の対策のため県内の大学生が集まり、少しでも多くの人に選挙に興味を
もってもらえるように、様々な企画を行う団体です。具体的には高校を訪問
して出前授業の実施や、地方選挙における街頭啓発で啓発物品の配布、
フォーラムへ参加しての意見交換なども行います。

③ゼミナールの教授の紹介でこの活動を知り、元々選挙に興味をもっていた
ことから応募しました。私の参加方法としては申込書に記入し、推薦書をい
ただいて協議会事務局に送付しました。しかし推薦がなくとも都道府県の
ホームページでは随時募集を行っており、参加資格を満たしていれば誰で
も応募できるようになっています。友人を誘って参加することも可能で、専
門的な政治や選挙の知識がなくても問題ありません。

④企画の一環で学童保育施設にて模擬投票を行いました。この企画は対象が
小学校低学年であったため、選挙という難しい題材をいかに飽きさせずに
聞いてもらうかが難点でした。紙芝居やクイズを用い、公約も小学生の生活
に密接した内容にするなど興味を引く工夫をしました。子どもたちは楽し
みながら耳を傾けてくれ、最終的には自分で候補者を吟味し投票すること
ができていました。この活動はすぐに結果が目に見える訳ではありませんが、

選挙について良い印象を与えることで今後多くの人にプラスの行動をとってもらえるようになると考えています。

⑤土井日向（法学部、4年生）

①国会議員事務所インターンシップに参加

②政治家の選挙区内での活動が中心です。選挙区内でのポスター貼りや、地域行事（お祭り、早朝ラジオ体操）への参加、有権者との話し合いを毎日行いました。時には政党本部内で行われる識者を交えての勉強会も見学し、政策について勉強しました。インターンシップ期間中に行われた東京都知事選挙の選挙応援にも参加し、有権者への電話かけやビラ配り等の、選挙戦のサポートも体験しました。

③NPO法人ドットジェイピー主催の説明会に参加した後、議員交流会（受入議員または議員事務所スタッフと話す会）に参加して、インターン先を決めます。その後、履歴書と配属先希望（第1希望〜第3希望）を提出します。NPO法人側から配属先事務所の連絡を受け、受け入れ先事務所の方と面談を行います。面接によって受け入れが決定したら、NPO法人主催の研修を受けて、インターンシッププログラムに参加します。

④有権者と話す際に、学生インターンとしてではなく、選挙事務所の一員として見られるので、好意的な反応や拒否反応が強く自分に返ってきます。ポスター貼りや電話かけひとつでも、詳しく話を聞いてくれる場合もあれば、厳しい意見をぶつけられることもありました。それでも、自分が真摯に相手に向き合うことで話を聞いてもらえるようになったので、大きなやりがいを感じました。

⑤宮原千青（法学部、体験当時大学1年）

①衆議院議員の活動ボランティア

②大学3年生から、衆議院議員の活動ボランティアを続けています。地元選出の鈴木けいすけ財務副大臣のボランティアに参加しています。地元なので定期的に参加しています。内容は主にビラ配りです。たまにポスター貼りもやります。ほかには、地元から離れた千葉県で、野田佳彦元首相のボランティアにも参加しました。これからも地元以外でのボランティア活動には不定期に参加する予定です。

③ボランティアは主に議員の公式ホームページやSNSで募集しています。電話で直接申し込みます。秘書の方から駅前の街頭活動（以下、駅頭）の日程を示されるので、あとは直接現地で秘書の方と合流し、ビラ配りの開始です。鈴木けいすけ議員事務所の場合は秘書の方から定期的に駅頭の案内が来る

ので、自分が好きな時に行けばいいです。野田佳彦事務所の場合は駅頭の日程が公式HPに載っているので自分が参加したいときに秘書の方に連絡をとればいいです。とても簡単に気軽に好きな時に参加できます。

④体験して感じたことは、意外と議員の先生との距離が近いことでした。どちらの事務所でも、ボランティアの名前をすぐに覚えてもらえて、ボランティアが終わったときにお互い握手しながら挨拶をしています。時折気軽に会話することもできて、直接質問などもできます。財務副大臣や首相経験者という要職者となると堅くガードされている印象がありますが、全くそんなことはなく、学校の先生や先輩と同じような感覚で親しく接することができます。ボランティアに参加することでそれまでお堅いイメージのある政治家や政治という世界が、実は気軽に参加でき、私たちと密接で親しみを感じられる世界であるということがわかります。秘書の方もボランティアに対してとても親切で、初めて会ったときから気軽に接することができました。食事の際もボランティアのために秘書の方がいつも出費してくださり、大変ありがたかったです。また同じ学生のボランティアも多く、友達もできました。このように政治の世界とそれに接する人々はとてもフレンドリーで楽しいものであるということを、身をもって感じました。

⑤五十嵐雄平（法学部、４年生）

①選挙運営事務への参加（選挙立会人）

②2019年7月の第25回参議院選挙の際に行われた期日前投票に選挙立会人として参加しました。主な活動内容は、当日の朝に投票箱が空であることを確認することや、投票所が閉まる際に投票箱が完全に閉まっていることの確認、鍵の保管の証明などの事務作業や、投票用紙の枚数、種類、投票方法に関して誤りや不正がないように、投票に来た人が投票用紙を受け取ってから投票し終えて退出するまでの立ち会いをしました。

③選挙管理委員会が大学を通して立会人のボランティアを募集していることを知ったので、大学の応募フォームから参加を表明しました。基本的に大学を通して事務的な手続きが行われていたようなので、個人的には書類にサインをするなど以外には特段の事務作業は行わなかったので難しくなく、参加の意思を表明することが大事だと思いました。

④選挙の運営側の視点に立って選挙というものを見ると、自分が投票に行くだけでは見えなかったことが多く見え、実践に基づく運営側の意見を聞くことができる貴重な機会でした。普段、投票率が低いことや若者の政治離れが深刻であるということを話では聞くけれど、実際に投票に来る人たちを一日通して見ると、その深刻さを直に感じることができたので「百聞は一見に如かず」を体感できました。実際に政治というものに自分が直接かかわる

機会は少ないため、このような機会を逃さないように積極的な参加が大切だと改めて感じました。

⑤畠山佳祐（法学部、4年生）

①新聞社の選挙報道スタッフ

②臨時のスタッフとして、新聞社の選挙報道にかかわりました。開票日当日に、開票所の中へ入り、開票中の投票用紙を望遠鏡で観察し、確認した票数をシートに記入します。票数は新聞社に設置された開票速報本部へ報告します。新聞社内の開票速報本部では、各投票所から報告される上記シートの票数や、選挙管理委員会が発表した速報の数値を、システムへ入力します。

③大学で所属していたゼミナールで、講演にいらっしゃった記者の方からお声をかけていただいたのがきっかけです。アルバイトの募集サイト等でも情報はあまり流れていないので、こうした口コミが募集の主流手段だと思われます。その記者の方へ業務に参加したい旨をお伝えし、数日後に担当者の方から連絡を受けました。その後、新聞社の説明会で契約書等に署名し、正式に手続きをしました。

④開票では刻一刻と状況が変化します。私は本部の指示を受けてタクシーで開票所に向かいましたが、間もなく到着という時に、別の選挙区にある開票所へ向かうよう指示が出されました。予想よりも大差で決着しそうだというのがその理由でした。本部ではシステムに数値を入力しますが、票数を誤らないよう細心の注意を払っていました。当選確実の報道を出す根拠となる数字を扱っているからです。緊張と興奮の両方を味わった夜でした。

⑤橋本亮（仮名）（法学部、体験当時3年生）

将来につなげる
現実政治とかかわる職業ガイド

①職業名
②業務内容
③志望方法
④その職業におけるエピソード
⑤著者プロフィール

　私たちは社会で生きている時点で、好むと好まざるとにかかわらず、政治と何らかの形で関係することになります。その一方で、社会の秩序を守り、よりよい政治のあり方を実現しようと、職業人として現実政治に主体的かつ積極的に献身する人々もいます。

　ここでは附録として、著者の知り合いやゼミの出身者の協力を得て、実際に政治にかかわる職業に就いている人の体験談を掲載します。もちろん、国会議員、国家公務員、政党職員、団体職員（たとえば医師会、弁護士会、商工会議所、農協、漁協など）、NPOスタッフなど、今回ご紹介する以外にも様々な活躍の可能性があります。

　この附録が、政治学を学ぶ皆さんに与えられた使命を考えるきっかけとなり、明るい将来につなげるものとなることを願っています。

①市議会議員

②市民の代表として、その声を市政に反映させるのが第1の仕事です。議会開会中は、本会議や委員会に出席して議案の審議や議決に参加し、市の方針について質しながら、市政全般が公正かつ適正に運営されているかをチェックします。また、街頭演説やチラシ、ウェブサイトやSNSなどを通して議会内外での活動を市民に随時報告します。国政や県政と連携しつつ、地域に足を運んで市民の生活課題を拾い上げるほか、研修や先進事例の視察を通して、市にふさわしい政策を磨きあげていきます。

③市議会議員になるためには、①日本国民で満25歳以上であること、②連続して3か月以上、市内に住所があることが求められます。学歴や職歴、出身

地等は特に問われません。実際に様々な経歴をもった人が議員として活躍しています。

④民主党が政権交代を果たした2009年の衆院選のとき、私は街頭でマニフェストを配布していました。

　普段は見向きもしない若い女性が次々に受け取ってくれたのは、目玉政策の「子ども手当」が支持されたからです。育児への関心は切実だ、と私は選挙の前線で目の当たりにしました。同時に、これだけはブレないでほしいと願いましたが、看板倒れに終わり下野することになりました。

　地方議員の方が党幹部よりも大衆の近くにいます。だが、残念ながら現場の声が中央に届く機会は多くはないのです。

⑤柳田秀憲（藤沢市議会議員、立憲民主党神奈川県連合役員。当選して18年目）

①地方公務員

②私は、市役所で国民健康保険と年金を扱う国保年金課に配属されており、その中で国民健康保険（以下、国保）について担当しています。私の主な業務としては、窓口に来てくださった市民の方の公的医療保険に関し、市役所が扱う国保と企業や組合の被用者保険との切り替え、必要に応じて保険証の発行、回収、差し替え業務を行うことです。保険の切り替えは、各企業が発行する証明書をもとに行いますが、切り替えの日付を1日間違えるだけで、被保険者が負担する保険税に過誤が生じてしまうこともあるため、日付や書類の記載に対し入念に点検を行う非常にシビアな業務です。

③公務員を志望するためには、民間企業と違い公務員試験というものを受験する必要があります。公務員試験は一般的に、①教養試験、②専門試験、③小論文の3つから構成されますが、場合によっては①と③のみで受験することが可能な自治体もあります。中でも①のうちの「数的処理」は最重要かつ最難関であるといわれています。それに対応するために、必須ではありませんが、自身で公務員試験講座を受講することをお勧めします。ただし、上記の3つ以外にも当然面接試験もあるため、筆記試験にだけ重点を置くことのないように注意してください。

④私が担当する国保は、国民健康保険法（以下、国保法）に則って業務を行っていますが、国保法が制定されたのは昭和33年と、今から60年以上も前になります。そこから現在に至るまで、制定当初の想定をはるかに超え社会は多様化しています。それゆえ、国保法には記載のない事例にも対応しなければならない場面があります。その際私たちは、適宜調べて対応しておりますが、中には「他法との兼ね合い」という問題が生じ、判断が難しい案件もあります。今後も社会が私たちの想像を超え一層多様化する可能性を勘案す

ると、その都度逐一調べて対応していくのではなく、法を根本から見直すことを考えてもよいのではないか、と思うことがあります。

⑤小林知樹（静岡県島田市役所。就職して1年目）

①新聞記者

②「令和おじさん」で有名になった菅義偉官房長官を担当する「長官番」をやっています。官房長官は政権のスポークスマン。米大統領の発言や北朝鮮のミサイルなど、刻々と動く国際情勢に加えて国内の重大事件や災害などをテーマに、1日2回の記者会見で質問し、日本の権力の中枢が何を考え、どこを目指しているのかを探ります。ただし、「公式発表」のオンレコの取材だけでは、実像は見えてこないもの。同僚と手分けをしながら、政権や与党の幹部宅を訪れたり、懇談したりするなど、非公式な接触によるオフレコ取材を重ね、権力者たちの「本音」を見極めていきます。

③新聞各社が実施する試験を経て、記者として採用されます。全国各地で4〜5年間、事件や事故を扱う警察や、県庁や市役所などの地方行政を担当し、政治部や社会部、経済部などの部署に配属されるケースが大半です。政治部記者として最初に経験するのが、首相を朝から晩まで追いかける「総理番」。首相の面会者を確認し、日々の「首相動静」の原稿を作成。選挙期間中は首相の遊説に合わせて全国各地を回り、首相の言動を取材します。政治部では官邸のほかに、与党と野党、国会、外務・防衛を担当する各チームがあり、1〜2年ごとに異動しながら経験を積んでいきます。

④党の代表になったものの仲間たちがついてきてくれない。当選回数を重ねても大臣になれない。「○○チルドレン」として勢いで当選してしまったので次の選挙が不安で仕方ない……。テレビカメラの前では堂々と語る政治家ですが、付き合ってみると様々な悩みを抱え、苦労していることが分かります。政権や政党の幹部になればなるほど多忙になり、2人だけのサシで取材できる機会は限られますが、移動中の新幹線や空港の貴賓室での接触など、本音でのやりとりを目指してあらゆるチャンスを狙います。記事を書くだけでなく、取材先と地道な信頼関係を築くのも大切な仕事です。

⑤安倍龍太郎（朝日新聞政治部（首相官邸担当）。就職して12年目）

①国連開発計画プログラム・スペシャリスト
（ニューヨーク本部勤務）

②国連開発計画では、ガバナンス分野のチームで国際選挙支援およびリーガルアイデンティティの事業を担当しています。選挙支援事業では、主に女性、障碍者、若者、マイノリティグループが政治に参加しやすい環境を整えるた

めのサポートを行っています。リーガルアイデンティティの事業では、戸籍がないために自分の存在を法的に証明する術がなく、公的サービスが受けられない方々を1人でも減らせるように、関連国際機関と協力しながら、政策づくりや加盟国への技術支援を行っています。

③国連機関に入るには、①空席公告、②ヤング・プロフェッショナル・プログラム（YPP）、③ジュニア・プロフェッショナル制度（JPO）という3つの方法があります。空席公告は、国連機関のウェブサイトから空いているポストに応募するものです。YPP は32歳以下の若手の雇用を目的としたもので、年に一度の試験（書類審査、筆記試験、面接）を経て、適するポストがあれば採用されます。JPO は、35歳以下の日本人が国際機関で若手職員として勤務する機会をつくるため、外務省が派遣費用を負担して実施している制度です（詳細は、外務省国際機関人事センターのホームページ［https://www.mofa-irc.go.jp/index.html］を参照してください）。

④皆さんは、全世界の国会議員のうち何％が女性かご存知ですか？　2019年時点で24.3％です。さて、30歳以下の若者はどうでしょうか？　2.2％です（出典：International Parliamentary Union）。グテレス国連事務総長は「社会が多民族化、多宗教化、多文化化する中で、私たちは包摂（Inclusivity）と一体性（cohesion）への政治的、文化的、経済的投資を増やすことで、人々が多様性を脅威と感じるのではなく、その恩恵を認識できるようにする必要があります。」と述べています。国連には様々な仕事がありますが、政治分野においてもより多様性に富んだ意思決定のプロセスが行われるよう、加盟国への支援を行っています。様々な国の人々と一緒に世界の問題を解決していくやりがいのある仕事です。皆さんも是非チャレンジしてみてください。

⑤新井里彩（国連開発計画。就職して7年目（国連開発計画では3年目））。

執筆者紹介（執筆順）

大川　千寿（おおかわ・ちひろ）　編著者　序章、第2章、第3章、第6章、第8章、終章、附録1執筆
（編著者紹介参照）

山田　陽（やまだ・あきら）　第1章、第11章、附録1執筆
2014年　東京大学大学院総合文化研究科国際社会科学専攻博士後期課程単位取得退学
現　在　神奈川大学・神奈川工科大学非常勤講師
主　著　「第4章　熟議は代表制を救うか？」、山﨑望・山本圭編『ポスト代表制の政治学――デモクラシーの危機に抗して』ナカニシヤ出版、2015年。
「第10章　熟議民主主義と政治的平等」、宇野重規・井上彰・山﨑望編『実践する政治哲学』ナカニシヤ出版、2012年。
▶読者の皆さんへのメッセージ
　「政治的な判断」というときの「政治的な」とはどういう意味か、おぼろげに見えてきたとき、政治を学ぶ面白さを感じた経験があります。政治家の評伝や政治史のエピソードなどから人間ドラマが読めたとき、政治学で使われる用語・概念の意味が味わいをもって自分の中に現れて、政治学の意義にふれた気がしたことがあります。政治学にも思索の楽しさがあると思います。

澁谷　壮紀（しぶたに・まさき）　第4章、第10章、附録1、附録2執筆
現　在　東京工業大学大学院社会理工学研究科価値システム専攻博士後期課程在学
主　著　「有権者のイデオロギーに関する国際比較」（共著）、東洋大学21世紀ヒューマン・インタラクション・リサーチ・センター研究年報vol.12、2015年。
If You Can Be Reborn, What Is Your Desirable Income Distribution? -An Experiment of Rawls's Justice（共著）、公共選択70号、木鐸社、86〜108頁、2018年。
▶読者の皆さんへのメッセージ
　社会に出ると、今は全く身近に感じない政治でも、より身近に感じる機会が多くなります。政治のことを知っておいた方がいいと思いながらも、なかなか機会を得ることができないのが現状です。だからこそ、そんな近い将来に向けて、少

しだけでも政治との多くのつながりを知っておくと、違った景色が見えてくるかもしれません。

孫 斉庸（そん・じぇよん）　第5章、第7章、附録1執筆
2013年　東京大学大学院法学政治学研究科総合法政専攻博士課程修了
現　在　立教大学法学部准教授
主　著　Intra-Party Management of Japan's LDP, in Catrina Schläger and Judith Christ（eds.）, *Modern Political Party Management-What Can Be Learned from International Practices?*, Friedrich-Ebert-Stiftung, pp.80-90, 2014.
　　　　Settlement Without Consensus: International Pressure, Domestic Backlash, and the Comfort Women Issue in Japan, *Pacific Affairs*, 90(1) pp.77-99. 2017.（共著）
▶読者の皆さんへのメッセージ
　本書では主に日本政治を題材にしながら様々な政治アクターや制度について取り上げていますが、政治学はもっと広い分野を対象にしている学問です。まずは、自分の周りの世界で私たちが政治とつながっていることをしっかり意識することからスタートしましょう。そして、政治学のアプローチを用いて、より広い世界にも目を向けられるように努めましょう。

玉置 敦彦（たまき・のぶひこ）　第9章、附録1執筆
2014年　東京大学大学院法学政治学研究科博士課程修了・博士（法学）
現　在　中央大学法学部准教授
主　著　「ジャパン・ハンズ——変容する日米関係と米政権日本専門家の視線、1965-68年」『思想』1017号、2009年。
　　　　「帝国と同盟——非対称同盟の理論」東京大学大学院法学政治学研究科博士（法学）学位論文、2014年。
▶読者の皆さんへのメッセージ
　日本政治が国内だけで完結する時代は過ぎ去りました。世界各国の国内情勢の変動、安全保障環境の急変といった国際関係との「つながり」を意識することがますます重要となるでしょう。皆さんが将来どのような分野に進むにしても、本書が何らかのお役に立てればと願っています。

編著者紹介

大川 千寿（おおかわ・ちひろ）

現 在
神奈川大学法学部准教授

略 歴
2007年東京大学大学院法学政治学研究科総合法政専攻政治コース修士課程修了。
同年同研究科助教。2011年熊本大学政策創造研究教育センター特任准教授。2013
年神奈川大学法学部助教。2015年より現職。
現在は、政治学入門、日本政治、日本政治史の講義のほか、学部ゼミナールを中
心に担当。
専門は、政治過程論、現代日本政治。

主 著
「自民党対民主党――2009年政権交代に至る政治家・有権者の動向から」『国家学
会雑誌』124巻1・2号、3・4号、5・6号、9・10号（2011年）
「第2次安倍政権とその政策」『選挙研究』35巻1号（2019年）
「18歳選挙権導入と若者の政治意識――2016年神奈川大学・神奈川新聞共同調査
分析」『神奈川法学』50巻1号（2017年）

▶読者の皆さんへのメッセージ
　この1冊を通して、政治を学び、政治につながることの喜びや意義を少しでも
感じてもらえればうれしく思います。そして、社会で他者とともに生きる1人の
主体として、より客観的に皆さん自身をとらえてもらうことに貢献できればと願っ
ています。

つながるつなげる日本政治

2020（令和2）年3月30日　　初版1刷発行

編著者　大 川 千 寿
発行者　鯉 渕 友 南
発行所　株式会社 弘 文 堂　　101-0062　東京都千代田区神田駿河台1-7
　　　　　　　　　　　　　　　TEL 03(3294)4801　振替 00120-6-53909
　　　　　　　　　　　　　　　https://www.koubundou.co.jp

装　丁　宇佐美純子
印　刷　三報社印刷
製　本　井上製本所

ISBN 978-4-335-46041-8